D0982311

Russian for the Mathematician

S. H. Gould

Russian for the Mathematician

With 12 Figures

Springer-Verlag
New York · Heidelberg · Berlin 1972

S. H. GOULD
Editor of Translations
American Mathematical Society
Providence, R. I. 02904/USA

AMS Subject Classifications (1970): 00A20

ISBN 0-387-05811-7 Springer-Verlag New York-Heidelberg-Berlin
ISBN 3-540-05811-7 Springer-Verlag Berlin-Heidelberg-New York

Library of Congress Catalog Card Number 72 - 76 762
Printed in the United States of America

Preface

The Board of Trustees of the American Mathematical Society, expressing its belief that a great deal of time would be saved for mathematicians if they could study a textbook of Russian precisely adapted to their needs, granted to the present author nine months leave of absence from his duties as Editor of Translations. To the Board, and to Gordon L. Walker, the Executive Director of the Society, who took the initiative in this matter with his customary energy and good will, the author is deeply grateful for the opportunity to write such a book.

For indispensable help and advice in the preparation of the book, which was written chiefly in Göttingen, Moscow and Belgrade, gratitude is due to many people, especially to Martin Kneser of the Mathematics Institute in Göttingen, S. M. Nikol'skiĭ and L. D. Kudrjavcev of the Steklov Institute in Moscow, T. P. Andjelić of the Mathematics Institute in the Yugoslav Academy of Arts and Sciences, G. Kurepa and B. Terzić of the Mathematics and Slavistics Departments in the University of Belgrade, and Alexander Schenker of the Department of Slavic Languages and Literatures in Yale University. For expert assistance, both secretarial and linguistic, the author is indebted to his wife Katherine and his son William, for proficient typing of the Reading Selections to Tamara Burmeister, Secretary of the Slavistics Department in Belgrade, and Christine Lefian, editorial assistant in the American Mathematical Society.

Providence, USA
June, 1972

S. H. Gould

Most helpful among the books of reference have been:

Bruzguhova, E.A.: Practical phonetics and intonation of the Russian language (Russian), Moscow, 1963

Spagis, A.A.: Formation and use of the aspects of the Russian verb (Russian), Moscow, 1961

Wolkonsky, C.A. and Poltoratzky, M.A.: Handbook of Russian Roots, New York, 1961

Vasmer, M.: Russisches etymologisches Wörterbuch, Heidelberg, 1953

Daum, K. and Schenk, W.: Die russischen Verben, Leipzig, 1954

Milne-Thomson, L.M.: Russian-English Mathematical Dictionary, Madison: University of Wisconsin Press, 1962

Lohwater, A.J., with the collaboration of S.H. Gould: Russian-English Dictionary of the Mathematical Sciences, Providence: American Mathematical Society, 1961.

Table of Contents

Readings

Section B Extracts from elementary algebra and analysis

Section C More advanced topics

Introduction

> Most important is vocabulary; and the vocabulary of the Russian language, which has always given intense pleasure to readers of its novels and poetry, makes a particular appeal to the systematizing mind of the mathematician.

1. Plan of the book. The five chapters are a preparation for the Reading Selections at the end, which the student should at once examine, since learning to read such passages is in fact his whole purpose. He should note their general arrangement and content, their English titles and summaries, and any other features that catch his attention. The short selections in Parts A and B are on elementary calculus and algebra, and the longer articles in Part C are on more advanced topics.

The student has four things to learn: i) the thirty-three Cyrillic letters, Chapter I; ii) how to pronounce Russian words, Chapter II; iii) something about the endings of nouns, verbs, and especially participles, Chapter III; and most important, the mathematical vocabulary, systematically developed in Chapters IV and V. The introduction is for general orientation.

The book is intended as a "crash course", to be absorbed at high speed. The five chapters should be worked through rapidly, with the idea in mind that the Reading Selections will provide review. The practical exercises in Chapters I and II can be done straight ahead, but some attempt should be made to memorize the inflectional forms in Chapter III. In Chapters IV and V new words should be observed with no sustained attempt at memorization, yet sharply enough so that when they turn up again in the Readings they will not seem like total strangers; in fact, the habit of noting new material without actually memorizing it, and yet in such a way that it can later be recalled instead of being completely relearned, is basic for all rapid self-instruction. The exercises consist chiefly of short excerpts from the Readings, or from similar material, with word-for-word translations; if anyone feels that there are more exercises than he needs, let him reflect that his goal is facility; all language-learning is over-learning and the essential requirement is bulk.

Chapters I and II, on the alphabet and pronunciation, have no particular connection with mathematics and could have been shorter except for our assumption that the student will be working entirely alone. But the last three chapters, and the Readings and Glossaries, are concerned exclusively with mathematics, and almost exclusively with mathematical vocabulary.

2. Vocabulary by inheritance, transliteration, and loan-translation. Almost all words in Russian and English, and in many other modern languages, fall into three classes:

Class One : simple, inherited, first-level words of daily life (for the Russian words we here give only the root, in a transcription); for example, *sta- stand, lag- lay, ber- take, vod- lead, nos- carry, pis- write, hod- go,* etc.

Class Two : international words like *analog, vektor, diskriminant,* which are transliterated from Greek or Latin, in practically the same way for all modern languages.

Class Three: compound verbs (and the nouns and adjectives based on them) which are formed in conscious imitation of a Latin model (and are therefore called *loan-translations*) by prefixing a preposition to a verb of Class One. In this book all Latin words will be quoted in the form in which they appear in English.

To illustrate from English, consider the noun *foresight* (native to English) and *prevision* (taken over from Latin). Each of them comes from a compound verb (English *foresee,* Latin *previse*) which has itself been formed by prefixing a preposition (English *fore,* Latin *pre*) to a verb of Class One (English *see*, Latin *video*). Words like *foresight* are rare in modern English, but in Russian they are so common that any systematic study of vocabulary must take them for its central theme. (For their connection with the "aspect" of Russian verbs see Chapter IV.)

In Class One some of the Russian words e.g. *sta- stand, lag- lay, pol- full* are spelled very much like the corresponding English words, the explanation being that they are *cognates;* i.e. the two words, Russian and English, are actually the same word in the original Indo-European language, the common ancestor of most of the languages of India and Europe. But other pairs are spelled quite differently; e.g. *ber- take, vod- lead, hod- go,* etc. For such Russian words, which do not come from the same Indo-European root as the English word of the same meaning, it is helpful to look for cognates in other languages, particularly Latin and Greek; e.g. *ber- (to take)* is cognate with *-fer* in the Latin word *transfer (to take across),* and *hod- (to go)* with the *hod-* in the English *hodometer,* formed from the Greek.

In contrast to this "vocabulary by inheritance" in Class One, the words in Classes Two and Three are consciously taken over from Latin or Greek, either by mere transliteration (Class Two), or else (Class Three) by loan-translation, in the following way.

Consider the Latin word *circumstantia (circumstance),* which we may call a second-level word, composed of the two first-level words: *circum (around)* and *stantia (stance),* indicating (metaphorically) that the circumstances in which one finds oneself are the *things standing around.* With almost all such second-level words the original Latin represents a metaphor, which in English we have not translated but have only transliterated. But the Germans, and many other nations in Europe, including the Russians, have taken the trouble to translate the metaphor. In the German word *Umstand* the two component parts *um* (around) and *Stand* are first-level words inherited from Indo-European. The combination is a sophisticated translation made by a German scholar, part by part, from the Latin word. The tendency to form such words was given great impetus by the printing, at Strassburg in 1466, of a German translation from the Latin of the Gutenberg Bible.

In the same way, at the time of Peter the Great (1672-1725), and as a direct result of his Westernizing influence, the Russian word *ob-sto-yaniye = circum-sta-nce* was invented, on the German model, as a "loan-translation" (i.e. a part-by-part imitation) of the Latin word *circumstantia.* Here the prefix *ob-* is a first-level preposition meaning *about* or *around* (cognate with the *ob* in *oblate spheroid*) and the root is the same as in the Latin (and English) words for *stand.* Among scientists, the most important word-builder of this kind was Lomonosov (1711-1765), who changed *obstoyaniye* to its modern form *obstoyatel'stvo,* with an agent-suffix *-tel'-* and an abstract noun suffix *-stvo.*

Similar remarks hold for countless other Russian words. In the phrase *proizvodnaya proizvedeniya derivative of a product,* d(uv)/dx, the Latin word *product*, meaning that which is *brought forth* (e.g., by multiplication by a factor), is formed from *pro (forth)* and *duc- (lead* or *bring;* cf. *abduct, conduct, induct...);* and the Russian imitation *proizvedeniye* is formed in the same way from the prepositions *pro* (cognate to the Latin *pro*), the preposition *iz (out of,* cognate to the *ex* in *exit),* the verb-form *ved-* meaning *to lead,* and the abstract noun-suffix *-eniye.*

The history of the word *proizvodnaya* (derivative) is very much the same. The Latin name *derivata,* for the function *derived* from a given function by the increment process, was translated into German as *Ableitung (ab from* and *leiten lead);* and then the Russians, imitating in both cases a verb meaning *lead*, naturally produced for the word *derivative* a result *proizvodnaya* similar to their word *proizvedeniye of a product;* (for the "vowel gradation" in *vod-, ved-,* see §5).

<u>3. Roots and prefixes</u>. This process of combining a prefix (or sometimes two prefixes) with the root of a verb (e.g. *pro- forth* with *duc- lead*) to construct a new verb *produce,* together with derived nouns and adjectives like *production* and *productive,* accounts for almost the entire learned vocabulary of both Russian and English.

In Russian the graphic first-level components, e.g. *ved-, vod-, lead* remain much more clearly visible than in English, so that a page of Russian prose, literary or scientific, acquires a kind of vividness that makes it very pleasant to read. Consider the sentence *the points A and B coincide.* Here both the English (i.e. Latin) word *co-in-cide (*co- *with,* -in- *into,* -cide *fall)* and the Russian loan-translation *so-v-pad-ayut (*so- *with,* v *into,* pad- *fall)* involve the picturesque metaphor *fall into each other.* In English the metaphor is obscured by the unfamiliar Latin form *-cide (fall),* but in Russian it remains vivid, because *padayut* is the lively, everyday Russian word for *fall.*

Since the Russian scientific vocabulary thus depends on a few prefixes and a few roots, it is natural to ask: how many, and which ones?

For the prefixes a precise answer can be given (see Chapter IV), namely *nineteen,* including the five already mentioned *v, iz, ob, pro, so* and others like *ot out (*Lat. *ex, se)* and *na on (*Lat. *in).* Note that in English the Latin prefix *co-* is also spelled *con-, col-, com-, cor-,* in words like *connected, collinear, combination, correlate,* and that the Latin *in-* (also spelled *il-, im-, ir-,* etc.) can mean *in, on, into* or *onto.*

With respect to roots, at least 300 would be necessary for a complete reference dictionary of Russian pure mathematics, but many of them would occur very seldom and for most purposes fewer than 100 are quite sufficient; the vocabulary in Chapter V is arranged under approximately 75 roots. In order to study these roots in a systematic way we must briefly examine the history of the Indo-European language.

<u>4. The Indo-European language and its descendants</u>. Probably about the end of the third millennium B.C. (although nothing is known here for certain) speakers of Indo-European began to spread from their original home-

land, perhaps near the Black Sea, eastward into Persia and India, northward into the valley of the Volga, westward into central Europe, southward into the peninsulas of Greece and Italy, and elsewhere. In every case the language was greatly affected by their migrations, becoming Sanskrit in India, Proto-Slavic in the Volga region (*proto-* here means *original, ancestral,* etc.), Proto-Germanic in central Europe, Greek and Latin in Greece and Italy, and so forth. Then at various later periods these *daughter-languages* gave birth to *granddaughters,* the modern languages of India and Europe; thus English, German, Dutch, etc. are daughters of Proto-Germanic; Italian, French, Spanish, etc. are daughters of Latin; and Russian, Polish, Bulgarian etc. are daughters of Proto-Slavic. In view of the fact that Indo-European itself disappeared long before the introduction of writing, its various features can only be deduced by observing its descendants.

5. Vowel gradation. The most striking of these features is the vowel gradation to be seen in sets of words like the English *sing, sang, sung, song* or the Russian *vod-, ved-, vad-* in *proizvodnaya derivative; proizvedeniye product; povadka conduct, habit.* Here it is clear that all the words in a set come from the same root, which is determined by the consonants, whereas the vowels indicate parts of speech, tense, etc. The vowels are said to occur in various *grades,* which for several reasons it is convenient to classify as: (full) e-grade, (full) o-grade, reduced grades, and zero-grade (i.e. no vowel at all). Thus for the roots *lag- lay* and *ber- take:*

e-grade:	*na-leg-at'*	*to lie on* (e.g. a point on a line)
o-grade:	*na-log*	*im-post, tax*
reduced-grade:	*na-lag-at'*	*to im-pose* (e.g. conditions)
o-grade:	*ot-bor*	*se-lec-tion*
reduced grade:	*ot-bir-at'*	*to se-lect*
zero grade:	*br-at'*	*to take*

6. Consonant variation. Vowel gradation, i.e. variation in the vowel of a root, is inherited from the original Indo-European, and therefore occurs in both English and Russian. But certain Russian roots, i.e. those ending in *g, d, z, k, t, s, h* also show a *consonant variation* inherited from the mother-language Proto-Slavic, which underwent the following sound-shift, perhaps about 300 A.D. Before front vowels (i.e. vowels equivalent to English *e* or *i;* see the vowel-scheme in Chapter I)

i) *g, d, z* were replaced by *zh* (pronounced like the *s* in measure),

ii) *k, t, s* were replaced by *ch,* or sometimes by *shch;* and *c* sometimes by *sh,*

iii) *h* was replaced by *sh.*

Thus in modern Russian the root *lag-* *lay* also appears in such forms as *lezh-*, *lozh-*; the root *nos-* *carry* as *nes-*, *nosh-* etc.:

na-lezh-it	*it lies on* (e.g. a point on a line)
lezh-at'	*to lie*
v-lozh-it'	*to in-lay, im-bed*
v-nos-it'	*to im-port, in-sert*
v-nes-eniye	*in-ser-tion*
so-ot-nosh-eniye	*correlation, relation, reference*

The Germanic language from which English developed also underwent a consonant-shift (described by "Grimm's Law"), consisting of the three cyclic permutations (p, f, b), (t, th, d), (k, h, g). Thus the t-sound in the Indo-European word for "three" became "th" in English but remained *t* in Russian (*tri*), Latin (*triangle*) and Greek (*trihedral*). Similarly the Russian *pol-* is the English *full*, the Russian *do* is the English *to* etc. Moreover, it is a general feature of Indo-European languages that when such consonants are combined with l or r (as very often happens, in English and elsewhere; e.g., pl..., br..., bl...,) the so-called "liquid" consonants *l* and *r* may glide from one side to the other of the vowel in the syllable. Thus Latin *ple*nitude and Greek *ple*thora, correspond to Russian *pol*-nost' and *full*ness; the Latin (and borrowed English) *curve* is the Russian *kriv*aya etc. But a systematic discussion of this metathesis of liquids, or of Grimm's Law (which has many exceptions in the incomplete form stated above) would take us too far afield. The student is merely invited, in his practical task of learning Russian vocabulary, to take note of as many examples as he personally may find interesting or helpful.

7. The alphabet. Before undertaking the study of Russian words it is necessary to learn the Cyrillic letters, a task made much easier by the remarkable fact that in the entire history of the world there has been essentially only one alphabet. Although many of the historical links are missing, the general situation can be made out rather clearly.

The first kind of writing was pictographic, when words (or groups of words) are represented by pictures. In the next stage the unit of writing is the syllable and the symbols represent not sights but sounds. This stage began with monosyllabic words, as though in English a picture of an *awl* were to represent first the word *all* and then any syllable with a similar pronunciation. Thus in Phoenicia (about 1700 B.C.) some of the Egyptian hieroglyphs (pictograms) were transformed into signs for syllables, and finally (about 1300 B.C.) into signs for the initial consonants of certain particularly important syllables. The unit of writing was now the single sound and all the letters were consonants.

The advantage of this Phoenician *alphabet* (essentially the same as the Hebrew) were so great (e.g., fewer symbols were needed) that it spread rapidly to Southern Arabia and then eastward across Asia, and also westward to Greece, where the vowels were given equal standing; e.g. the vowel *a* (called *alpha* in Greek) was represented by the initial consonant *aleph*, which had a sound not needed in Greek. From Greece the alphabet went further westward to Southern Italy and then up to Rome, influenced in its passage by the Etruscans. Here it took on our familiar Latin form, again after some changes; e.g. *C* (sounded as *K*) replaced *G* as the third letter, because the Etruscans did not distinguish between the sound of *C* (as in *cap*) and *G* (as in *gap*); the Greek letter *P* (i.e. *rho* = *r*) changed to *R*, and then Π (pi) became *P (pee)*; and the letter *Z* (at that time in sixth place) was dropped altogether, being later restored at the end of the alphabet by the Roman intelligentsia of the late second century B.C., who wished to transliterate learned Greek words. Finally, the Latin alphabet, with slight further modifications spread to France, England, America and elsewhere.

But in the meantime the Greek alphabet had also made its way directly northward from Greece. The present Russian alphabet is called *Cyrillic* in honor of the Greek monk Cyril, born 827 A.D. in Salonika, a Greek city surrounded at that time by Bulgarian settlers, although the alphabet he invented in 863 was not this one but the (overly complicated) *Glagolitic*, which he used to translate the Greek New Testament into the language now called *Old Bulgarian* or *Old Church Slavonic*. Since about 950 A.D., when Christianity reached Kiev, the Russian language (closely related to Bulgarian) has been affected by Church Slavonic in somewhat the same way as English by Church Latin.

It is not known who was responsible for the Cyrillic alphabet, which seems to have been invented almost immediately after 863. Perhaps it was Clement, a disciple of Cyril, who at that time was resident in Bulgaria but later became the founder of the Orthodox Church on Lake Ochrid in Macedonia. In 1918, several of the original Cyrillic letters were dropped from Russian by Soviet decree, e.g. the Greek *theta* and *iota*.

With this history of the alphabet it is instructive to compare the history of chess, which originated in India before 300 A.D., entered Persia about 500, and then went northward to Russia (1050) and also westward (there are many references to it in the Arabian Nights) along the north coast of Africa into Spain (about 800), and from there to Italy, France, England and America. During the passage through Spain, the name of the king's chief assistant, the *vizier*, became confused with the word *virgin*, which then, in Italy, was changed to *lady* and finally, in English, to *queen*. But in the USSR the piece is still called by its original name *vizier* and is still referred to as *he*. In Chapter I we shall see that most of the differences in the modern American and Russian forms of the alphabet can be traced in a similar way.

Chapter I – Alphabet

The history of the Cyrillic letters is helpful for learning to read them

1. The Cyrillic alphabet.

	Printed form	Suggested name (Mathematical Reviews transcription in parentheses)	Approximate sound (but see the next chapter)		Corresponding Greek letter (if any)	
1	а	a	as in	*a*h	Α	alpha
2	б	b		*b*oo		
3	в	v		*v*an	Β	beta
4	г	g		*g*oo	Γ	gamma
5	д	d		*d*o	Δ	delta
6	е	e	ye as in	*y*ell	Ε	epsilon
7	ё	- (ë)	yo	*y*ork		
8	ж	zhee (ž)	s	mea*s*ure		
9	з	z		*z*oo	Ζ	zeta
10	и	i		mach*i*ne	Η	eta
11	й	yot (ĭ)	y	*y*et		
12	к	k	c	*c*oo	Κ	kappa
13	л	l		e*l*	Λ	lambda
14	м	m		e*m*	Μ	mu
15	н	n		e*n*	Ν	nu
16	о	o		*o*r	Ο	omicron
17	п	p		*p*ool	Π	pi
18	р	r		t*r*ill	Ρ	rho
19	с	s		e*ss*	Σ	sigma
20	т	t		*t*oo	Τ	tau
21	у	u	oo as in	*oo*ze	Υ	upsilon
22	ф	f		e*f*	Φ	phi
23	х	h	ch	lo*ch*	Χ	chi
24	ц	tsee (c)	ts	*ts*ar		
25	ч	chee (č)	ch	*ch*eat		
26	ш	esh (š)	sh	*sh*oe		
27	щ	eshch(šč)	shch	a*sh-ch*ap		
28	ъ	hard sign (")	silent (but see Chap. II)			
29	ы	y	i as in	b*i*ll		
30	ь	soft sign (')	silent (but see Chap. II)			
31	э	reversed e (è)	e as in	*e*ll		
32	ю	yu (ju)	like the word *you*			
33	я	ya (ja)	like the word *yah*			

Only the lower-case letters are given here, since the capitals have the same shape, except for A and E, which are as in English, and capital Б (No. 2), which is slightly different from lower-case б. Italics will be discussed in §10 of Chapter III.

2. Memorizing the alphabet. How should a student learn the alphabet? He may be tempted to glance over it once or twice and then proceed to the grammar, on the theory that constant looking at the letters will gradually make him familiar with them. But that method is too slow; it is like trying to be a typist after memorizing the position of the keys. Like the typist, the student of Russian needs mechanical drill, which is here provided in Chapters I and II. The first step is to learn to *say* the alphabet *a, b, v, ...* , simply calling the Cyrillic letters by their English counterparts, as far as possible. In practicing aloud it is advisable to omit ё (No. 7), which in printed Russian is almost never distinguished from е (No. 6), to say *yot* for й (No. 11), which is often called "i-short" but which we shall always regard as a consonant, namely the English consonantal *y* (but see II§9); and to say *hard sign* and *soft sign* for No. 28 and No. 30, *reversed e* for э (No. 31), and *you, yah* for ю, я (Nos. 32, 33). For letters like ж = ž (No. 8) etc., with the diacritical mark in the Mathematical Reviews transcription, one may either say *zee-check* etc. or else invent names of one's own like *zhee* for ж (No. 8), *esh* for ш (No. 26), *tsee* for ц (No. 24), imitating the sound. In order to learn the alphabet quickly one should repeat it on all possible occasions, at home and elsewhere, aloud and silently, rapidly and slowly, noting that it falls naturally into two groups: *a, b, v, g, d, e* and *i, yot, k, l, m, n, o, p, r, s, t, u* (note the absence of *q*), which are separated by ž, z (instead of *f, g, h* as in English) and are followed by 12 letters at the end, in four sets: *(f, h), (c, č, š, šč), (hard sign, y, soft sign),* (and *reversed e, yu, ya*).

The letters should also be written frequently, with any convenient fixed order for the strokes, both with pen or pencil on paper and with the index finger of the right hand on the palm of the left; and they should be visualized as printed on the wall, on the ceiling and elsewhere.

Exercise 1.1. The names of these fifteen Russian mathematicians are to be pronounced aloud and copied out in Cyrillic, each letter being named as it is written. The list is arranged in order of date of birth, and a field of special interest is given for each mathematician.

Лузин	1883	set theory
Хинчин	1894	number theory

Урысон	1898	topology
Голузин	1906	complex variables
Натансон	1906	real variables
Фукс	1907	complex variables
Курош	1908	algebra
Михлин	1908	functional analysis
Наймарк	1909	functional analysis
Канторович	1912	functional analysis
Линник	1915	probability
Рохлин	1919	topology
Вишик	1921	differential equations
Яглом	1921	differential geometry
Дынкин	1924	probability

3. History of the Cyrillic consonants. Since the history of the consonants is less important for understanding the present-day system of Russian writing than the history of the vowels (see next section) the following information is given in smaller type. The reader should extract from it whatever help he can in his practical task of learning the alphabet.

The first question naturally is: why does the Cyrillic alphabet begin with letters pronounced like A, B, V and written А, Б, В ? The answer is that in the Greek language about 200 A.D. the pronunciation of the letter B (beta), which had hitherto been like an English B, was changed to V, and the B-sound dropped out of Greek altogether. But in the Slavic languages this sound has always been quite common, so that in Cyrillic a new letter Б (No. 2) had to be invented for it. Since the Greeks themselves, in order to represent the sound in foreign words, used the two sounds *em* and *pee* (e.g. in modern Greek the game of *bridge* is called *mpritz*), it was natural to take for the Cyrillic Б simply a combination of the two Greek letters M and Π. (The two component parts are more clearly visible in the Old Church forms of Cyrillic letters, before the introduction, by Peter the Great in 1708, of the so-called Citizen's Alphabet.)

We now come to a question of considerable general interest: why does the Cyrillic Н (No. 15), with the same sound as an American N, look like an "aitch"? We shall see that the present shape of the vowel и = i (No. 10) is thereby explained as well.

The Greek vowel H (eta) was pronounced in medieval Greek like the *i* in *machine* and was therefore taken over in Cyrillic to represent that sound (No. 10). But by the beginning of the XIIth century, its Cyrillic form had changed from H to the unicursal И (No. 10), under the influence of rapid *cursive* writing, as on paper. Subsequently, (and, as it were, to fill the gap) the consonant N (originally taken over from the Greek N to represent the same sound as in English) began to change in the opposite direction, away from unicursality, i.e. the bar began to slip down to a horizontal position, a gradual process that can be traced, for example, in inscriptions on the walls of churches of the XIVth and XVth centuries. Such a change takes place under the influence of the *lapidary style* of writing, i.e., on stone, where straight lines and right angles are easier to cut.

In Italy, on the other hand, the Greek letter H (*eta,* a long vowel) was no longer needed for its original purpose, since Latin writing did not distinguish between long and short vowels, and thus it became available for the sound of H (*aitch*), which is common in Greek, Latin and English, but appears in the Greek alphabet only as a diacritical mark. Since this sound is rather different from the Greek X (and therefore from the Russian X (No. 23), modern Russian usually transliterates an English H with Г (No. 4) = G, as in the name of the *Gamlet* Theatre in Moscow.

The differences in shape of other consonants appearing in both Latin and Cyrillic are relatively easy to understand; e.g. the Cyrillic C (No. 19) and the Latin S are both cursive forms of the Greek capital Σ (sigma). But five new consonants were necessary in Cyrillic to represent sounds not occurring in Greek; namely ж (No. 8), ц (No. 24), ч (No. 25), ш (No. 26), and щ (No. 27).

The ж (No. 8) was taken from Coptic, the liturgical language of Christian Egypt, and was inserted before the Greek zeta з (No. 9) on account of its similarity in sound. The ц (No. 24), ш (No. 26) and probably ч (No. 25) are from Hebrew, and the щ (No. 27) is a ligature of two ш's.

Consequently, the letter ш (No. 26 *sh*), for example, has a rather entertaining history. Its sound is to be found in ancient Egyptian (presumably as the first consonant in the pronunciation of an important pictogram resembling ш in shape), in ancient Phoenician (and therefore also in Hebrew), in English, and in the Slavic languages like Bulgarian and Russian; but not in Greek or Latin (which is the reason why we require two letters *sh* to write it in English). When the Greek alphabet was constructed from the Phoenician, about 700 B.C., the letter ш was rejected as not needed in Greek, but sixteen centuries later, when the same Greek alphabet was being modified to form Cyrillic, the same letter ш (taken now from Old Testament Hebrew) was introduced by Greek monks, who needed it to write Bulgarian.

4. History of the vowel-symbols; the basic vowel-scheme. But it is the Cyrillic system for writing vowels that raises the most interesting and instructive questions. There are ten vowel-letters, forming the *basic vowel-scheme*.

Vowel-Scheme

у о а э ы

ю ё я е и

First we must note that although this scheme contains ten different letters, the Russian language has in fact only five distinct vowel-sounds (more accurately, six); for except that ы and и in the last column are somewhat different from each other, the two vowel-symbols in any given column, namely у and ю, о and ё, а and я, э and е have exactly the same vowel sound, the difference between them being merely that the letters in the second row ю, ё, я, е, и are written after soft consonant sounds, i.e. those for which the tongue is brought farther forward in the mouth (see next section), and the vowel-letters in the first row are written elsewhere. Thus the six distinct vowel-sounds may be described as: the u-sound (Column One), the o-sound (Column Two), the a-sound (Column Three), the e-sound (Column Four), and the two i-sounds (Column Five).

The five columns in the vowel-scheme are arranged in the order "back to front"; i.e. the a-sound is the central vowel, for which the tongue remains flat (the reason why a doctor asks his patient to say "ah"); u is the "back vowel", for which the tongue is chiefly in the back of the mouth; and for the other vowels the tongue moves gradually forward to an extreme frontal position for the sound of *i* in "machine". (Here again the reader is urged to experiment aloud.) Moreover, this distinction between "back" and "front" sounds applies also to consonants, as can be realized by experimenting with *back* consonants like *k, g* and *front* consonants like *p, b, t, d.*

Since softening a consonant consists of bringing the tongue forward in the mouth (see next section), it is more natural for front vowels (columns 4 and 5) to occur after soft consonants than after hard consonants, which means that е and и (row two) are much commoner than э and ы (row one), and similarly у, о and а (row one) are commoner than ю, ё and я (row two). As might be expected, the five commoner vowel-letters у, о, а, е, и were taken over directly from the Greek alphabet, namely у (No. 21) *upsilon,* о (No. 16) *omicron,* а (No. 1) *alpha,* е (No. 6) *epsilon,* and и (No. 10) (formerly Н) *eta;* whereas the other five vowel-letters were invented as need was felt to represent rarer sounds. Thus ю (No. 32) is a combination of *iota, omicron* and *alpha,* ё (No. 7) received its two dots in 1797, я (No. 33) is a modification of the Greek capital A *alpha* (the right side is made vertical and the left side is curved inward), э (No. 31) was formed by reversing е in 1708, and ы (No. 29) (formerly ъı) is a combination of *iota* with the hard sign No. 28, which itself is a modification of the soft sign (No. 30); and finally the *soft sign* was probably formed from the Greek (front) vowel epsilon.

The letter ъ (No. 28), now called *hard sign,* originally represented the short back-vowel ŭ, as it still does in the modern Bulgarian alphabet (e.g. in the word *Bulgarian* itself); and the soft-sign ь (No. 30) represented the short vowel ĭ; but later, when these sounds had dropped out of spoken Russian, they were dropped from the writing as well (by Soviet decree in 1918) except where they are still necessary (see Chapter II) to indicate whether a preceding consonant is hard or soft.

<u>5. Hard and soft consonants</u>. Just as English has more than 26 different sounds to be represented by the 26 letters of our Latin alphabet, so in Russian there are in fact 42 sounds (six vowels and 36 consonants) to be represented by the 33 Cyrillic letters. However, Russian spelling, unlike English, is almost phonetic, in the sense that the pronunciation of a Russian word is determined from its spelling by a small number of definite rules. With negligible exceptions, there are no silent letters, but in certain situations (see below) the consonant й (No. 11) is pronounced though not written.

The 36 consonant sounds of Russian fall into two classes: *hard* and *soft*, and are represented in the Cyrillic alphabet by 21 letters (б, в, г, ..., щ). Three of these 21 consonants ц (No. 24), ж (No. 8), ш (No. 26), are always hard, and three of them, й (No. 11), ч (No. 25), щ (No. 27) are always soft. The consonants represented by the other 15 letters may be either hard or soft.

The distinction between hard and soft consonants is easily illustrated in English. The words *moo* (like a cow) and *mew* like a cat) are identical (again the reader should experiment aloud) except that in *moo* the *m* is hard, but in *mew* it is soft, as a result of a different position for the tongue, farther forward and upward in the mouth. As we have seen, the purpose of the letters in the second row of the vowel-scheme is merely to indicate softness of a preceding consonant. Thus in тук *(tuk) nitrate* the т is hard (as in *toot* in English), but in тюк *(tyuk) package,* it is soft (as in *tube* in English), and the vowel-sound (namely *oo*) is the same in all four words (two Russian and two English). Soft consonants will be studied in detail in the next chapter.

Moreover, these second-row vowel-symbols (except и see just below) are written only after a soft-consonant sound; if they are not immediately preceded by a written consonant, then the sound of the soft consonant й is understood before them. Thus the Russian word а *but* is pronounced like the English *ah,* but the Russian word я *myself* is pronounced as though written йа like the English word *yah;* and similarly for ю, ё and е. But и (No. 10) should be pronounced *ee,* not *yee,* i.e. the Russian word и *and* is pronounced *ee.* Note that softness and hardness refer only to consonants and are nevertheless indicated by the choice of vowel-symbol, у or ю, а or я, etc. This characteristic feature of Cyrillic writing arose from the extreme prevalence, in various positions, of the soft consonant-sound й (English y as in *yacht*) in early Russian.

6. The spelling rule. Since softening of a consonant consists of bringing the tongue forward in the mouth, it is natural, as we have seen, for soft consonants to occur before front vowels, and hard consonants before back and central vowels, and in earlier Russian this distribution was an absolute rule. In modern Russian the rule still holds for the three *back* consonants к (No. 12), г (No. 4), х (No. 23), so that the combinations ку-, ко-, ка-, ке-, ки- are common but кю-, кё-, кя-, кэ-, кы- are impossible, except in foreign words. But for the other consonants the rule was gradually relaxed, so that even at the time of the invention of Cyrillic it was necessary to introduce the new letters ю (No. 32), я (No. 33) and ы (No. 29).

After the five sibilant consonants ц, ж, ш (Nos. 24, 8, 26; always hard) and ч, щ (Nos. 25, 27; always soft), where it is unnecessary to indicate hardness or softness, these newer letters are not written at all (the only important exception being that ы is usually written after ц). Thus the word for *fluid* is written жидкость (židkost') but pronounced жыдкость (žydkost'), since ж is always hard; and in similar positions ю will appear as у and я as а.

So we have the "spelling-rule":

> the u-sound, the a-sound or the i-sound, occurring in a native Russian word after a back consonant к, г, х or a sibilant ж, ш, ч, щ, is never spelled with ю, я or ы but always with у, а or и.

This rule is important in the inflection of nouns, adjectives and verbs (see Chapter III).

Exercise 1.2. The following names of non-Russian mathematicians born before the nineteenth century are to be pronounced aloud, in essentially the same way as in their original language except that the г used for *h* (e.g. Гопф for *Hopf*) is pronounced as *g*. Note also the эй for German *eu* in Эйлер for Euler.

Фибоначчи (no. theor)	1170
Кардано (alg)	1501
Виет (alg)	1540
Галилей (math phys)	1564
Мерсенн (no. theor)	1588
Дезарг (geom)	1593
Декарт (geom)	1596
Кавальери (calc)	1598
Уоллис (calc)	1616
Паскаль (geom)	1623
Ньютон (math phys)	1642
Лейбниц (calc)	1646
Бернулли (calc)	1654
Лопиталь (calc)	1661
Муавр (де) (compl var)	1667
Риккати (diff equ)	1676
Тейлор (ser)	1685
Стирлинг (ser)	1692
Маклорен (calc)	1698
Крамер (alg)	1704
Эйлер (anal)	1707
Клеро (diff equ)	1713
Лагранж (calc var)	1736
Лаплас (math phys)	1736
Маскерони (geom)	1750
Лежандр (ser)	1752
Менье (diff geom)	1754
Фурье (ser)	1768
Гаусс (anal)	1777
Пуассон (diff equ)	1781
Бессель (math phys)	1784
Брианшон (geom)	1785
Навье (math phys)	1785
Понселе (geom)	1788
Коши (diff equ)	1789
Кориолис (math phys)	1792
Грин (math phys)	1793
Ламе (math phys)	1795
Штейнер (geom)	1796
Штаудт (geom)	1798

Exercise 1.3. Similarly for these non-Russian mathematicians born in the nineteenth century. Note the *a* for *u* in Рассел for *Russell*.

Абель (alg)	1802
Штурм (diff equ)	1803
Якоби (anal)	1804
Гамильтон (calc of var)	1805
Дирихле (no. theor)	1805
Парсеваль (ser)	1805
Грасман (geom)	1809
Лиувилль (diff equ)	1809
Куммер (no. theor)	1810
Сильвестр (no. theor)	1814
Вейрштрасс (anal)	1815
Стокс (math phys)	1819
Фуко (math phys)	1819
Кейли (alg geom)	1821
Кронекер (alg)	1823
Кельвин (math phys)	1824
Риман (diff geom)	1826
Кристоффель (diff geom)	1829
Дедекинд (no. theor)	1831
Липшиц (diff equ)	1832
Бельтрами (diff geom)	1835
Жордан (alg)	1838
Мах (math phys)	1838
Гиббс (math phys)	1839

Ли (groups)	1842
Шварц (compl var)	1843
Кантор (set theor)	1845
Миттаг-Леффлер (compl var)	1846
Клейн (geom)	1849
Фробениус (groups)	1849
Хевисайд (math phys)	1850
Линдеман (alg)	1852
Лоренц (math phys)	1853
Риччи-Курбастро (diff geom)	1853
Пуанкаре (diff equ)	1854
Эрмит (no. theor)	1854
Стилтьес (calc)	1856
Пеано (anal)	1858
Чезаро (ser)	1859
Уайтхед (logic)	1861
Гильберт (func anal)	1862
Адамар (anal)	1865
Картан (diff geom)	1869
Борель (set theor)	1871
Рассел (logic)	1872
Каратеодори (compl var)	1873
Леви-Чивита (diff geom)	1873
Лебег (real var)	1875
Ландау (no. theor)	1877
Харди (no. theor)	1877
Ритц (math phys)	1878
Фубини (real var)	1879
Эйнштейн (math phys)	1879
Рис (func anal)	1880
Эддингтон (math phys)	1882
Данжуа (real var)	1884
Лефшетц (topol)	1884
Литлвуд (no. theor)	1885
Банах (func anal)	1892
Гопф (topol)	1894

Chapter II – Pronunciation

> There is little profit in silent reading without the ability to read aloud.

1. Importance of pronunciation. We assume throughout that the reader is studying alone and that he merely wishes to read the language, not to speak it. Nevertheless, there are many reasons why he must learn to pronounce Russian words aloud, instantaneously and with ease. Otherwise he will be unable to read silently without being overly disturbed by inward hesitations; and in any case the ability to pronounce words and phrases aloud is an indispensable aid to remembering them. At the beginning of his course the student must practice pronunciation, no matter how eager he may be to proceed to the mathematical passages later in the book. He must accept the dictum of all modern linguists that he will get relatively little profit from silent reading (or rather, decipherment) as long as he cannot read aloud.

Moreover, he should aim at a fairly correct pronunciation, since a bad one, if unhesitating and consistent, is no easier to learn. In the present book we have distinguished certain features of Russian pronunciation that are to be regarded as indispensable, and certain other features (some of them relegated here to smaller type) which, though equally part of standard pronunciation, can probably be neglected without much practical harm. The student who is working alone is advised to read through all the exercises aloud at a fairly rapid pace. Although silent reading is his final goal, he will merely deceive himself if he reads silently from the beginning.

2. The six Russian vowel-sounds. Five of the six Russian vowels will give no trouble, but the sound of ы (No. 29) does not occur in English. The tongue is drawn back almost as far as for the *oo*-sound in *ooze*, and the lips are straightened out as for the *ee*-sound in *ease*, a difficult combination for most of us, since in English there is no back vowel without lip-rounding. If the reader is studying alone, it will perhaps be best for him

to accept the familiar English i-sound in a word like *bill*, although the tip of the tongue should be a little further back in the mouth. He must experiment here, as with all the sounds in this chapter, aiming at consistency and facility; he himself must decide on the pronunciation he prefers and must then practice it. Help from a speaker of Russian is highly advantageous but not indispensable.

3. Monosyllables for practice in pronunciation. To illustrate the six vowel sounds we give the following list of monosyllables (Exercise 2.1).

These words should not be scorned on the ground that most of them are nonmathematical, since we must begin with monosyllables containing a wide range of vowels and consonants (for the special features of Russian polysyllables see §11). The English meanings, unimportant in themselves from the mathematical point of view, are to be utilized in the following way. When a Russian word is pronounced aloud, the student should note its meaning from the English and then energetically visualize the meaning quite apart from the word by which it is expressed in English; when he pronounces бак *tank* (see Ex. 2.1) he should at the same time visualize an actual tank, and the habit thus formed should be continued for the mathematical terms occurring throughout the book. Visualization of the meaning, a practice valuable in itself and especially congenial to mathematicians, is in fact the only means whereby the lone student can avoid excessive dependence on English words. For fluent reading in a foreign language it is obviously necessary to escape as far as possible from one's native tongue.

Some students may at first be unwilling to pronounce aloud *all* the Russian words given in this chapter (though it is not a time-consuming task), on the ground that they "do not intend to speak the language." Such students should reflect on the fact that they themselves often say "reading Russian mathematics would be much easier if the Cyrillic letters did not 'look so strange'". The only practical method of removing this admittedly serious (though temporary) obstacle is to read words aloud until the response of the tongue to the sight of the letters becomes as automatic as the response of a typist's fingers; for then the letters will no longer *look* strange. The words should be pronounced as loudly as circumstances will permit, and where silence is necessary, one should listen carefully to one's own "inner voice". The column of MR transliterations given with this exercise should be covered with a sheet of paper and consulted only after the Russian word has been pronounced aloud. Keep in mind that Russian pronunciation is much easier than English in the sense that, in general, each letter is always pronounced in the same way. (The relatively few exceptions are dealt with in the following sections.) For example, the Cyrillic letter у (No. 21) always has the sound of -oo- in *too* or *toot*, never as in *took;* thus the Mathematical Reviews transcription *mul* (for мул *mule*) indicates the pronunciation *mool;* the transcription *sup* indicates *soop* (as in the English word *soup*), *tut* is *toot,* etc.

Exercise 2.1 Pronounce the following monosyllables aloud.

Russian	English	Mathematical Reviews Transcription	Russian	English	Mathematical Reviews Transcription
а	and	a	дым	smoke	dym
акт	act	akt	жар	heat	žar
бак	tank	bak	жох	swindler	žoh
бал	ball	bal	жук	beetle	žuk
бант	bow	bant	за	beyond	za
бар	bar	bar	звон	peal	zvon
бас	bass	bas	звук	sound	zvuk
бок	side	bok	знак	sign	znak
бор	forest	bor	зонт	umbrella	zont
борт	side	bort	и	and	i
борщ	beet soup	boršč	ил	silt	il
бот	bot	bot	как	how	kak
брат	brother	brat	карп	carp	karp
брус	beam	brus	класс	class	klass
бы	would	by	кот	tomcat	kot
бык	bull	byk	Крым	Crimea	Krym
был	was	byl	курс	course	kurs
быт	life	byt	куст	bush	kust
вал	billow	val	ли	whether	li
ваш	your	vaš	лук	onion	luk
вол	ox	vol	луч	ray	luč
волк	wolf	volk	мак	poppy	mak
вон	there	von	Март	March	Mart
вот	here	vot	мол	pier	mol
врач	doctor	vrač	мост	bridge	most
гол	goal	gol	мул	mule	mul
гул	din	gul	мы	we	my
да	yes	da	мыл	washed	myl
дал	he gave	dal	мыс	cape	mys
дар	gift	dar	на	on	na
дом	house	dom	нас	us	nas
дух	spirit	duh	наш	our	naš

но	but	no
нос	nose	nos
о	about	o
он	he	on
от	from	ot
пакт	pact	pakt
пар	steam	par
пат	stalemate	pat
план	plan	plan
плац	parade-ground	plac
плач	weeping	plač
плащ	raincoat	plašč
плуг	plough	plug
плут	rascal	plut
по	according to	po
пол	floor	pol
порт	port	port
пост	fast	post
пот	perspiration	pot
при	near	pri
прут	twig	prut
прыщ	pimple	pryšč
пук	bundle	puk
пункт	item	punkt
пуск	starting	pusk
пуф	puff	puf
пух	eiderdown	puh
пыл	ardor	pyl
рак	cancer	rak
рост	growth	rost
рот	mouth	rot
сам	self	sam
со	with	so
сок	juice	sok
сон	sleep	son
сор	rubbish	sor
спорт	sport	sport
стан	stature	stan
сто	hundred	sto
стол	table	stol
сук	bough	suk
суп	soup	sup
сын	son	syn
сыр	cheese	syr
та	that	ta
так	thus	tak
там	there	tam
танк	tank	tank
тип	type	tip
то	therefore	to
ток	current	tok
тост	toast	tost
тот	this	tot
труп	corpse	trup
трус	coward	trus
тур	round	tur
тут	here	tut
туш	flourish	tuš
ты	thou	ty
тыл	rear	tyl
у	at	u
ум	mind	um
факт	fact	fakt
флот	fleet	flot
фон	background	fon
фронт	front	front
хор	choir	hor
час	hour	čas
шар	sphere	šar
шарф	scarf	šarf
шкаф	cupboard	škaf
штук	bayonet	štuk
шум	noise	šum

4. Preliminary remarks on hard and soft consonants. For an English-speaking reader the chief difficulty in Russian pronunciation lies in the fact that, although soft consonants are found in both languages, they occur in Russian in a wider variety of positions.

As we have seen in Chapter I, three of the 21 Russian consonants are always hard (ц, ж, ш; Nos. 24, 8, 26) and three of them (й, ч, щ; Nos. 11, 25, 27) are always soft. For the other fifteen consonants, б, п, в, ф, л, м, н, р, д, т, з, с, г, к, х, the hard pronunciation may be regarded as the normal one; and then we must ask: how is a hard consonant modified by being made soft? We shall consider this question (in English and in Russian) for consonants occurring before the vowels in each of the five columns of the vowel-scheme, and then elsewhere, i.e. before another consonant or at the end of a word (six cases in all).

5. Hard and soft consonants in English and Russian

Case i: before the u-sound (first column of the vowel-scheme).

Here the contrast between hard and soft consonants is very noticeable in both languages, as illustrated by the English and Russian pairs in the following Exercise 2.2 (i). Note that in all the words (English and Russian) the vowel-sound is the same, namely the back *oo* as in *oo*ze. Since it is natural for a Russian consonant to be hard before a back vowel, many of our examples for soft consonants are necessarily words of foreign origin (бюст bust, пюре́ purée, etc.)

The reader should pronounce these English and Russian words several times, noting for each pair the difference in the position of the tongue. He may be tempted to conclude, as is indeed historically the case, that a soft consonant is simply the corresponding hard consonant followed by the sound of the English consonant *y*. But in present-day Russian a soft consonant is a single sound; it is not one sound followed by another. Consider the two English words *coo* and *cue* and the phrase *seek-you*. The vowel-sound *oo* is the same in all three, but *coo* has a hard *k*, *cue* a soft *k*, and *seek-you* a hard *k* followed by the consonant *y*. In *coo* the tongue begins at the back of the mouth and stays there; in *cue* it is already relatively forward when starting to pronounce the *k*-sound (i.e. a soft *k* is a single sound, during which there is no change of tongue-position); and in *seek-you*, it is back for the *k* and moves forward for the *y* (two sounds, a hard *k* and a *y*, with two different tongue-positions). By experimenting aloud, the reader will realize that, instead of describing soft k as *"hard k followed by y"*, it is better to say: *soft k is "hard k amalgamated with y"*. Thus the usual transcription of the Russian word тюк *package* as *tyuk* suggests an inaccurate pronunciation (*t* followed by consonantal *y*), whereas it should indicate, perhaps by some such symbol as t^y, that the *t* is amalgamated with the *y*. However, we shall continue to use this transcription for its typographical convenience. At the end of a word (or before another consonant) we shall use a prime, as in Mathematical Reviews, e.g. брать (brat') *take*.

Exercise 2.2(i). Hard and soft consonants before the u-sound (Case i)

English pairs

booty,	beauty;	noon,	new;	zoo,	Zeus;
pooh,	pew;	room,	(Ryukyu?)	soup,	sue;
voodoo,	view;	loom,	lewd;	goo,	ague;
fool,	few;	do,	dew;	kook,	Kew;
moo,	mew;	too,	tube;	hoot,	hew;

Russian pairs

The accent (see §11) is marked on the few words of more than one syllable.

бук	beech,	бюст	bust
пук	bundle,	пюре́	purée
вуз	institute for higher education	ревю́	revue
фуру́нкл	furuncle	фюзеля́ж	fusilage
му́зыка	music,	мюзик-холл	music-hall
ну	now,	нюж	flair
рука́	hand,	рюмка	wine-glass
луч	ray,	люк	hatchway
душ	shower-bath	дю́на	dune
стук	rap,	тюк	package
Зу́лу	Zulu,	изю́м	raisins
сук	bough	сюда́	hither
гул	rumbling,	Гю́го	(Victor) Hugo
кула́к	kulak,	кю́ри	curie
худо	evil,	Хуэ́	Hué (name of the city)

Note that *room* has no precise companion in English; consequently, many speakers of English will make no distinction between hard and soft р in Russian; e.g. they will pronounce the first syllable of рюмка *wine-glass* in whatever way they pronounce the English word *room*. (Actually the Russian р No. 18, should be trilled, as in *Scottish* English; and the reader should make the trill, if it is natural for him.)

Case ii: before the o-sound (second column of the vowel-scheme).

In English it is hard to find examples of soft consonants before the o-sound (which in Russian will here be written ё as in Фёдор *Fyodor*, the given name of the novelist Dostoevski). But examples can easily be manufactured e.g. by pronouncing words like *junior* and *senior* (which actually have some sort of reduced vowel at the end) as though they were *june-yor* and *seen-yor*.

As is to be expected, most consonants are hard before this back o-sound, a fact which means, as we have seen, that the letter ё (No. 7) is rare. When it does occur, it is always accented, and in printed Russian texts the "double dot" is usually omitted (though we shall retain it in this book) with the result that е and ё are not distinguished in the word-order of Russian dictionaries. Here are four pairs of Russian words illustrating the difference between о (No. 16) and ё (No. 7).

Exercise 2.2(ii)

дом	*house*	идёт	(i-dyot)	*goes*
пот	*perspiration*	пёс	(pyos)	*dog*
торг	*trade*	тётя	(tyotya)	*aunt*
фок	*foresail*	Фёдор	(Fyodor)	*Theodore*

Case iii: before the a-sound (third column of the vowel-scheme)

Here again it is hard to find examples of soft consonants in English, but we can get the necessary practice by slightly mispronouncing the names of flowers *dahlia*, etc., or of girls *Claudia*, etc., or of countries *Ethiopia*, etc., as though they were spelled as follows: dah-lyah (-ля), bego-nyah (-ня), sal-vyah (-вя); Clau-dyah (-дя), Zeno-byah (-бя); Ethio-pyah (-пя), Bohe-myah (-мя), etc.

Here are seven pairs of Russian words illustrating the difference between а (No. 1) and я (No. 34).

Exercise 2.2(iii)

вал	*billow*,	вял	(vyal) *flabby*
да	*yes*,	дядя	*uncle*
зам-	*vice-* (e.g. *president*)	взят	*taken*
мак	*poppy*,	мяч	*ball*
на	*on*,	няня	*nurse*
сак	*sack*,	сяк	*thus*
так	*thus*,	тятя	*daddy*

Case iv: before the e-sound (fourth column of the vowel-scheme)

An example of a soft consonant in this position in English is provided by the word *lorgnette (lornyet)*, the last three sounds of which *(-gnette)* are pronounced exactly like the Russian word нет *no*, familiar to American newspaper readers in the approximative spelling *nyet*.

Exercise 2.2 (iv)

век	(vyek) *century*	нет	*no*
лес	*forest*	пел	*sang*
мел	*chalk*	сел	*sat*

In native Russian words, the frontal e-sound softens any immediately preceding consonant, which means that after a consonant it is always written е (never э); in fact, the letter э does not occur at all in any native Russian word (except этот *this*).

But э may occur in foreign words. For example, Бэла (pronounced like our *Bella*) is the name of the Georgian (i.e. non-Russian) heroine in Lermontov's novel *A Hero of Our Time;* and the reader will encounter э in transcriptions of names of non-Russian mathematicians, e.g. Брауэр *Brouwer*.

Case v: before the sounds of и (No. 10) and ы (No. 29) (fifth column of the vowel-scheme)

Here the soft consonants (before и) will give the reader no trouble since he will soften them automatically; e.g. the word тик = *teak* is pronounced in the same way in English as in Russian; and before ы all consonants have the normal hard pronunciation.

Exercise 2.2 (v)

Soft consonants before и

бил	*struck*	лик	*image*	писк	*squeak*
бинт	*bandage*	лист	*leaf*	Рим	*Rome*
вил	*wove*	лифт	*elevator*	риск	*risk*
винт	*screw*	мим	*mime*	сил	*of forces*
гипс	*gypsum*	мир	*world*	тик	*teak*
диск	*disk*	миф	*myth*	тип	*type*
кист	*bunch*	ни	*neither*	тис	*yew*
кит	*whale*	пик	*peak*	тиф	*typhus*
ли	*whether*	пир	*feast*		

Hard consonants before ы

бы	*would*	мыс	*cape*	сыр	*cheese*
был	*was*	нытик	*whimperer*	сыск	*investigation*
вы	*you*	пыж	*wad*	сыч	*owl*
дым	*smoke*	пыл	*ardor*	ты	*thou*
зыбка	*cradle*	пытка	*torture*	тыл	*rear*
лыжи	*skis*	рыба	*fish*	тын	*paling*
лыко	*bast*	рыск	*trotter*		
мы	*we*	сын	*son*		

Case vi: at the end of a word, or before another consonant

For this case, in which softness of a consonant is indicated by the soft sign ь (No. 30), there is very little help to be found in English. But we can proceed as follows. If the reader were asked to pronounce the initial consonantal sound of *booty* he would unhesitatingly (and correctly) reply with the sound of a hard *b*. But if asked to pronounce the initial consonant in *beauty* an uninitiated reader would probably give the same reply as before, this time incorrectly. The initial consonant in *beauty* is a soft *b*, which can be isolated from *beauty* in the same way as the hard *b* from *booty*. The student sould practice isolating the soft *p* from *pew*, the soft *t* from *tube*...etc., until he can easily pronounce them at the end of a word. Only a few Russian consonants, e.g. *l*, *n* and *t*, are common in this position. The soft *l* and *n* can be obtained in English by dropping the end of the words *million* and *canyon*.

Exercise 2.2 (vi)

бить	*beat*	киль	*keel*	сильф	*sylph*
быль	*fact*	линь	*rope-line*	соль	*salt*
вить	*weave*	лить	*pour*	фильм	*film*
дать	*give*	роль	*role*	нить	*thread*
день	*day*				

6. A first approximation to Russian pronunciation. The suggestions given at the beginning of Chapter I for the pronunciation of the various letters of the alphabet are based on an extremely simple and concise, though only approximate system of describing Russian pronunciation; namely, each of the consonants is said to have only one pronunciation (in general, the one up to now called "hard"); the hard and soft signs are said to be silent; and the vowels ю, ё, я, е, which along with и are now often called "soft vowels", are said to be pronounced like the corresponding у, о, а, э with prefixed consonantal y (namely, yu, yo, ya, ye).

But the system is only a rough approximation, since soft consonants at the end of a word are pronounced as though they were hard, and all soft consonants are to some extent misrepresented; for example, the "soft *k*" in "cue" is pronounced as though it were the "hard *k* followed by *y*" in "look-you" (§5). In attempting to make the pronunciation easier for readers who have no interest in speaking Russian, the system gives up the distinction between hard and soft consonants, thereby obliterating one of the most noticeable and characteristic features of the language; and unless we are to make some change in the definition either of "vowel" or of "soft", the phrase "soft vowel" is a contradiction in terms, since the difference between a vowel and a consonant is ordinarily explained by saying that in the pronunciation of a consonant, but not of a vowel, the outgoing airstream is obstructed in such a way as to produce frictional noise, and "softening" consists of a change in the place of obstruction. Nevertheless, in a textbook written for speakers of English, the system is convenient for preliminary use when the letters of the alphabet are first introduced.

7. The letter Й when pronounced but not written. In Chapter I we have seen that the four vowel-symbols ю, ё, я, е can occur only after a soft-consonant sound. Therefore, if no consonant is written before them, the sound of the soft consonant Й is automatically understood, as in the following exercise.

Exercise 2.3 ел *ate*, pronounced as though written Йэл like the English word *yell;* and similarly, ёлка Йолка yolka *spruce*, семья семьЙа *family*, съел сЙэл *ate up*, трение трениЙэ *friction*, юла Йула *whirligig*, юмор Йумор *humor*, ют Йут *quarter-deck*, я Йа *I*, яма Йама *hole*.

8. The "separating" hard and soft signs. Since a consonant is hard unless the spelling specifically indicates that it is soft, the hard sign ъ (No. 28) might seem to be superfluous; but this is not quite the case. For example, in the preceding list the hard sign was necessary in съел *ate up*, with the four sounds с (hard), Й, э, л to distinguish it from the word сел *of the villages*, with the three sounds с (soft), э, л. If a preposition ending in a hard consonant, e.g. под *under*, из *out of*, об *around*, от *from*, с *off*, is prefixed to a word beginning with ю, ё, я or е, a so-called separating hard sign is inserted between them, e.g. объём *volume*, in order to preserve the hardness of the final consonant in the prefix; and when the word begins with и the и is usually changed to ы. Thus интеграл *integral* but подынтеграл *under the integral sign;* however, the и is often retained (e.g. подинтеграл) so as not to obscure the component parts of the compound.

Similarly the separating soft sign in семья *family* (soft м, Й, а) shows that there is an extra Й-sound here in comparison with семя *seed* (soft м, а).

These separating signs occur fairly often in mathematical texts, e.g. Стилтьес *Stieltjes*, Ньютон *Newton*, etc., but in practice it is convenient to ignore them.

9. The letter Й when written. In native Russian words the letter Й is written only at the end of a syllable and only after the vowels а, е, о, ы, и; thus май *May*, бей *strike*, бой *battle*, белый *white*, высокий *high*. The Russian linguists differ among themselves, sometimes with acrimony (see, e.g., the article Й in the Great Soviet Encyclopedia) on whether Й is a consonant or a semivowel, which is a question to be settled in a physics laboratory. Here we shall merely advise the reader (somewhat inconsistently) to continue calling Й a consonant but to make ай, ей, and ой into diphthongs; i.e., to pronounce ай like the *ai-* in *aisle*, ей like the *ei-* in *eight*, ой like the *oi-* in *oil;* and finally to leave the Й in -ый and -ий altogether silent.

10. Assimilation of voiced and voiceless consonants. In the following situation a Russian consonant changes its pronunciation with no corresponding change in the spelling.

The twenty-one Russian consonants fall into two classes, *voiced* and *voiceless*. For a voiced consonant the vocal cords vibrate vigorously (as in humming), so as to set the whole head in motion. The reader should experiment, say with б No. 2 (voiced) and п No. 17 (voiceless), or д No. 5 (voiced) and т No. 20 (voiceless). Let him stop up his ears with his thumbs and at the same time stop up his nostrils with his two little fingers, as can conveniently be done, and then vigorously pronounce a б = b several times in succession, followed by п = p. For the б's his head will vibrate very noticeably, but not at all for the п's. In this way he will discover that some of the consonants occur in pairs, voiced and voiceless (but otherwise identical), and others stand alone, some of them only voiceless and others only voiced, according to the following table.

Russian Voiceless and Voiced Consonants

Voiceless	ц	ч	щ	х	к	т	с	ш	п	ф					
					г	д	з	ж	б	в	л	м	н	й	Voiced

When a voiced and voiceless consonant occur together, in either order (e.g. отбор *selection* or вправо *to the right*), it is natural in any language to assimilate one of them to the other, i.e. to let the vocal cords vibrate for both of them or else for neither. In English the situation is quite complicated. Assimilation may or may not occur; when it does occur, it may or may not affect the spelling; and it may be either forwards, i.e. the first consonant is assimilated to the second, or backwards. For example, in the word *roped* the *d* is unvoiced (contrast *robed*) by assimilation to the voiceless *p*.

In Russian this voiced-voiceless assimilation behaves much more regularly; it always occurs, under the two simple rules stated just below; it is always forwards, and the spelling is almost never affected. The rules are:

a) before any voiceless consonant, or at the end of a word, any voiced consonant that has a voiceless partner becomes unvoiced, i.e. is pronounced like its partner;

b) before any of the voiced consonants г д з ж б (i.e. all those, except в, that have voiceless partners) the corresponding voiceless partners к т с ш п become voiced.

In connected speech most of these changes will be made automatically, and in fact, if the student ignores some of them, relatively little harm will be done, provided he is still able to read without hesitation..

Exercise 2.4

Pronounce aloud:

a)	все	(fsye)	*everybody*	миг	(mik)	*moment*
	вход	(fhot)	*entrance*	раз	(ras)	*time*
	входить	(fhodit')	*enter*	резка	(reska)	*cut*
	дуб	(dup)	*oak*	рог	(rok)	*horn*
	дубка	(dupka)	*small oak*	сад	(sat)	*garden*
	лоб	(lop)	*forehead*	хлеб	(hlep)	*bread*
	лов	(lof)	*catch*	юг	(yuk)	*south*
	лодка	(lotka)	*boat*	яд	(yat)	*poison*
b)	книжка	(kniška)	*booklet*	сгуб	(zgup)	*bend*
	ловко	(lofko)	*cleverly*	сказка	(skaska)	*tale*
	робкий	(ropki)	*timid*	сделать	(zdelat')	*to do*
	сверх	(zverk)	*beyond*	экзамен	(egzamen)	*examination*

<u>11. Consonant clusters</u>. The clusters of consonants permitted in given settings, especially at the beginning or end of a word, are highly characteristic of a given language. For example, most foreigners have difficulty with the English word *strengths*, and Russian has many combinations not found in English.

In the very common word много *much, many* (e.g. in многочлен = *many-term = polynomial*, imitated from the Greek), the reader should first pronounce a protracted м (a humming sound), and then add -ного to it, trying to avoid any impression that the м forms an extra syllable; in other words, he should proceed in exactly the same way as with the *s* in an English word like *squelched* (skwelcht). This principle may be applied to all initial consonants that have a continuable sound; i.e. all those in Exercise 2.5 except г, д, к, п, т. The most troublesome words are those with two non-continuable sounds, one after the other, e.g. as in где *where*, for which the tongue, after first pronouncing the г, should move forward for the -де (-dye) as smoothly as possible, with the idea of making the whole word into a monosyllable. Note also that certain Russian prepositons, e.g. в *in*, consist of a single consonant, so that в доме *in the house* is pronounced like a single word with the initial consonant-cluster вд-.

Initial combinations of this sort are common in many languages; for example, in the Greek words from which we have derived *pneumonia, pseudonym, psychology, pterodactyl, gnostic*, etc. When speaking English, we nowadays refuse to pronounce the first consonant, but laziness of this sort is not permissible in the corresponding Russian words пневмония, псевдоним, etc. However, when a given consonant is doubled in Russian, it is pronounced as though single, just as in English; e.g. ввод (vot) *input*. Usually, only one of the consonants is written in Russian; e.g. агрегáт *aggregate*.

<u>Exercise 2.5</u>. Pronounce aloud these monosyllables containing consonant clusters.

вдаль		*far*	вход	(fhot)	*entrance*
взад	(vzat)	*backwards*	гнать		*drive*
взгляд	(vzglyat)	*look*	гнев		*anger*
вздох		*deep breath*	гнёт	(gnyot)	*yoke*
взлом		*breaking in*	два		*two*
взмах		*stroke*	для		*for*
взрыть		*plough*	звать		*call*
вклад	(fklat)	*deposit*	здравие		*health*
вне		*outside*	зло		*evil*
всё	(fsyo)	*all*	змей		*serpent*

знак		*sign*	сдать	(zdat')	*be weakened*
квас		*kvass*	средь		*among*
кнут		*knout*	срыв	(sryf)	*frustration*
кто		*who*	счесть		*count*
лгун		*liar*	счёт		*calculation*
мгла		*haze*	тварь		*creature*
мне		*to me*	ткань		*cloth*
много		*much*	храм		*temple*
мстить		*avenge*	цвет		*color*
нрав	(nraf)	*disposition*	член		*member*
птица		*bird*	чрез		*across*
рвать		*to tear*	шкаф		*cupboard*
сбить	(zbit)	*knock down*	шнур		*cord*
сбыт	(zbyt)	*sale*	штаб	(shtap)	*staff*
свет		*light*			

Note that the very common conjunction что = *that* has the irregular pronunciation што.

12. Words of more than one syllable; accents. English is the monosyllabic language *par excellence*. In no other language is it possible to find pages of mathematics on which almost all the words are monosyllables, e.g. *at this point the two curves have the same slope*, etc. In Russian the situation is far different. For example, in the standard translation of Jane Austen's novel *Pride and Prejudice*, the translator finds it necessary to explain at some length why the hero is twitted by his friend for using so many four-syllable words. As we have seen, there are plenty of monosyllables in Russian, but the English-speaking reader must accustom himself to the fact that four-syllable words are just as common, and words of seven or eight syllables are not at all rare

So the question arises; how are they to be pronounced?

In both English and Russian, polysyllabic words have an emphatic stress on the accented syllable (e.g. in English, *pocsíbility*) and the position of this accent (not given in printed texts) is governed in either language by complicated rules which we shall not try to discuss here (but recall that in Russian the vowel ё is always accented). Since for the sake of pronouncing a word aloud it is important for the reader to know where the accent falls and since, on the other hand, we wish to have our texts look as natural as possible, we shall make the convention in this book that when the accent is left unmarked it is assumed to fall on the first syllable of the word (but all proper names are left unaccented). As for the mathematical symbols and formulas, the practical solution is to read them as in English.

The basic difference between English and Russian polysyllables is that in Russian there are no secondary accents. In English, most polysyllables have both a primary and a (less emphatic) secondary accent (*pőssibílity*). But in Russian every word, no matter how long (except for a very few combinations of words like трёхме́рный *three-dimensional*) has exactly one accent, and the reader should make it an emphatic one, gliding lightly and rapidly over the unstressed syllables. All the preceding syllables should be regarded as mere preparation for the accent, and all the following ones as mere gliding away from it.

A long Russian word like непересека́ющие *non-intersecting* (eight syllables) could not be glided over rapidly, at least not by a speaker of English, if all the unstressed syllables were given their standard pronunciation, *nye-pye-rye-sye-ká-yoush-chee-ye*, since then the soft consonants н, п, р, с would give too much trouble. But as we have seen, all these soft consonants would be much easier to pronounce before an и, where they become automatic (as in тик *teak*). Consequently, the gliding process is made much easier by the following rule (quoted here in incomplete but useful form):

rule of pronunciation:
in syllables preceding the accent я and е are pronounced like и.

Thus непересека́ющие becomes nee-pee-ree-see-káh-yoush-chee-ye; спрямля́емый *rectifiable* becomes spreem-lyá-ye-mi etc.

Various other rules for unstressed syllables, particularly with respect to the vowels а and о will not be given here, although they form part of standard Russian, partly because they do not make the pronunciation noticeably easier, and partly because in any case they are disregarded by many native speakers, especially in the more northern parts of the USSR.

Since all rules referring to the unstressed parts of words are merely the result of rapid speech, the reader will follow them automatically to some extent, provided he takes care to glide unconcernedly over the unstressed syllables; in such matters, if he is studying alone, he should pretty much do whatever he finds most convenient, keeping in mind that the Russian language, in spite of its numerous consonants, can in fact be spoken very rapidly and smoothly.

Here are some examples from the earlier part of the book:

определена́	*defined*	o-pree-dee-lee-ná
произво́дная	*derivative*	pro-eez-vód-na-ya
произведе́ние	*product*	pro-eez-vee-dyé-nee-ya
налега́ть	*lie on*	na-lee-gát'
внесе́ние	*insertion*	vnee-syé-nee-ye

These words are all of Class Three (see §2 of the Introduction), and therefore the exercises on their pronunciation will be postponed to Chapter V, where their formation and meaning will be discussed systematically; the following exercise contains only international words of Class Two.

Exercise 2.6. Pronounce each of these international words aloud, keeping in mind that the fundamental purpose of the exercise is to increase one's familiarity with the appearance of Cyrillic letters.

a) Nouns ending in a; e.g. аксио́ма = *axiom*, амплиту́да = *amplitude*, etc. абсци́сса, арифме́тика, асимпто́та, брахистохро́на, группа, дире́ктриса, координа́та, логика, матема́тика, матрица, норма, резольве́нта, систе́ма, температу́ра, теоре́ма, формула, характери́стика, цикло́ида

b) Nouns in -ция *-tion;* e.g. абстра́кция *abstraction;* аксиоматиза́ция, аппроксима́ция, вариа́ция, девиа́ция, идентифика́ция, инду́кция, информа́ция, итера́ция , классифика́ция, компактифика́ция, конструкция, корреля́ция, линеариза́ция, минимиза́ция, опера́ция, оптимиза́ция, ортогонализа́ция, параметриза́ция, прое́кция, формализа́ция, функция

c) Nouns in -ивность *-ivity*; e.g. аддити́вность *additivity;* ассоциати́вность, дистрибути́вность, коммутати́вность, рефлекси́вность, транзити́вность. Cf. also -ность *-ity,* e.g. абсу́рдность, иррациона́льность, пропорциона́льность, сепарабе́льность, стаби́льность

d) Nouns in -ование *-ation;* e.g. дифференци́рование *differentiation;* интегри́рование, сумми́рование

e) Nouns ending in a hard consonant; e.g. аппара́т, аргуме́нт, атом, базис, бикомпакт, вектор, детермина́нт, диа́метр, дискримина́нт, дифференциа́л, идеа́л, изоморфи́зм, индекс, интегра́л, интерва́л, класс, компоне́нт, конти́нуум, космос, коэффицие́нт, максимум, меридиа́н, метод, минимакс, минимум, моме́нт, опера́тор, пара́метр, полиго́н, радика́л, сегме́нт, силлоги́зм, симплекс, спектр, факт, фактор, факториа́л, фокус, функтор, функциона́л, хара́ктер, центр, экстре́мум, элеме́нт, эллипсо́ид

f) *Adjectives in* -и́вный *-ive;* e.g. аддити́вный *additive;* дедукти́вный, конструкти́вный, мультипликати́вный, примити́вный, рекурси́вный, рефлекси́вный, транзити́вный

g) Adjectives in -ный *-ic;* e.g. биголомо́рфный *biholomorphic;* гомеомо́рфный, изомо́рфный

h) Adjectives in -а́льный *-al;* e.g. вертика́льный, *vertical;* дифференциа́льный, интегра́льный, инфинитезима́льный, лока́льный, минима́льный, натура́льный, норма́льный, пропорциона́льный, рациона́льный, спектра́льный, специа́льный, тривиа́льный, фундамента́льный

i) Other adjectives in -ный; e.g. абсолю́тный, *absolute;* аналоги́чный, бина́рный, дискре́тный, коллинеа́рный, компле́ксный, перпендикуля́рный, поля́рный, регуля́рный, сепара́бельный, симметри́чный, скаля́рный, трансценде́нтный, эквивале́нтный

j) Adjectives in -и́ческий *-ic* or *-ical*; e.g. алгебраи́ческий *algebraic,* логи́ческий *logical;* геометри́ческий, гиперболи́ческий, канони́ческий, класси́ческий, логарифми́ческий, математи́ческий, метри́ческий, практи́ческий, тригонометри́ческий, цикли́ческий.

Exercise 2.7. The names of these Russian mathematicians are to be pronounced aloud. The reader is invited to accent them in whatever way he may be accustomed to hearing them pronounced in English.

Стеклов (math phys)	1864	Персидский (diff equ)	1903
Крылов (mech)	1879	Норден (geom)	1904
Бернштейн (approx)	1880	Чудаков (no. theor)	1904
Смирнов (anal)	1887	Моисеев (stab)	1905
Делоне (no. theor)	1890	Райков (groups)	1905
Виноградов (no. theor)	1891	Левин (real & compl var)	1906
Мусхелишвили (elast)	1891	Тихонов (topol)	1906
Привалов (compl var)	1891	Юшкевич (hist math)	1906
Федоров (compl var)	1893	Векуа, И.Н. (funct anal)	1907
Чеботарев (alg)	1894	Крейн (funct anal)	1907
Александров, П. С. (topol)	1896	Рашевский (diff geom)	1907
Гончаров (real var)	1896	Фаддеев (alg)	1907
Лаппо-Данилевский (diff equ)	1896	Вагнер (diff geom)	1908
Гагаев (series)	1897	Гантмахер (matrices)	1908
Гринберг (diff equ)	1900	Маркушевич (compl var)	1908
Немыцкий (diff equ)	1900	Соболев (funct anal)	1908
Андронов (mech)	1901	Ефимов (geom)	1910
Ахиезер (series)	1901	Келдыш (compl var)	1911
Новиков (alg)	1901	Гнеденко (prob)	1912
Петровский (diff equ)	1901	Черников (alg)	1912
Гаврилов (cont sys)	1903	Левитан (series)	1914
Колмогоров (prob)	1903	Бицадзе (diff equ)	1916
Купрадзе (int equ)	1903	Шилов (funct anal)	1917
Марков (logic)	1903	Погорелов (geom)	1919

Виленкин (groups)	1920
Стечкин (series)	1920
Граев (groups)	1922
Шафаревич (alg geom)	1923
Березанский (funct anal)	1925
Ситников (topol)	1926
Постников, М.М. (topol)	1927

Chapter III – Inflection

A Russian noun will have a root, indicating its basic meaning, and a case-ending, indicating its relationship to the rest of the sentence; and it is said to be *declined*, or *inflected*, when all its possible case-forms are displayed in a table. Prepositions can be used not only with various cases of nouns but also as prefixes to verbs, e.g., *circum*scribe, *de*scribe, *in*scribe, etc. This second role of prepositions is fundamental for the study of Russian vocabulary.

1. The concept of declension. The Greek philosopher Aristotle (384-322 B.C.) was the first, in the Western world, to make a systematic study of grammar, and the numerous grammatical terms still in use in our schools are either the original Greek words (*phrase, comma, colon,* etc.) standardized by him and his Alexandrian successors, or else are Latin translations of such words (*adjective, verb, neuter, case,* etc.). His statements about Greek grammar are illuminating for the grammar of other Indo-European languages as well, including English and Russian.

Noting that a Greek noun (the name of a person or thing) changes its ending according to whether it represents: i) the subject performing the action, ii) an entity closely connected with the subject, iii) the indirect object of the action, or iv) the direct object, the ancient grammarians, taking their terminology from the various possible positions for the *fall* of (non-cubical) Greek dice, described the first of the four situations as the direct or upright *case* ("case" is the Latin word for *fall,* cf. *cas*ualty, etc.) while the other cases were successively less upright; and the four cases, in that order, were said to *decline* from upright to horizontal. Those parts of speech that show case-endings, i.e. the nouns, pronouns and adjectives, are said to undergo *declension* i.e. falling), but a verb is said to be *conjugated* (i.e. its forms are *conjoined* into a table) and the word *inflection* (change of ending) is used for both declension and conjugation. Adverbs, prepositions and conjunctions, the other three of the traditional seven parts of speech, are *uninflected.*

The first of the four cases was called the *nominative* (used to *name* the subject); the second (usually translated by *of* in English) was the *genitive* (from the Latin *genus*, as indicating the class or entity to which the subject belonged; e.g. a member *of the senate*, the hand *of Caesar*, etc.); the third was the *dative* (usually translated by *to* or *for* in English), from the Latin *dare (to give)*; e.g., "he gave the *boy* a book", or "he gave a book *to the boy*"; "he made the *boy* a kite", or "he made a kite *for the boy*"; and the Greek name for the fourth case, indicating the object of the action, was carelessly mistranslated into Latin as the *accusative* (a better name would be *objective*). In present-day Russian there are two more cases (also inherited from Indo-European), namely the *instrumental* and the *locative*, showing the *means by which* and the *place where* the action is performed. The locative case is used only after certain prepositions, for which reason it is also called the *prepositional*.

Verbs which have a direct object (i.e. in the accusative case) are called *transitive* and may or may not have an indirect object as well (dative case). In English a verb cannot have an indirect object unless it also has a direct object (i.e. is transitive) but in Russian (and in many other languages) some intransitive verbs may have an indirect object; in a sentence like *the kite satisfies the boy* (or *the function satisfies the condition*) the Russian word for *boy* (or *condition*) will be in the dative case, the verb *satisfies* having some such force as *is sufficient for*. Such verbs are said to "be followed by the dative" or to "take the dative". The dative is also very common after adjectives like *equal to*, *opposite to*, etc.

In the same way certain verbs "take the instrumental". In the sentence *let us use these results* the Russian word for *results* will be in the instrumental case, since the Russian verb for *use* has some such force as "help ourselves by means of". A few verbs "take the genitive"; for example, in a sentence like *the line touches the circle* the Russian word for *circle* will be in the genitive case, suggesting that only part *of* the circle is touched. In a negative sentence (suggesting *no part of*) the Russian accusative after a transitive verb may be replaced by the genitive; in *he did not make a kite* the Russian word for *kite* may be either in the accusative or in the genitive.

2. The three declensions. The ancient grammarians also used the word *declension* in a more concrete sense, namely to mean a definite set of endings indicating the various cases of a given noun. In modern Russian there are three such declensions, i.e. sets of case-endings, the first two of which it is convenient to examine together. Note that here we give the endings only for the singular, since in the plural (see §4) the three declensions coincide almost completely.

Endings of the first declension (singular)

nom.	*gen.*	*dat.*	*acc.*	*instr.*	*loc.*
-/о	а	у	-/о	ом	е

Endings of the second declension (singular)

nom.	*gen.*	*dat.*	*acc.*	*instr.*	*loc.*
а	ы	е	у	ой	е

Here the symbol -/о means that some nouns of the first declension, e.g. факт *fact,* have no ending in the nominative case, while others, e.g. место *place, locus,* have the ending о. For the reasons given below in §6, words like факт are said to be *masculine,* words like место are *neuter* (the Latin word for *neither;* cf. *neutral,* etc.), and words of the second declension, e.g. сумма *sum,* are *feminine.*

Thus the three words факт, место and сумма are declined (in the singular) as follows:

	1st declension				*2nd declension*	
	masculine		*neuter*		*feminine*	
nom.	факт	fact	место	place, locus	сумма	sum
gen.	факта	of a fact	места	of a locus	суммы	of a sum
dat.	факту	to a fact	месту	to a locus	сумме	to a sum
acc.	факт	fact	место	locus	сумму	sum
instr.	фактом	by means of a fact	местом	by means of a locus	суммой	by means of a sum
loc.	(о) факте	(about) a fact	(о) месте	(about) a locus	(о) сумме	(about) a sum

Note that if the stem of a feminine noun ends in к, г, х or a sibilant, the spelling-rule (Chap. I, §6) demands that the ending ы be replaced by и, e.g. точка, точки.... *point.*

Note also that there are no definite or indefinite articles in Russian (only the context decides whether факт means *fact, the fact,* or *a fact*) and that in reciting the declension of a noun aloud it is customary to include with the locative the preposition о (об before a vowel, and обо before certain double consonants).

For greater ease of pronunciation, some nouns of the факт declension, e.g. конéц *end,* отрéзок *segment,* insert a so-called *movable* vowel е (or о before the back consonants к, г, х) in the nominative and accusative singular, where the word would otherwise end in two consonants. Thus конéц, концá ... (stem конц-) *end,* отрéзок, отрéзка ... (stem отрéзк-) *segment.*

In the nouns факт and место the stem (i.e. the word minus its case-ending) ends in a hard consonant. For the corresponding nouns with stems in a soft consonant, e.g. числи́тель *numerator* masc. and поле *field* neut. (feminines with soft stems corresponding to сумма do not occur in mathematics) the vowels in the case-endings will be taken from the second row of the basic vowel-scheme (Chap. I, §4); thus

-/е, я, ю, -/е, ем, е.

	1st declension *masculine*	*neuter*
nom.	числи́тель *numerator*	поле *field*
gen.	числи́теля	поля
dat.	числи́телю	полю
acc.	числи́тель	поле
instr.	числи́телем	полем
loc. (о)	числи́теле	(о) поле

Finally, although all masculine stems end in a consonant (and most of them in a hard consonant), neuter and feminine stems may also end in the vowel и (which is followed by the vowels in the second row of the vowel-scheme). Thus сложе́ние *addition* neut. and функция *function* fem. are declined as follows (note the -ии in the locative ending, and in the dative feminine):

	1st declension *neuter*	*2nd declension* *feminine*
nom.	сложе́ние *addition*	функция *function*
gen.	сложе́ния	функции
dat.	сложе́нию	функции
acc.	сложе́ние	функцию
instr.	сложе́нием	функцией
loc. (о)	сложе́нии	(о) функции

There remains the third declension, all of whose nouns are feminine (note that three of the six forms have the ending и).

	3rd declension
nom.	коммутати́вность *commutativity*
gen.	коммутати́вности
dat.	коммутати́вности
acc.	коммутати́вность
instr.	коммутати́вностю
loc. (о)	коммутати́вности

3. Frequency of occurrence of nouns of the eight types. The two classes of nouns commonest in mathematics are the ones represented by факт and сложéние. The факт class includes genuine old Russian words like вид *form,* знак *sign,* and also many transliterations of foreign words like дифференциáл, идеáл, класс, коэффициéнт, фокус, элемéнт. In the сложéние class the neuter suffix -ение can be added to a great variety of verbs to produce the corresponding abstract noun; thus делúть *to divide,* делéние *division;* написáть *to write,* написáние *writing;* относúть *to relate,* отношéние *relation* (note the consonant-variation in -нос-, -нош-); производúть *produce,* произведéние *product* (note the vowel-gradation in -вод-, -вед-); суммúровать *to sum,* суммúрование *summation,* etc.

The types of nouns of next greatest frequency are the ones represented by коммутатúвность and сумма. Most of the nouns in the коммутатúвность class end either in -ность *-ity*: e.g. ассоциатúвность *associativity,* транзитúвность *transitivity,* or in -мость *-ability*: e.g. суммúруемость *summability.* The class to which a noun belongs can always be recognized from its dictionary-form (i.e. its nominative singular) except for nouns ending in -ь, which may belong either to the (in mathematics rather rare) числúтель class (masculine) or to the коммутатúвность class (feminine).

The сумма class contains several native Russian words, e.g. точка *point*, etc., and many transliterations, e.g. асимптóта, директрúса, координáта, систéма.

Only one of the other classes, the место class, contains any considerable number of words common in mathematics, most of them ending in the abstract suffix -ство, e.g. доказáтельство *proof.*

The числúтель class consists chiefly of words with the suffix -тель *-tor;* e.g. знаменáтель m. *denominator.*

The функция class consists almost entirely of words ending in the suffix -ция *-tion;* e.g. индýкция *induction,* констрýкция, операция, проéкция.

In pure mathematics, the word поле *field* is the only representative of its class.

4. Declension in the plural. The endings for the plural of nouns are

nom.	-ы/-а	-и/-я
gen.	-ей/-ов/-й/-	
dat.	-ам	-ям
acc.	-ы/-а	-и/-я
instr.	-ами	-ями
loc.	-ах	-ях

where the symbol -ы/-а means that masculine and feminine nouns end in -ы and neuters in -а. Here again the spelling-rule demands и instead of ы after к, г, х or a sibilant; e.g. книги *books*.

It was stated above that in the plural the three declensions have coalesced almost completely. In fact, earlier Russian had at least four types of declension in the plural, as is shown by the four different endings (front, back, front-reduced, back-reduced) for the genitive plural: -ей in числи́телей, -ов in факторов, -й in сложе́ний and ŭ (i.e. nothing at all) in сумм and мест. Note that this ŭ was represented by the hard sign ъ, which was dropped from the writing in 1918 (see Chap. I, §4), and that some of these "curtailed" genitive plurals insert a movable е or о (see above), e.g. чисел gen. plur. of число́ *number*.

The declension in the plural of the eight types of nouns is as follows (to be practiced aloud).

	факты (facts)		места́ (loci)		суммы (sums)
	фактов		мест		сумм
	фактам		места́м		суммам
	факты		места́		суммы
	фактами		места́ми		суммами
(о)	фактах	(о)	места́х	(о)	суммах

	числи́тели (numerators)		поля́ (fields)		сложе́ния (additions)
	числи́телей		поле́й		сложе́ний
	числи́телям		поля́м		сложе́ниям
	числи́тели		поля́		сложе́ния
	числи́телями		поля́ми		сложе́ниями
(о)	числи́телях	(о)	поля́х	(о)	сложе́ниях

	функции (functions)		коммутати́вности (commutativities)
	функций		коммутати́вностей
	функциям		коммутати́вностям
	функции		коммутати́вности
	функциями		коммутати́вностями
(о)	функциях	(о)	коммутати́вностях

5. Remarks on the exercises. We are now ready for the first of the numerous exercises that consist of mathematical sentences from the Reading Selections and similar material, with word-for-word translations. Whenever the student encounters a strange word, as will happen often at first, he should try, as was noted in the Introduction, to observe it carefully enough so that when it turns up in its proper setting in Chapter V, and

again in the Readings, it will not seem totally unfamiliar. If he is already interested in how it is constructed (usually from a compound verb) he may look it up in the general Glossary, where he will find a reference to the systematic discussion of it in the chapter on vocabulary (Chapter V).

These exercises illustrate the truly remarkable similarity of Russian word-order to English (slightly distorted from time to time in the translations given below), which makes it unnecessary to include a special chapter on syntax. The few remarks that have been necessary, e.g. on the genitive of comparison, on conditional sentences, etc., can be found when desired by consulting the English Index at the end of the book.

Exercise 3.1. Read aloud the following sentences, or parts of sentences, and account for the case of each noun. It is particularly valuable to read the sentence aloud once, looking at the Russian words, and then again without looking at them, as a kind of "momentary memorization".

1) точка М имéет координáты x, y
the point M has coordinates x, y

2) отношéние равнó числý
the ratio (is) equal to the number

3) рассмáтриваем систéму координáт
we consider a system of coordinates

4) положéние точки М определяéтся отрéзком
the position of the point M is determined by the segment

5) векторы заданы проéкциями
the vectors are given by their projections

6. The concept of grammatical gender. In the preceding sections we have tacitly implied that all nouns declined like факт and числи́тель are masculine, those like место, поле and сложéние are neuter, and those like сумма, функция and коммутати́вность are feminine, without discussing the significance of this somewhat startling terminology. In fact, the so-called "gender" of a noun is determined not by its manner of declension (since the above rule has a few exceptions of no mathematical interest) but by the behavior of modifying adjectives. A Russian schoolteacher, wishing to remind a pupil that факт is masculine, сумма feminine and место neuter, will not ordinarily use these technical, sex-related terms, but will say something like "it's тот факт, та сумма and то место" (*that* fact, *that* sum, *that* place) with emphasis on the varying form of тот, та, то for the word *that*. As was pointed out by the Greek grammarians, a noun is called *masculine* solely because, in its effect on the ending of an accompanying adjective or pronoun, it happens to act in

the same way as the names of most of the male animals. In reading mathematics the student should try to remain sensitive to this agreement in gender for the endings of nouns, pronouns and adjectives (especially participles), since it reflects logical interrelations. The sections on pronouns and adjectives will provide many examples.

7. Declension of pronouns. The following pronouns, declined below, are common in mathematics:

reflexive		себя́	*ourselves, itself, themselves;*		
personal	1st person	мы	*we;*		
	3rd person	он, они́	*it, they;*		
demonstrative		тот	*that,*	этот	*this;*
interrogative		что	*what*		

Pronouns in the Slavic languages fall into two groups: those that have remained without influence on the declension of adjectives, and those whose endings have been transferred to adjectives. The two pronouns себя́ and мы, with distinctive declensions of their own, belong to the first class, and the others он, тот, этот, что, all of them declined very much alike, belong to the second.

Declension of the reflexive pronoun *ourselves, itself, themselves*

Singular and plural

nom.		----
gen.		себя́
dat.		себе́
acc.		себя́
instr.		собо́й
loc.	(о)	себе́

Note that the accusative of the reflexive (which obviously has no nominative) is like the genitive, whereas for nouns it was like the nominative.

This identity of accusative and genitive, which for pronouns goes back to Proto-Slavic, was gradually extended, from about 1300 to 1800 A.D., to names of male animate beings. For example, the accusative singular of Гильберт (Hilbert), otherwise declined like факт, is Гильберта.

Declension of мы *we*

nom.		мы
gen.		нас
dat.		нам
acc.		нас
instr.		нами
loc.	(о)	нас

Here it is clear that two pronouns have been combined, мы for the nominative case, and elsewhere some other pronoun, whose nominative has been lost. The same phenomenon, common also in English (cf. *we, us; it, they* etc.), occurs again in the third person pronoun он etc., declined as follows.

Declension of он, она́, оно́ *it*

	Masculine (and neuter)	Feminine	Plural: они́ *they*
nom.	он оно́	она́	они́
gen.	его́	её	их
dat.	ему́	ей	им
acc.	его́	её	их
instr.	им	ей	ими
loc.	(о) нём	(о) ней	(о) них

Note that here, and throughout the book, we translate он (masc.) and она́ (fem.) by *it*, on the assumption that in mathematical passages the reference will be to a masculine or feminine noun like факт *fact* or сумма *sum*. In the relatively rare instances (i.e. rare in mathematics) where он and она́ refer to a person they must, of course be translated by *he* and *she*. Similarly, the 3rd person reflexive pronoun себя́ etc. can mean, not only *itself* or *themselves*, but also *himself*, *herself* or *ourselves*.

Note also that when these pronouns are governed by a preposition (e.g. у, к, с, в, о, etc.) the letter н is prefixed to them, as shown above for the locative; thus у него́ *at it*, к нему́ *toward it*, в ней *in it*; for brevity, we omit the historical explanation.

The nominatives он, она́, оно́, они́ have had no influence elsewhere in Russian declension, but the endings of the other cases -его, -ему,... (-ого, -ому, etc. after a hard consonant) occur in all the other pronouns and in almost all adjectives. In modern Russian the -г- in the genitive singular of such pronouns and adjectives is pronounced like в (which was already the pronunciation in old Russian before the invention of writing); for example, чего́ *of what* is pronounced chee-vô, the spelling with г being due to the influence of Church Slavonic, where such forms were both pronounced and written with г.

Thus we can set up the following tables.

Interrogative pronoun

nom.	что	*what*
gen.	чего́	
dat.	чему́	
acc.	что	
instr.	чем	
loc.	(о) чём	

Negative pronoun ничтó *nothing* declined like что

nom.	ничтó	nothing	ни для чегó	for nothing
gen.	ничегó	of nothing	ни к чемý	toward nothing
dat.	ничемý	to nothing		
acc.	ничтó			
instr.	ничéм		ни с чем	with nothing
loc.			ни о чём	about nothing

Note that when ничтó is used with a preposition, the latter is placed between its two parts, so as to form a phrase of three separate words; i.e. *about nothing* becomes *not about anything* ни о чём.

The pronominal adjectives тот *that*, этот *this* and весь *all* are declined as follows. (Note that этот has -и- where тот has -е- and that the stem всь- of весь ends in a soft consonant, which will therefore be followed by -е- rather than -о-. The е in the masc. nom. sing. весь is a movable vowel --see §2).

	masc./neut.	masc./neut.	masc./neut.
nom.	тот/то	этот/это	весь/всё
gen.	тогó	этого	всегó
dat.	томý	этому	всемý
acc.	тот/то	этот/это	весь/всё
instr.	тем	этим	всем
loc.	(о) том	(об) этом	(о) всём
	feminine		
nom.	та	эта	вся
gen.	той	этой	всей
dat.	той	этой	всей
acc.	ту	эту	всю
instr.	той	этой	всей
loc.	(о) той	(об) этой	(о) всей
	plural		
nom.	те	эти	все
gen.	тех	этих	всех
dat.	тем	этим	всем
acc.	те	эти	все
instr.	теми	этими	всеми
loc.	(о) тех	(об) этих	(о) всех

The neut. nom. sing. то *that* occurs commonly in the abbreviation т.е. = то есть *i.e., that is*.

Similar in declension to этот is оди́н *one* (the numeral):

	masculine/neuter	feminine
nom.	оди́н/одно́	одна́
gen.	одного́	одно́й
dat.	одному́	одно́й
	.	.
	.	.
	.	.

Exercise 3.2. Read aloud the following sentences, noting the inflectional endings of the pronouns and pronominal adjectives.

1) это и есть иско́мая формула
this is the desired formula

2) если точка A лежи́т на пара́боле, то её координа́ты ...
if the point A lies on the parabola, then its coordinates ...

3) вектор, кото́рый име́ет длину́, равную b ...
a vector which has a length equal to b ...

(Note that in Russian a mathematical symbol can have a definite case; here the symbol b is in the dative case requiring the insertion of "to" in English)

4) она́ лежи́т на эллипсе в том и только в том случае, когда́ ...
it lies on the ellipse in that and only in that case, when ...

(Note this expression for "if and only if")

5) мы видим, что ...
we see that ...

(recall that что is pronounced што)

6) существу́ет така́я окре́стность этой точки, в кото́рой ...
there exists such a neighborhood of this point, in which ...

(Note the word-order for "a neighborhood such that ...")

8. Declension of adjectives. The endings for the adjectives were taken over from the pronouns, as stated above. In many instances they represent a fusion of noun and pronoun endings.

Adjective Endings

Singular Masculine/neuter	Feminine	Plural All genders
ый/ое	ая	ые
ого	ой	ых
ому	ой	ым
ый/ое	ую	ые
ым	ой	ыми
ом	ой	ых

Declension of the adjective равный *equal*

Masculine/neuter	Feminine	Plural (all genders)
равный/равное	равная	равные
равного	равной	равных
равному	равной	равным
равный/равное	равную	равные
равным	равной	равными
равном	равной	равных

Let us here make six remarks.

i) If the ending is accented, the -ый of the masculine nominative singular becomes -ой́, e.g. второй́ *second,* простой́ *simple,* пустой́ *empty,* непустой́ *non-empty,* etc.

ii) After к, г, х or a sibilant, the spelling-rule again demands и instead of ы; e.g., коро́ткий *short* коро́ткая, коро́ткие,...; всякий *every,* etc. Note also больши́м (not -шым) in the instrumental of большо́й *big,* and similarly in небольшо́й *not big.* (Compare also the noun большинство́ *majority*).

iii) Just as in the English sentence *the good die young,* so in Russian many adjectives can be used as nouns; e.g. the word произво́дная *derivative* (dy/dx) is a feminine adjective modifying the noun функция *function* understood.

iv) When an adjective is used predicatively, it may appear in a short form obtained by dropping the ending of the masculine singular, e.g.

прост, проста́, просто sing.; просты plur.

Thus просто́й факт *a simple fact,* but

тот факт прост *that fact is simple.*

If the stem of the adjective ends in two consonants considered difficult to pronounce together, a movable е or о is inserted in the short form of the nom. masc. sing.; thus

равен, равна́, равно́; равны́ *equal.*

For an adjective formed from a proper name the short forms may also be used attributively, e.g.

евкли́дова геоме́трия *Euclidean geometry.*

v) In the declension of nouns, we have seen that stems ending in a hard consonant (i.e. of the types факт, место, сумма) are much more numerous than their counterparts with a soft consonant (числи́тель, поле, функция). With adjectives the preference for hard endings is even more noticeable.

In fact, the one hard-consonant suffix н accounts for well over three-quarters of all adjectives used in mathematics. Thus аналоги́чный *analogous,* верный *true,* действи́тельный *real,* доста́точный *sufficient,* еди́нственный *unique,* положи́тельный *positive,* поля́рный *polar,* пропорциона́льный *proportional,* симметри́чный *symmetric,* фундамента́льный *fundamental,* эквивале́нтный *equivalent,* элемента́рный *elementary.*

Most other adjectives have a stem ending in some other hard consonant (and are therefore declined like ра́вный), e.g. необходи́мый *necessary,* новый *new,* одина́ковый *identical,* первый *first,* etc. To this class also belong the various pronominal adjectives: i.e. the relative кото́рый *which,* the interrogative како́й *of what kind,* the demonstrative такой *of such a kind,* the personal наш *our,* the reflexive свой *one's own* (with the derived noun свойство *property* and adjective собственный *one's own, proper, eigen-* etc.) and the indefinites каждый *each,* некоторый *some,* and никако́й *of any kind at all* (only in negative sentences). In prepositional phrases the ни- in никако́й becomes separated from the како́й (cf. the note on ни о чём in §7) thus: ни в како́м поле не вложится *it is not imbedded in any field;* нигде́ непло́тный *nowhere dense* (lit. *anywhere not-dense;* где *where,* плотный *dense*).

Such adjectives (or pronominal adjectives) are declined as follows:

Masculine/neuter		Feminine	Plural	
кото́рый/кото́рое	*which*	кото́рая	кото́рые	*which*
кото́рого		кото́рой	.	
.		.	.	
.		.	.	
тако́й/тако́е	*such*	така́я	таки́е	*such*
тако́го		тако́й	.	
.		.	.	
.		.	.	
наш/наше	*our*	наша	наши	*our*
нашего		нашей	.	
.		.	.	
.		.	.	

Note that some words have a prefix не which is of different origin and meaning from the negative prefix; thus некоторый means *some*. Note also how the spelling-rule demands и instead of ы in the plural forms тaки́e *such* and наши *our*.

vi) But in spite of the above preference for hard endings, there are a few adjectives with stems ending in soft н (and one or two, e.g. общий *general*, in some other soft consonant), which means, of course, that the endings must be -ий, -его, -ему, etc. Adjectives of this type are верхний *upper*, внутрений *interior*, нижний *lower*, после́дний *latter*, средний *average*, третий *third*. For example,

Masculine/Neuter	Feminine
после́дний/после́днее	после́дняя
после́днего	после́дней
после́днему	после́дней
после́дний/после́днее	после́днюю
после́дним	после́дней
после́днем	после́дней

Exercise 3.3. Read the following sentences aloud, noting the various adjectives, especially those in the short predicative form.

1) таки́е векторы равны́
such vectors (are) equal

2) пусть M — произво́льная точка
let M (be) an arbitrary point

3) так как векторы паралле́льны, то их координа́ты пропорциона́льны
since the vectors are parallel, therefore their coordinates are proportional

4) мы изло́жим тео́рию иррациона́льных чисел
we shall explain the theory of irrational numbers

5) одна́ко этот необходи́мый признак
but this necessary criterion

6) интегра́льное исчисле́ние ставит перед собо́й обра́тную зада́чу
the integral calculus sets before itself the inverse problem

Exercise 3.4. Read the following sentences aloud, noting the various pronominal forms.

1) Систе́ма координа́т, нача́ло кото́рой совпада́ет с полюсом
A system of coordinates, the origin of which coincides with the pole

2) Вектор, кото́рый определя́ется усло́виями
A vector which is defined by the conditions

3) Можно считáть их косинусом и синусом некоторого углá
It is possible to consider them as the cosine and sine of some angle

4) существýет такáя точка, что
there exists such a point that

5) G не может быть областью голомóрфности никакóй функции
G cannot be the domain of holomorphy of any function

6) Тепéрь мы видим, какýю проблéму изучáем
Now we see what sort of problem we are studying

9. The numerals. In Russian, as in English, the ordinal numerals are declined like adjectives; thus первый *first,* вторóй *second,* третий *third.*

But the cardinals behave in such an unusual way that the Russian grammarians even call the numerals a separate part of speech. In fact, apart from оди́н *one* (see §7) they behave more like nouns than like adjectives. Thus два *two* is declined as follows:

nom. and acc.	два (fem. две)	dat.	двум
		instr.	двумя
gen.	двух	loc.	(о) двух

and the form of the noun after the word *two* looks like a genitive singular (though in fact it is an old Indo-European *dual,* used for a *pair* of things), e.g. два квадрáта *two squares.* However, a modifying adjective is put in the plural; e.g. два больши́х квадрáта *two large squares,* and this somewhat startling usage is extended to the cardinals три, трёх,... *three* and четы́ре, четырёх,... *four.* But beginning with пять *five* (and in some modern writers even beginning with два *two*) the noun is also in the genitive plural; thus пять квадрáтов *five squares* (more literally, *a quintet of squares*). Fortunately, in a mathematical context the meaning is always clear.

10. Adjective-noun phrases; italics. The following exercise, consisting of adjective-noun phrases (e.g. математи́ческая логика *mathematical logic*) taken from the Subject-Classification of the Russian counterpart of Mathematical Reviews, namely Реферати́вный Журнáл — Матемáтика, will illustrate how an adjective agrees in gender, number and case with the noun it modifies. The phrases are given here in italics, in order to provide the practice necessary for reading the statements of theorems etc. in an ordinary Russian mathematical text.

Only six of the italic letters are enough different from their non-italicized counterparts to cause any trouble; namely *г* for г (No. 4), *g* for д (No. 5, but *∂* is also used), *u* for и (No. 10), *й* for Й (No. 11), *n* for п (No. 17), *m* for т (No. 20, but *T* is sometimes used). The Russian italic letters originated from Latin handwriting; e.g. *m* is the final result of a long series of efforts to write т unicursally, i.e. without lifting the pen (the italic form of м is *M*).

The mathematical terms in the exercise will all be familiar, since they are transliterations of international words, but the reader should look carefully at the agreement (in gender, number and case) of the adjective with the noun.

Exercise 3.5. Read aloud the following adjective-noun phrases, printed in italics.

Математи́ческая ло́гика, дедукти́вные систе́мы, мода́льная ло́гика, алгебраи́ческая ло́гика, комбинато́рная ло́гика

Комбинато́рный ана́лиз, биномиа́льные коэффицие́нты, комбинато́рные функции, ортогона́льные табли́цы, лати́нские квадра́ты

Коммутати́вные алгебры, гомологи́ческие методы, алгебраи́ческая геоме́трия, абстра́ктные дифференци́рования, позити́вные матрицы, квадрати́чные формы, мултилине́йная алгебра, ассоциати́вные алгебры, гомологи́ческая алгебра, абстра́ктные катего́рии, гомологи́ческая алгебра

Периоди́ческие группы, гомологи́ческие методы, класси́ческие группы, бина́рные систе́мы, топологи́ческие группы

Элемента́рные функции, моното́нные функции, алгебраи́ческие функции, модуля́рные функции, экстрема́льные пробле́мы, супергармони́ческие функции специа́льные функции, эллипти́ческие функции, гипергеометри́ческие функции, цилиндри́ческие функции, вариацио́нные методы, псевдодифференциа́льные операто́ры, квазилине́йные системы

Тригонометри́ческое интерполи́рование, ортогона́льные функции, тригонометри́ческие пробле́мы, спектра́льный синтез, функциона́льный ана́лиз, спектра́льная тео́рия, компа́ктные операто́ры, интегра́льные операто́ры

Специа́льные геоме́трии, дифференциа́льная геоме́трия, тензо́рный ана́лиз, дифференциа́льные инвариа́нты, лока́льная тео́рия, геометри́ческие объе́кты, глоба́льная тео́рия, интегра́льная геоме́трия

Лока́льная компа́ктность, топологи́ческая дина́мика, алгебраи́ческая тополо́гия, когомологи́ческие опера́ции, геометри́ческая тополо́гия, дифференци́руемые структу́ры, характеристи́ческие классы

Стохасти́ческие проце́ссы, математи́ческая стати́стика, асимптоти́ческая тео́рия, оптима́льные програ́ммы, непараметри́ческие методы

Математи́ческое программи́рование, графи́ческие методы, гармони́ческий ана́лиз, класси́ческая термодина́мика, квантовая меха́ника, статисти́ческая физика, математи́ческая эконо́мика, динами́ческое программи́рование

11. Comparative and superlative of adjectives and adverbs. The comparative degree of an adjective is formed, as in English, in three different ways:

i) by prefixing the (uninflected) word более *more*:

e.g. более элемента́рный *more elementary;*

ii) by adding the (uninflected) suffix -ee (cf. the English *-er*):

e.g. старе́е *older* (from старый *old*),

which in words involving "consonant variation" (see §6 of the Introduction) becomes -e

e.g. проще *simpler* from просто́й *simple;* больше *bigger* from большо́й *big,* etc. (cf. the dropping of one of the e's with the English word *simpler*);

iii) for a few adjectives (as in the English *good, better, best*), the comparative (and superlative) degrees do not come from the same root as the positive:

e.g. хоро́ший *good,* лучше *better (*or *best);* малый *small,* меньше (or менее) *less,* меньший *least.*

The superlative degree may be formed in two different ways (again compare the English):

i) by prefixing the (inflected) adjective самый *most, very.*

e.g. самый элемента́рный *most elementary;*

ii) by adding the (inflected) suffix -е́йший (English *-est*)

e.g. нове́йший *newest* (from новый *new*)

просте́йший *simplest* (from просто́й *simple*),

which in words involving consonant variation (Introduction §6) becomes -а́йший

e.g. широ́кий *wide,* широка́йший *widest;*

and which is sometimes shortened, e.g. старый *old,* старший *oldest.*

The superlative can be strengthened by prefixing наи-

e.g. наибо́льший *the very largest,* наиме́ньший *the very least.*

Certain adverbs, namely the so-called adverbs of quality formed directly from adjectives (in English, mostly by adding *-ly*) are compared like the corresponding adjectives. For most of them the positive degree is like the accusative neuter singular of the short (predicative) form of the adjective (§8, Remark iv); e.g. аналоги́чный *analogous,* аналоги́чно *analogously;* but if the adjective ends in -ский the adverb ends in -ски; thus математи́ческий *mathematical,* математи́чески *mathematically.* The corresponding comparatives and superlatives are rarely used in mathematics, e.g. более просто *more simply.*

Exercise 3.6. Read aloud the following sentences, noting the comparative and superlative forms.

1) это числó будет либо наибóльшим в нижнем классе,
this number will be either the largest in the lower class

либо наимéньшим в верхнем классе
or the smallest in the upper class

2) простéйшими из логúческих исчислéний являются
the simplest of the logical calculi are

исчислéния выскáзываний, классúческое и конструктúвное
the calculi of propositions, classical and constructive

3) считáют более вероятным, что...
they consider more probable that...

4) задáча сводится к такóму выбору функции
the problem reduces itself to such a choice of the function

при котóром интегрáл имéет наимéньшее значéние
for which the integral has the least value

12. The uninflected parts of speech. Apart from the interjection (of no importance in mathematics) the Russian grammarians list four uninflected parts of speech: i) adverb, ii) conjunction, iii) particle, and iv) preposition.

i) The chief adverbs (excepting those formed directly from adjectives) are

тепéрь	*now*	тогдá	*then*	когдá	*when*
здесь	*here*	там	*there*	где	*where*
сюдá	*hither*	тудá	*thither*	кудá	*whither*
отсюда	*hence*	оттýда	*thence*	откýда	*whence*
всюду	*everywhere*	так	*thus, so*	как	*how*
инáче	*otherwise*	иногдá	*sometimes*	всегдá	*always*
		ужé	*already*		

and some single words that were originally phrases, like напримéр *for example* (примéр *example*).

ii a) The chief subordinating conjunctions, preceded in Russian by a comma, are что *that,* чем *than,* если *if,* так как *since, because,* чтобы *in order that,* ввидý тогó, что *in view of the fact that,* потомý что *because* (lit. *in accordance with the fact that*), причём *where* (lit. *in the presence of which*).

ii b) The chief coordinating conjunctions are и *and,* и...и (also так...как) *both...and,* итáк *and so,* однáко *nevertheless,* но *but,* а *and* or *but,* или *or,* либо...либо *either...or,* ни...ни *neither...nor,* поэ́тому *therefore* (lit. *in accordance with this),* притóм *moreover* (lit. *in the presence of that;* also при этом as two words), то *therefore.*

iii) Chief among the words called particles are

не	*not*
то	*that,* as in то есть *that is,* abbreviated т.е. compare *i.e.* in English
же	*in fact, the same, but* etc., which emphasizes the *preceding* word
и	*even, in fact* (a special use of *and*), which emphasizes the *following* word
ли	*whether* in questions (usually put after the most important word in the question; for an example, see just below)
только	*only*
бы	*would*

пусть *let, let it be the case that, suppose that;* note that word is followed, not by an infinitive like the English *let,* but by an independent clause; thus *let it have* is пусть имéет lit. *let it has* (i.e. *let it be the case that it has*).

Examples are: тот же детерминáнт *the same determinant* (note the derived words тождество *identity,* тождéственный *identical,* тождéственно *identically,* etc.); тогдá же *at the same time,* так же *in the same way* (written as one word также means *also*); если же... *but if.*

Further examples are:

это и есть искóмая формула
this is in fact the desired formula;

как узнáть, рационáльна ли данная кривая
how to recognize whether a given curve is rational (note the word-order);

тогдá и только тогдá, когдá...
then and only then, when... (i.e. *if and only if*);

если бы это было верно, мы имéли бы...
*if this were (*lit. *would be) true, we would have...*

iv) Finally, the name *preposition* (a Latin translation of the Greek word used by Aristotle) obviously refers to something *placed before* something else. In English it is naturally taken to mean *placed before a noun* (as a separate word); but in Greek, Latin and Russian the meaning *placed before a verb* (as a prefix) is at least equally important.

Those prepositions that can serve both functions are called *proper,* those that can serve only the first are called *improper,* and those that can serve only the second are not usually called prepositions at all, but *inseparable prefixes.*

In Russian there are fifteen proper prepositions, not including к *to, toward,* which is very common before nouns and pronouns but has been so seldom prefixed to a verb that we shall neglect this use of it altogether: (the forms in parentheses are used before words beginning with certain combinations of letters; e.g. обо множестве *about the set*)

до	*to*	за	*after, in exchange for, as*
из (изо)	*from*	на	*on, onto*
от (ото)	*out of, from, of*	под (подо)	*under*
с (со)	*from*	над (надо)	*over*
у	*at*	перед (передо) (пред-	*in front of* as a prefix)
по	*according to*	про	*about* (as a prefix: *through)*
в (во)	*in, into*	о (об, обо)	*about*
		при	*in the presence of*

and four inseparable prefixes:

воз-	*up*	пере-	*across* (sometimes in the Church Slavonic form пре-)
вы-	*out*		
раз-	*apart*		

The improper prepositions, on the other hand, can hardly be listed in full, since new ones are constantly being formed. Among those that have been in the language for a relatively long time are

без	*without*	вследствие	*in consequence of*
ввиду́	*in view of*	для	*for*
вдоль	*along*	кроме	*beyond, except*
вместе	*together with*	между	*between* (cf. промежу́ток *interval*)
вместо	*instead of*	после	*after*
вне	*outside* (cf. the adj. внеинтегра́льный *outside the integral sign*)	против	*against*
		путём	*by means of* (lit. *by the path of*)
внутри́	*inside*	среди́	*among*
		через	*through, by means of.*

Typical of the more recent ones is относи́тельно *relatively to, with respect to*. Almost all improper prepositions are followed by the genitive case; e.g. путём интегри́рования *by means of integration,* относи́тельно новой системы координат *with respect to the new system of coordinates*, etc., but note e.g. между followed by the instrumental: между точками *between the points*, and через followed by the accusative: прямая через данную точку *a line through the given point*.

The proper prepositions are used with various cases:

with genitive	до *to, up to*, из *from*, от *from*, с *from*, у *at;*
with dative	к *to*, по *according to;*
with accusative	в *into*, за *after*, на *onto*, под *under*, про *through;*
with instrumental	за *after*, над *over*, перед *before*, под *under*, с *with;*
with locative	в *in*, на *on*, при *in the presence of*.

As will be seen from this list and from the following exercises, each of these prepositions must be translated into English in various ways, depending on the context. *Motion toward* is usually expressed by a preposition with the accusative (sometimes with the dative), *rest in* with the locative (sometimes with the dative), *rest in* with the locative (sometimes with the instrumental), and *motion from* with the genitive. Common to many Indo-European languages is the *genitive of comparison:* e.g. *the line AB is longer from* (i.e. *than*) *the line CD*, which is in fact an example of *motion from;* i.e. "starting *from* (the end of) the line *CD*, the line *AB* is (by that amount) longer." For example,

> каждое число множества A меньше каждого числа множества B
> each number of the set A is less than (lit. *from*) each number of the set B;

but the construction with чем *than*, as in English, is equally common: thus

> меньше, чем каждое число
> *less than each number*.

<u>Exercise 3.7</u>. Read aloud these sentences illustrating prepositional phrases.

1) расстояние от точки гиперболы до фокуса
   the distance from a point of the hyperbola to a focus

2) наименьшее из его делителей
   the smallest (out) of its divisors

3) наклон к оси
   inclination to the axis

4) по определению
   according to (i.e. by) definition

5) элемент b следует за a
   the element b follows after a

6) опера́ция над векторами
operations on vectors

7) ставим перед собо́й зада́чу
we set before ourselves the problem

8) нача́ло совпада́ет с полюсом
the origin coincides with the pole

9) деле́ние в заданном отноше́нии
division in a preassigned ratio

10) функция регуля́рна на криво́й, если...
a function is regular on a curve if...

11) поня́тие о сече́нии
the concept of (lit. *about*) a cut

12) преобразова́ние координа́т при паралле́льном перено́се
transformation of coordinates with parallel translation

13) аналити́ческое продолже́ние вдоль криво́й
analytic continuation along a curve

14) функция регуля́рна внутри́ области
the function is regular inside the domain

15) здесь $\Delta y \to 0$ вместе с Δx
here $\Delta y \to 0$ together with Δx

16) для каждой точки име́ем...
for each point we have...

17) среди́ действи́тельных чисел нахо́дится число́, кото́рое...
among the real numbers there is (finds itself) a number which...

18) обозна́чим прое́кцию точки M
we shall denote the projection of the point M

на ось Ox через M_x
onto the axis Ox by (lit. *through*) M_x

13. The verb; present imperfective and future perfective. In addition to tense, as in English, the regular verb in Russian has *aspect,* discussed just below and in the next chapter; and it has a complicated set of participles. But otherwise, at least for mathematics, it is simpler than in English; there are no subjunctive or conditional forms (for the particle бы in conditional and purpose clauses see Exercise 3.8 in §14); there are no passive forms, except in the participles; the imperative mood scarcely occurs in mathematics and the indicative only in the third person: *it does, they do,* and in the first person plural: *we do;* there are only three tenses: present, past and future, with no refinements like pluperfects or progressives; there are only two conjugations, represented by the infinitives

чита́ть *to read* and дели́ть *to divide,* and a regular verb has only two principal parts (i.e. parts from which all the other forms can be derived by simple rules), namely the infinitive чита́ть, дели́ть and the 1st person plural чита́ем *we read*, делим *we divide.*

Most Russian verbs occur in pairs, one of the pair being an *imperfective verb* (or in the *imperfective aspect)* and the other a *perfective verb* (or in the *perfective aspect).* The difference in meaning between the two aspects will be discussed more fully in Chapter IV; here let us simply say that the imperfective aspect describes an action without reference to its completion, but the perfective implies something about its completion in the past or future, so that, in particular, a perfective verb cannot have a present tense.

For example, чита́ть *to read* is imperfective, and its aspect-partner прочита́ть *to read* is perfective, the two verbs having the same *lexical* (i.e. dictionary) meaning *to read;* and again, the imperfective verb дели́ть and its perfective partner раздели́ть both mean *to divide.* For many verbs, the perfective is inflected exactly like its imperfective partner (but with a prepositional prefix про-, раз- etc.) except that, since a perfective verb cannot have a present tense, the forms corresponding to the imperfective present have a future meaning (the future perfective) e.g. чита́ем *we read,* прочита́ем *we shall read.* (For the future imperfective - with no corresponding perfective forms - see §14).

There are several possibilities for the ending of the first principal part of a verb (the infinitive), i.e. not only -ать and -ить as in чита́ть and дели́ть, but also e.g. -ять as in меня́ть *to change* and, though much more rarely, -еть as in име́ть *to have,* -ыть as in откры́ть *to open,* -сть as in класть *to lay*, -чь as in мочь *to be able,* and one or two further endings.

But for the second principal part (the 1st person plural) there are only two possibilities:

i) -ем as in чита́ем *we read,* in which case the verb is said to belong to the *first* conjugation and its present tense (future for a perfective verb) is

чита́ет	*it reads*	прочита́ет	*it will read*
чита́ем	*we read*	прочита́ем	*we shall read*
чита́ют	*they read*	прочита́ют	*they will read*

ii) -им, in which case the verb belongs to the *second* conjugation, and its present tense (future for a perfective verb) is

дéлит	*it divides*	раздéлит	*it will divide*
дéлим	*we divide*	раздéлим	*we shall divide*
дéлят	*they divide*	раздéлят	*they will divide*

All regular verbs with infinitives ending in -ить belong to the second conjugation (with some monosyllabic exceptions of no mathematical interest) and all other regular verbs to the first, except (chiefly) the following verbs and their compounds:

держáть, держит	*to hold, it holds*
стоя́ть, стои́т	*to stand, it stands*
смотрéть, смотрит	*to look at, it looks at*
видеть, видит	*to see, it sees*
висéть, виси́т	*to hang, it hangs*

Verbs in -овать (common in mathematics) change the -ов- to -у- in all forms derived from the second principal part; e.g.

интегри́ровать	*to integrate*
интегри́рует	*it integrates*
интегри́руем	*we integrate*
интегри́руют	*they integrate;*

similarly следовать *to follow,* следует *it follows* etc.

Typical for the few verbs with infinitive ending -чь is the present tense of мочь *to be able,* based on the root мог- (with consonant variation to ж):

может	*it can, it is possible*
можем	*we can*
могут	*they can*

A transitive Russian verb can be made reflexive by suffixing -ся, a short form of the reflexive себя́, which is abbreviated to -сь if the verb-form ends in a vowel (except that -ся is used for all forms of the active participles; see §15). The resulting reflexive form will often be translated by a passive in English, e.g.

читáется *it is being read* (lit. it is reading itself)
делится *it is being divided.*

In modern Russian the present tense of the (irregular) verb быть *to be* has only the two forms

есть *it is,* суть *they are,*

and even these forms are usually omitted, their place being taken by a dash (or by nothing at all) or else by some circumlocution like является *it shows itself,* or представляет собой *it represents by means of itself.* The phrase *there is not* is translated by the single word нет, an abbreviation of не есть.

<u>14. The future imperfective and the past tense</u>. The future of the irregular imperfective verb быть *to be* is

будет	*it will be*
будем	*we shall be*
будут	*they will be*

and the future of any other imperfective verb is formed by combining its infinitive with the future of this auxiliary verb быть:

будет читать	*it will read*	будет делить	*it will divide*
будем читать	*we shall read*	будем делить	*we shall divide*
будут читать	*they will read*	будут делить	*they will divide*

To form the *past tense* of a verb (perfective or imperfective) the -ть of the infinitive is replaced by -л, -ла, -ло, -ли

читал (perf. прочитал, etc.), читала, читало	*it read,* or *has read*
читали	*we* or *they read,* or *have read,*

and similarly

делил (or разделил, etc.), делила, делило	*it divided,* etc.
делили	

and from быть *to be*

был, была, было	*it was,* or *has been*
были	*we* or *they were,* or *have been.*

These past active forms, e.g.

читал	referring to a masculine singular
читала	" " " feminine "
читало	" " " neuter "
читали	" " any plural,

vary for gender like the short predicate adjectives (see §8, Remark iv); the explanation being that in the Slavic languages all verbs form their compound past tenses with *to be* (instead of *to have* as in English, e.g. *they have read;* but compare *they are gone* in English), and in Russian (as usual) the forms of the verb *to be* have been omitted, so that the final result is, for example,

они́ чита́ли *they read* (past tense)

Note that чтобы *in order that* (p. 50) is followed by a past tense to express purpose

чтобы отноше́ние было равно́
in order that the ratio may (might) be equal

Here the particle бы, an old conditional form from the verb быть *to be*, is amalgamated with что *that* to express purpose. In conditional sentences expressing a supposition *contrary-to-fact*, it is used as a separate word, again with the past tense of the verb, in both the *if*-clause and the *then*-clause:

если бы число́ p было составны́м, то оно́ было бы разложи́мым
if the number p *were composite, then it would be factorable.*

Exercise 3.8. Read aloud the following sentences, illustrating non-participial verb forms.

1) рассма́триваем систе́му координа́т
we consider a system of coordinates

2) положе́ние точки M определя́ется угло́м θ
the position of the point M is determined by the angle θ

3) уравне́ние представля́ет собо́й прямýю
the equation represents (by means of itself) a straight line

4) скаля́рное произведе́ние обраща́ется в нуль
the scalar product reduces (itself) to zero

5) это усло́вие приво́дит к уравне́нию
this condition leads to the equation

6) мы прихо́дим к теоре́ме
we arrive at the theorem

7) об эквивале́нтных множествах говоря́т,
about the equivalent sets they say
что они́ име́ют одина́ковую мощность
that they have the same power
(note the very common expression "they say" for "people say", "one says" etc.; similarly "they write", "they define" etc.)

8) поле не име́ет дели́телей нуля́
a field does not have divisors of zero
(negative verbs are often followed by a genitive, suggesting *none of;* see §1)

9) каждое рациона́льное число́ принадлежи́т одному́
every rational number belongs to one

из двух множеств
of the two sets

10) имéется такóе множество D, котóрое...
there is (lit. there has itself) such a set D, which...

11) если мы занумеру́ем рациона́льные точки...
if we enumerate the rational points...

The following sentences illustrate the important *predicative* use of the instrumental case:

12) числа́ ρ и θ называ́ются поля́рными координа́тами
the numbers ρ and θ are called polar coordinates

13) этот необходи́мый признак не явля́ется доста́точным
this necessary criterion is not sufficient

14) число́ 1 не счита́ется ни просты́м ни составны́м
the number 1 is not considered either prime or composite

The predicate instrumental (in English, predicate nominative or objective) is particularly common with the above three verbs: называ́ть *to call* (see Chap. V, §6), явля́ться *to be* (lit. *to show oneself as;* Chap. V, §5) and счита́ть *to consider* (Chap. V, §6).

<u>15. The four adjectival and two adverbial participles</u>. The first four of the following six rules for the formation of participles refer to the four adjectival participles: *present active, past active, present passive* and *past passive,* which are verbal adjectives declined like равный or последний in §8. But rules 5, 6 refer to the two adverbial participles *(present* and *past),* called adverbial because they are indeclinable substitutes (though formerly they too were declined) for the two active adjectival participles. When the word "participle" is used alone, it usually refers to an adjectival participle.

Rule 1. In the *present active participle* (formed only for imperfective verbs) the -т of the third person plural indicative (e.g. чита́ют *they read*) is replaced by -щий:

чита́ют	*they read*	делят	*they divide*
чита́ющий	*reading*	делящий	*dividing*

Rule 2. In the *past active participle* the -ть of the infinitive is replaced by -вший:

чита́ть	*to read*	делить	*to divide*
чита́вший	*having read*	дели́вший	*having divided*

Rule 3. In the *present passive participle* (only for imperfective verbs) the ending -ый is added to the first person plural:

чита́ем	*we read,*	делим	*we divide,*
чита́емый	*being read,*	дели́мый	*being divided.*

This participle often carries the meaning of *-able* or *-ible;* thus дели́мый *divisible.*

Rule 4. In the *past passive participle* the -ть of the infinitive is replaced by -енный (for infinitives in -ить the -ить is replaced by -енный or -ённый):

чита́ть	*to read,*	дели́ть	*to divide,*
чи́танный	*having been read,*	(раз)делённый	*having been divided;*

but some verbs have -тый e.g.

закры́ть	*to close,*
закры́тый	*closed.*

The short predicate-adjective form (see §8) is especially common for the participles under Rules 3 and 4; e.g. разложи́м *factorable* (неразложи́м *nonfactorable*) from разложи́ть *to decompose, factor;* дан for данный as in пусть дан алгорифм *let there be given an algorithm,* закры́т *closed* etc.

Rule 5. In the *present adverbial participle* (usually only for imperfective verbs) the ending of the third plural is replaced by -я:

чита́ют	*they read,*	делят	*they divide*
чита́я	*reading,*	деля́	*dividing.*

Rule 6. In the past adverbial participle (usually only for perfective verbs) the -ть of the infinitive is replaced by -в (less often -вши):

прочита́ть	*to read,*	раздели́ть	*to divide,*
прочита́в or прочита́вши	*having read,*	раздели́в or раздели́вши	*having divided.*

Exercise 3.9. Read the following six sets of sentences illustrating the six participial forms, four adjectival, and two adverbial. Since participles are extremely important in mathematical Russian, the endings illustrated here, and in particular the agreement of participles with nouns, will repay careful attention. Note that if the participle follows the noun, there is a comma between them, which must often be omitted in English.

1. The ending -щий (present active participle; Rule 1)

1.1) пусть M — произво́льная точка прямо́й, проходя́щей через A
let M be an arbitrary point of the line passing through A

(Note that проходя́щей is gen. fem. sing. agreeing with прямо́й, and correspondingly for the other participles in this exercise.)

1.2) пересече́нием множеств A и B
by the intersection of the sets A and B

называ́ется множество элеме́нтов, принадлежа́щих и A и B
is meant (lit. is named) the set of elements belonging both to A and to B

1.3) взаи́мно однозна́чным соотве́тствием называ́ется
by a reciprocally one-valued correspondence is meant

соотве́тствие, име́ющее следующие свойства
a correspondence having the following properties

1.4) существу́ет элеме́нт, лежа́щий между a и b
there exists an element lying between a and b

1.5) опера́ции, интересу́ющие нас...
the operations interesting us...

1.6) элеме́нт b из S, не явля́ющийся алгебраи́ческим над R,
an element b from S not being algebraic over R

называ́ется трансценде́нтным над R
is called transcendental over R

1.7) реше́ния уравне́ния, удовлетворя́ющие усло́виям...
the solutions of the equation satisfying the conditions...

1.8) относи́тельно систе́м функции, образу́ющих класс K
with respect to the systems of functions forming the class K

1.9) рассмо́трим сумми́рование расходя́щихся рядо́в
we shall consider the summation of diverging series

2: the ending -вший (past active participle; Rule 2)

2.1) перечи́слим некоторые классы функций,
we shall enumerate some classes of functions

получи́вших назва́ние элемента́рных
having received the name of elementary

2.2) эта теоре́ма принадлежи́т Лебе́гу,
this theorem is due to (lit. belongs to) Lebesgue,

сформули́ровавшему её в 1911 г.
having formulated it in 1911 (year)

3: the ending -мый (present passive participle; Rule 3)

3.1) полу́чим иско́мое уравне́ние
we obtain the desired equation

3.2) величина́ отре́зка, отсека́емого на оси Ox
the magnitude of the segment cut off on the axis Ox

3.3) функция, представля́емая многочле́ном
a function represented (or representable) by a polynomial

3.4) функция, называ́ется дифференци́руемой
a function is called differentiable

3.5) так называ́емые логи́ческие переме́нные
the so-called logical variables

3.6) соотве́тствие, устана́вливаемое таки́м образом
the correspondence established in such a manner

3.7) эти функции облада́ют интегри́руемыми квадра́тами
these functions possess integrable squares

3.8) всякий ряд, сумми́руемый методом Чеза́ро
every series summable by the method of Cesaro

3.9) обобще́ние римановой геоме́трии,
the generalization of Riemannian geometry

примен́яемое в общей теории относи́тельности
applied in the general theory of relativity

3.10) предполага́ются выполненными следующие усло́вия,
there are assumed fulfilled the following conditions,

называ́емые аксио́мами
called axioms

3.11) топологи́ческое простра́нство гомеомо́рфное метри́ческому
a topological space homeomorphic to a metric

простра́нству называ́ется метри́зуемым простра́нством
space is called a metrizable space

4: the ending -енный, -анный (past passive participle; Rule 4)

4.1) отноше́ние, равно́ заданному числу́
a ratio equal to a given number

4.2) пусть даны точки M_1 и M_2
let there be given points M_1 and M_2

4.3) теоре́ма дока́зана
the theorem is proved (i.e. the proof is complete)

4.4) значе́нию x придано приращение Δx
to the value of x there is given an increment Δx

4.5) из дока́занной формулы
from the proved formula

4.6) обобщённая теоре́ма о среднем
the generalized theorem about the mean

4.7) это равенство, перепи́санное в виде...
this equality, rewritten in the form...

4.8) рассмо́трим примене́ние, связано с интегра́льным исчисле́нием
we shall consider an application connected with the integral calculus

4.9) эта функция не может быть изображена́
this function cannot be represented

одни́м перехо́дом к преде́лу
by one passage to the limit

4.10) рассмо́тренная зада́ча поставлена́ некорре́ктно
the considered problem is posed incorrectly

4.11) мы изло́жим некоторые вопро́сы тео́рии обобщённых функций,
we shall explain some questions of the theory of generalized func-
постро́енной С.Л. Соболевым и Л. Шварцем
tions constructed by S.L. Sobolev and L. Schwartz

4.12) множество F образо́ванное опи́санным образом...
the set F formed in the described manner...

5: the ending -ая, -яя (present adverbial participle; Rule 5)

5.1) обозна́чим через (ρ,θ) поля́рные координа́ты точки M,
we shall denote by (ρ,θ) the polar coordinates of the point M,
счита́я поля́рной осью Ox
considering as polar axis Ox

5.2) вычитая из равенства (1) равенство (2)
subtracting from equality (1) equality (2)
полу́чим иско́мое уравне́ние
we obtain the sought equation

5.3) переходя́ от поля́рных координа́т к дека́ртовым
passing over from polar coordinates to cartesian

5.4) обознача́я это число́ через -D, полу́чим...
denoting this number by -D, we obtain...

5.5) следуя Дедекинду
following Dedekind

5.6) придава́я аргуме́нту x прираще́ние Δx
giving to the argument x the increment Δx

5.7) полага́я n=1 в теоре́ме Тейлора
setting n=1 in the theorem of Taylor

5.8) подставля́я в эту аксио́му формулу A, полу́чим...
substituting into this axiom the formula A, we obtain...

5.9) дифференци́руя под знаком интегра́ла
differentiating under the sign of the integral

5.10) производя́ интегри́рование, можно написа́ть
carrying through the integration, it is possible to write

5.11) зная первую квадрати́чную форму, можно измеря́ть длину
knowing the first quadratic form, it is possible to measure the length
(Note that in Russian the adverbial participles are never felt to be *dangling*.)

6: the ending -вши, -в (past adverbial participle; Rule 6)

6.1) разделúв на g, получáем...
dividing by g we obtain...

6.2) постоя́нная C определя́ется, положúв $x = a$
the constant C is determined by setting $x = a$

6.3) результáт не можно уточня́ть, заменúв $1/b^{2+\varepsilon}$ через $1/b^2$
the result it is not possible to sharpen by replacing $1/b^{2+\varepsilon}$ with $1/b^2$

6.4) подстáвив эти выражéния в интегрáл
substituting these expressions into the integral

Chapter IV – Aspect

Although the difference in meaning between the imperfective and perfective aspects is of little importance in mathematics, their difference in form provides the natural framework for a systematic study of Russian vocabulary.

1. Difference in meaning between the two aspects. As we have seen in Chapter III, a given Russian verb is *imperfective* (e.g. чита́ть *to read*) or perfective (e.g. прочита́ть *to read*) according as

1) (imperfective): it refers to the occurrence of a state or action in the present, past or future, with no implication about its completion;

2) (perfective): it implies something about completion in the past or future (so that, in particular, a perfective verb cannot be in the present tense).

The difference in meaning between a past imperfective and a past perfective is sometimes indicated in English by the word-order; e.g., *we have already done that job* (i.e. many times before; past imperfective in Russian) and *we already have that job done* (i.e., *now that we've got that job completed, let's go on to another;* past perfective in Russian). For the two Russian verbs, e.g., чита́ть and прочита́ть *to read,* of an aspect-pair we shall sometimes use the symbol ∿ , e.g. чита́ть ∿ прочита́ть, the imperfective being put first.

For the difference between future imperfective and future perfective, compare

будем получа́ть некоторые результа́ты
we shall obtain some results

(получа́ть *to obtain,* imperfective)

with

полу́чим оконча́тельный результа́т
we shall obtain a definitive result

(получи́ть *to obtain,* perfective).

The two verbs of an aspect-pair do not differ in *lexical* meaning; i.e., чита́ть and прочита́ть both mean *to read,* but their aspectual difference carries many subtle implications that can only be paraphrased in English. These implications permeate all Russian literature and conversation, sometimes with humorous or poetic effect, but they are of little interest in mathematics. In a sentence like *if we take such-and-such steps, we obtain (or shall obtain) such-and-such a result,* the present imperfective получа́ем and the future perfective полу́чим are used interchangeably, the first one meaning *while we are taking the steps, we are obtaining the result* and the second *when we have taken the steps, we shall have completed the obtaining of the result,* but this distinction is of no more mathematical interest than the corresponding distinction in English between *we obtain* and *we shall obtain.*

So the question arises: why then is it necessary for us to study aspect in detail?

To this question there are two answers. The first reason is that examples of both aspects occur so frequently in mathematics that the reader must know how they are constructed in order not to be confused by a maze of unfamiliar forms. But there is another reason, of such basic importance that it provides the framework for the whole book: namely, the entire learnedvocabulary of Russian (and to a lesser extent, English) is closely related to the compounding of verbs with prepositions, which in turn is closely related to the construction of perfective verbs, in the following way. In spite of the fact that other methods of forming the perfective were typical for Indo-European and Proto-Slavic, and are still fairly important in modern Russian (see §6), the prefixing of prepositions (as e.g. in писа́ть ∿ написа́ть *to write*) is the regular method in modern Russian. A compound like написа́ть *to write,* where the prefix на- merely indicates the aspect without making any other change in the meaning of the simple verb писа́ть *to write,* is called an *aspectual compound,* whereas a compound like вписа́ть *to inscribe,* in which the prefix в *in* produces a definite change of meaning , is called a *lexical compound,* and the two types of compound verbs, together with their derived nouns and adjectives, account for almost all the Russian vocabulary of practical interest to a mathematician.

2. Aspect regarded as a correspondence. Aspect may be described, in set-theoretical terms, as a partitioning of the class of all Russian verbs into two (almost) mutually exclusive subclasses with an (almost) one-to-one correspondence between them; i.e. almost every verb has its uniquely determined aspect-partner, with the same lexical meaning.

However, there are exceptions of many kinds. The two classes are not quite mutually exclusive, since several imperfective verbs are also their own perfectives; e.g. foreign verbs in -и́ровать: дифференци́ровать *to differentiate,* регистри́ровать *to register,* редакти́ровать *to edit.* Nor is the imperfective-perfective correspondence always one-to-one. It may be one-to-two (or more), since a given imperfective verb may form its perfective with two or more prepositional prefixes, corresponding to slightly different meanings of the simple verb; e.g. учи́ть means either *to learn,* when the perfectivizing prefix is вы-, or *to teach,* when it is вы-, на or об corresponding to slightly different kinds of teaching; and the foreign verbs just mentioned have as perfective partners not only themselves but (for emphasis on the perfectivization) продифференци́ровать, зарегистри́ровать, and отредакти́ровать. Also, the correspondence may be one-to-zero; e.g., from their very meaning the imperfectives иска́ть *to seek* and зави́сеть *to depend on* have no perfective partners; and finally the correspondence may be zero-to-one; e.g. the perfective пона́добиться *to be necessary* (i.e. to have become necessary) has no imperfective partner.

3. Perfective partners in contrast to lexical compounds. The above examples show that the commonest method (for exceptions see §6.2) of forming the perfective partner for a given imperfective verb is to prefix a particular preposition, different from verb to verb. So it is natural to ask two questions:

i) how is the preposition chosen for a given verb?

ii) what is the logical connection between prepositions and the idea of completeness characteristic of perfective verbs?

To answer these questions, let us examine the simple (i.e. uncompounded) verb писа́ть *to write* with the aspectual compound (i.e. perfective partner) написа́ть and with many lexical compounds (i.e. compounds meaning something else than just *to write*) e.g. описа́ть *to describe* (to write *about*). In view of the fact that the two verbs of an aspect-pair differ *only* in aspect, it is clear that описа́ть *to describe* cannot be a perfective partner of писа́ть *to write,* since for this particular verb the preposition о *about* produces too great a change of lexical meaning, from *to write* to *to describe.* But на *on* does not add very much to the lexical meaning of писа́ть *to write,* since all writing must obviously be *on* something, e.g. paper or stone, and must be completed by the time it is actually on the stone.

On the other hand, the prefix о can very well be used to form the perfective of a verb like характеризова́ть *to characterize,* since the uncompounded verb already contains the idea of *about* (to *characterize* is to *describe,* i.e. to write *about*), which the prefix о only emphasizes, so as to suggest perfection or completion, although for many verbs the choice of perfectivizing prepositions will be less clear-cut.

In answer to the second question: namely, what is the connection between prepositions and the idea of completeness? let us note that most of the 19 prefixes listed in Chapter III as being available to form a compound verb, namely the 15 proper prepositions в, до, за, etc. and the four inseparable prefixes воз-, вы-, пере- and раз- naturally suggest comletion by their inherent meaning; e.g. за, пере-, про suggest *through-and-through;* из, от, с, у suggest *out-and-out;* and воз-, вы-, до give the same effect of completion as the *up* in the English *to finish up*. Consequently, any compound verb (e.g. описáть *to describe*) is perfective, unless the prefix is counteracted by one of the imperfectivizing suffixes discussed in the next section (for a few exceptions like получáть *obtain* impf. see §6.2). However, although all these 19 prefixes form lexical compounds, only 15 of them can be used as mere perfectivizers (i.e. to form an aspectual compound), since the sharply local meaning of four of them в *into,* до *up to,* над *over* and пред (or перед) *in front of* makes too great a change in the meaning of the simple verb; e.g. писáть *to write* becomes вписáть *to inscribe.* So there remain exactly 19 possible perfectivizers (the 4 inseparable prefixes and 15 of the 19 proper prepositions), some of which serve for many verbs and some for very few; a local preposition like на with the meaning *on,* can be the perfectivizer for only a few verbs, but the vague meaning of по *according to* makes it by far the commonest perfectivizer of the nineteen.

<u>4. The imperfectivizing suffixes</u>. If написáть is the perfective of писáть, then conversely the imperfective of написáть is писáть. But the simple verb писáть *to write* is also found in (lexical) compounds with many other prefixes, e.g., в *into* (Latin *in*), о *about* (Latin *circum* or *de*), пере- *through* (Latin *trans*), thereby forming (perfective) loan-translations like

вписáть	*inscribe;* e.g. a circle in a triangle
записáть	*rescribe;* e.g. rewrite a formula in a different way (cf. запись *notation*)
переписáть	*transcribe;* e.g. make a list of, index
подписáть	*subscribe;* e.g. write as a subscript
приписáть	*ascribe, assign to*

How then do we form the imperfectives of these new perfective verbs?

As is shown by the table in the next section, there are two basic methods:

1) infinitives not ending in -ить insert the imperfectivizing suffix -ыва-, e.g. описáть *describe* forms the imperfective опи́сывать. The -ыва- is replaced by -ива- where demanded by the spelling-rule, and in a few other verbs as well, e.g. рассмотрéть forms the imperfective рассмáтривать (for these latter verbs the vowel gradation from о to а is typical);

2) infinitives in -ить (except a few, e.g. перестрóить *reconstruct* forms the imperfective перестрáивать) change the -ить to -ять (with inserted -л- after в, м, п or ф; e.g. вставля́ть ∿ вставить).

Column 10 of the table in the next section provides the following examples: for the first method, писáть (rows 1, 8, 9, 13, 14, 15), задéрживать (row 5), изы́скивать (row 6), продéливать (row 16), рассмáтривать (row 17), скрывáть (row 18); and for the second, возбуждáть (row 2; note -ать for -ять after ж → жд by the spelling-rule), выделя́ть (row 3), доверя́ть (row 4), направля́ть (row 7), отделя́ть (row 10), and уклоня́ться (row 19).

5. Table of aspectual and lexical compounds of verbs. The entries in the following Table should be pronounced aloud, with the idea in mind that others like them will turn up in Chapter V. Proceed across each row, verifying that a given form actually belongs in the given position, with respect to both prefix and ending. In particular, the Table should be regarded as an opportunity to become familiar with the English (i.e. Latin) equivalents of the 19 prefixes.

Taking Row 9 as an example, the structure of the table is as follows. Column 1 lists the Russian prepositional prefix о *about*, Column (2) lists the corresponding Latin prefix *circum*, etc., (3) the English meaning of the prefix, (4) an example of an imperfective verb характеризовáть perfectivized with this prefix (5), followed by the English meaning (6) of the aspect-pair of columns (4) and (5). Then Column (7) gives an example of an imperfective verb писáть (with its perfective написáть in parentheses below it) which forms the lexical compound описáть in Column (9), followed by its imperfective partner опи́сывать in Column (10) and their meaning in Column (11). Finally, Column (12) gives the corresponding Russian roots; e.g. характеризовáть is a foreign borrowing, as indicated by the dash, and писáть has the root пис-.

Note that воз-, из-, раз- become вос-, ис-, рас- before an unvoiced consonant (see p. 26), and о-, от-, под-, с- become обо-, ото-, подо-, со- before certain double consonants.

	1 Russian Prefix	2 Corresponding Latin prefix, underlined in Col. 11	3 Meaning of the prefix	4 Example of an Imperfective Verb for which the prefix is a perfectivizer	5 Perfective Partner of the verb in Col. 4	6 Meaning of the Aspect-pair in Cols. 4 & 5
1.	в	in	in, into	----	----	----
2.	воз- вз-	ex	out, up	пользоваться	возпо́льзоваться	use, exploit
3.	вы-	ex	out, up	учи́ть	выучить	teach
4.	до	sub	up to	----	----	----
5.	за	de	beyond	регистри́ровать	зарегистри́ровать	register
6.	из	ex	out, from	пробовать	испро́бовать	test, probe
7.	на	in, di-	on, over	писа́ть	написа́ть	write
8.	над	super	over	----	----	----
9.	о	de, circum	about	характеризова́ть	охарактеризова́ть	characterize
10.	от	dis-, se-, re-	out	редакти́ровать	отредакти́ровать	edit
11.	пере- (or пре)	trans	across	путать	перепу́тать	entangle
12.	по	---	according to	строить	построи́ть	construct
13.	под	sub	under	гото́вить	подгото́вить	prepare
14.	пред	pre	before	----	----	----
15.	при	ad	to,at	бли́зиться	прибли́зиться	approach
16.	про	pro, per	about, through	дифференци́ровать	продифференци́ровать	differentiate
17.	раз-	dis	apart	дели́ть	раздели́ть	divide
18.	с	con-	with, from	делать	сделать	do
19.	у	dis-, de-	near, away	множить	умно́жить	multiply

	7 Example of an Imperfective verb (with its perfective in parentheses) with which the prefix forms a Lexical Compound	8 Meaning of the Aspect-pair in Col. 7	9 Lexical Compound (perfective; often a loan-translation from Latin)	10 Imperfective of the Lexical Compound in Col. 9	11 Meaning of the Aspect-pair in Cols. 9 & 10	12 Russian Roots
1.	писа́ть (написа́ть)	write	вписа́ть	впи́сывать	*in*scribe	---, пис-
2.	буди́ть (пробуди́ть)	awaken	возбуди́ть	возбужда́ть	*ex*cite	польз-, буд-
3.	дели́ть (раздели́ть)	divide	выделить	выделя́ть	*ex*tract	ук-, дел-
4.	верить (пове́рить)	believe	дове́рить	доверя́ть	entrust to	---, вер-
5.	держа́ть (no pf.)	hold	задержа́ть	заде́рживать	*de*tain	---, держ-
6.	иска́ть (no pf.)	seek	изыска́ть	изы́скивать	*ex*amine	---, иск-
7.	править (no pf.)	rectify	напра́вить	направля́ть	*di*rect	пис-, прав-
8.	писа́ть (написа́ть)	write	надписа́ть	надпи́сы-вать	*super*scribe	---, пис-
9.	писа́ть (написа́ть)	write	описа́ть	опи́сывать	*de*scribe	---, пис-
10.	дели́ть (раздели́ть)	divide	отдели́ть	отделя́ть	*se*lect	---, дел-
11.	писа́ть (написа́ть)	write	переписа́ть	перепи́сы-вать	*trans*cribe	пут-, пис-
12.	----	(almost all compounds with по- are purely aspectual)				
13.	писа́ть (написа́ть)	write	подписа́ть	подпи́сывать	*sub*scribe to	готов-, пис-
14.	писа́ть (написа́ть)	write	предписа́ть	предпи́сы-вать	*pre*scribe	---, пис-
15.	писа́ть (написа́ть)	write	приписа́ть	припи́сывать	*ad*scribe, assign to	близ-, пис-
16.	делать (сделать)	do	проде́лать	проде́лывать	*per*form	---, дел-
17.	смотре́ть (посмотре́ть)	look at	рассмотре́ть	рассма́три-вать	*dis*cuss, consider	дел-, смотр-
18.	крыть (покры́ть)	cover	скрыть	скрыва́ть	*con*ceal	дел-, кры-
19.	клони́ться (no pf.)	bend, incline	уклони́ться	уклоня́ться	digress *de*viate	мног-, клон-

6. Notes on the Table.

1) The Russian prefixes до, за, от, про, с, у do not correspond very closely to any fixed Latin preposition, so that the loan-translations formed with them come from Latin words beginning with various prefixes: e.g. отделúть *select*, относúть *refer*, etc.

2) Some of the Russian verbs discussed in Chapter V fail to fit into the table because they construct their perfective partners otherwise than by prefixing a preposition; in the pair давáть, дать *to give* it is clear that the perfective is the older of the two forms (-ва- is an imperfectivizing suffix found in a few other verbs as well); in брать, взять *to take*, the two aspect-partners are constructed from different roots (бер- = Lat. -fer *take;* and -я- *take* with the perfectivizing prefix вз-), and similarly for говорúть, сказáть *to say* (cf. verbs in English like *go, went*). In получáть, получúть *to obtain* (with the root луч- *admit, receive,* from which comes also the important noun случай *event, instance, case*) the unusual presence of a prefix in the imperfective results from confusion of forms borrowed from Old Church Slavonic.

3) Some lexical compounds are loan-translated from Latin verbs with two prefixes, e.g. подразделúть *to subdivide* (под- *sub-*, раз- *di-*); совпадáть *to coincide* (со- *co-*, в- *in-*, пад- *fall*, see p. 4). Others have two prefixes even though the Latin verb has only one; e.g. производúть *produce*.

4) No exercises are given here, since the discussion of aspect is intended only as a preparation for the vocabulary of the next chapter, where we shall find that most verbs, together with their derived nouns and adjectives, fit very well into the framework of the present chapter. But as might be expected, the very commonest verbs (see. e.g. §§2, 3, 4 of Chapter V) are also the most irregular. For example, the verb быть (no pf.) *to be* (perhaps the most irregular of all verbs, in English as well as Russian) fails entirely to fit into the scheme, with forms coming from at least two different roots; on the one hand, words like быть *to be,* был *was,* and their derivatives бывáть *to occur often,* былóе *the past* etc., and on the other hand, есть *is,* суть *are,* with derivatives like естéственный *natural,* существовáть *exist,* существовáние *existence,* сущéственно *essentially,* сущий *essential,* осуществлáть *realize,* отсýтствие *absence,* отсýтствовать *be absent* etc.

Chapter V – Vocabulary

Apart from transliterated international words, the technical terms of Russian science consist almost entirely of nouns and adjectives that are formed from verbs compounded according to the rules of Chapter IV. The most important of these verbs are arranged here under approximately 75 roots.

1. Plan of the chapter. We now make a systematic study of the vocabulary of Russian mathematics by noting the extent to which the most important compound verbs (i.e. most productive of important nouns and adjectives) conform, or fail to conform, to the general framework of the preceding chapter.

In §§2, 3, 4 we begin with six roots of such importance that, apart from international words, they alone account for nearly half the vocabulary of Russian science: namely, вод- *lead*, нос- *carry*, ход- *go* (or *come*), бер- (я-) *take*, лаг- *lay*, ста- *stand*. Then (§5) come ten roots (some of them very productive) for which, in reversal of the usual rule of deriving adjectives from verbs, the verbs are derived from a basic adjective; then (§6) twenty roots of considerable productivity, (§7) forty roots of moderate productivity, and finally (§8) a few terms that cannot be conveniently fitted into our general scheme.

For learning Russian vocabulary it is essential to keep firmly in mind the basic principle that the English word and the Russian word will usually be formed from the same Latin word, the English by transliteration and the Russian by loan-translation. In this way the task of learning several thousand Russian scientific terms is reduced to learning about 75 roots. For example, when the reader realizes that the Russian лаг- *lay*, *put* (see §4) corresponds to the Latin *pos-* (as in *position*) he will automatically have learned such Russian words as изложéние *exposition*, положéние *position*, предложéние *proposition*, предположéние *supposition*, разложéние *decomposition*, сложный *composite*, etc. The present chapter will contain several hundred such examples, with a clear indication (sometimes by italicization) of both the Latin and the Russian root (in a few cases the similarity in meaning is not due to loan-translation but to historical coincidence). The reader should take active note of each of these roots whenever they occur.

2. The three "verbs of motion" водить *lead* (Lat. *duc-*), носить *carry* (Lat. *fer-, lat-*) and ходить *go, come* (various Latin roots) can be compounded with each of the 19 prefixes (two or three of the 57 possibilities are rare or non-existent) to form verb-compounds that are common in Russian science, together with a constantly increasing number of derived nouns and adjectives. Under the headings a, b, c below we examine some of the mathematically important compounds of these three verbs, giving only the imperfective forms. Note that, in contrast to the usual rule (Chap. IV, §3), the lexical compounds of these verbs of motion: вводить *introduce...* etc., вносить *insert...* etc., входить *enter...* etc. are all imperfective. Their perfective partners are formed from three other verbs, which we shall not discuss here (nor will they appear in the Exercises or Readings) although one or two of their compounds occur fairly often in mathematics. In case of need the reader will be able to find them in a Russian-English dictionary.

a. Compounds and phrases from the root вод- *lead*

Compound	Meaning	Illustrative Phrase	Meaning
вводить	*introduce*	вводить новую систему	*introduce a new system*
возводить	*raise*	возводить в степень	*raise to a power*
выводить	*deduce*	вывод — ряд формул	*a deduction is a sequence of formulas*
переводить	*translate*	машинный перевод	*machine-translation*
проводить	*produce, carry out*	проводить преобразование	*carry out a transformation*
сводить	*reduce*	аксиома сводимости	*axiom of reducibility*

Exercise 5.1. Read aloud the following sentences illustrating respectively these derivatives from the root вод- (Latin: *duc-*). Note the loan-translations.

1) введение *introduction,* 2) выводить *deduce,* 3) вывод *deduction,* 4) приводить *reduce to,* 5) неприводимый *irreducible,* 6) поведение *conduct, behaviour,* 7) производить *produce,* 8) произведение *product,* 9) производная *derivative,* 10) сводить *reduce.*

1) введение иррациональных чисел по Дедекинду
the introduction of irrational numbers according to Dedekind

2) из формулы выводится новая формула путём подстановки
from a formula is deduced a new formula by means of substitution

3) доказáтельство теорéмы состоúт из вывода формулы
the proof of a theorem consists of the deduction of a formula

4) это услóвие привóдит к уравнéнию
this condition reduces to the equation

5) числó назывáется алгебраúческим, если онó являéтся корнем
a number is called algebraic if it is a root

неприводúмого многочлéна
of an irreducible polynomial

6) мы изучáем поведéние функции
we study the behavior (conduct) of the function

7) мы говорúм, что сечéние произвóдится рационáльным числóм
we say that the cut is produced by the rational number

8) скаля́рным произведéнием двух векторов
by the scalar product of two vectors

9) этот предéл назывáется произвóдной функции
this limit is called the derivative of the function

10) на терминолóгии ε-δ непреры́вность функции
in the terminology ε-δ continuity of a function

сводится к следующему
reduces to the following

b. Compounds and phrases from the root нос- *carry*

Compound	Meaning	Illustrative Phrase	Meaning
вносúть	*insert*	вносúть данные	*insert data*
выносúть	*carry out, export*	выноска	*marginal note* (i.e. carried out to the side of the page)
заносúть	*enter* (in a list)	заносúть закóны в список	*enter the laws in a list*
наносúть	*carry onto* (e.g. onto paper), *plot*	наносúть кривýю	*plot a curve*
относúть	*refer, relate*	относúтельное положéние	*relative position*
переносúть	*transfer*	перенóс осей	*transfer of axes*
сносúть	*carry down, remove*	сноска	*footnote* (i.e. carried to the bottom of the page)

Exercise 5.2. Read aloud the following sentences illustrating these derivatives from the root нос- *carry* (Latin: *-fer, -lat-)*:

1) носúтель *carrier,* 2) относúть *relate,* 3) отношéние *relation,*
4) относúтельно *relatively,* 5) относúтельность *relativity,*
6) переносúть *transfer* 7) перенóс *transference, translation,*
8) соотношéние *relationship.*

1) замыка́ние множества точек x, для кото́рых $f(x) \neq 0$
the closure of the set of points x for which $f(x) \neq 0$

называ́ется её носи́телем
is called its carrier

2) теоре́ма, относя́щаяся к точной верхней грани́це
the theorem relating to the exact upper bound

3) чтобы отноше́ние было равно́ заданному числу́
in order that the ratio may be equal to the given number

4) положе́ние новых осей относи́тельно старой систе́мы
the position of the new axes relatively to the old system

5) обобще́ние римановой геоме́трии применя́ется в
a generalization of Riemannian geometry is used in the

общей тео́рии относи́тельности
general theory of relativity

6) так называ́емое аксио́ма Архимеда не перено́сится
the so-called axiom of Archimedes does not carry over

на любы́е располо́женные кольца
to arbitrary ordered rings

7) преобразова́ние координа́т при паралле́льном перено́се осей
transformation of coordinates under parallel translation of axes

8) функция непреры́вна, если выполня́ется следующее
a function is continuous if there is fulfilled the following

соотноше́ние
relationship

c. Compounds and phrases from the root ход- *go, come*

Compound	Meaning	Illustrative phrase	Meaning
входи́ть	*enter*	входны́е данные	*input data*
восходи́ть	*ascend*	превосходи́ть все числа классы	*exceed* (lit. go up -воз- beyond пре- for пере- all the numbers of the class)
выходи́ть	*turn out, issue*	выходны́е данные	*output data*
исходи́ть	*come out, start from*	исхо́дные данные	*initial data*
находи́ть	*come upon, find*	нахо́дится числó	*a number is found*
обходи́ть	*go around, avoid*	необходи́мое усло́вие	*necessary (i.e. unavoidable) condition*
отходи́ть	*go away, digress*	отходи́ть от темы	*digress from the theme*
переходи́ть	*go across, transit*	вероя́тность перехо́да	*transition probability*
подходи́ть	*go up to, approach, be suitable for*	подходя́щим образом	*in a suitable manner*

приходи́ть(ся)	*arrive, (be necessary)*	прихо́дится доказа́ть	*it is necessary to prove*
проходи́ть	*go through*	пряма́я, проходя́щая через точки	*a line passing through a point*
расходи́ться	*diverge*	расходя́щийся ряд	*divergent series*
сходи́ться	*converge*	сходя́щийся ряд	*convergent series*

Exercise 5.3. Read aloud these sentences illustrating the following derivatives from the root ход- *go* (numerous corresponding Latin roots: e.g. *cess-, it-, verg-*):

1) входи́ть *enter,* 2) выходи́ть *issue,* 3) исходи́ть *start,*
4) исхо́дный *initial,* 5) находи́ть *find,* 6) нахожде́ние *finding,*
7) необходи́мый *necessary* (lit. *not-go-around-able),*
8) переходи́ть *go over,* 9) перехо́д *transition,* 10) подходи́ть *approach,*
11) превосходи́ть *exceed,* 12) приходи́ться *be necessary,*
13) проходи́ть *go through,* 14) прохожде́ние *passage,*
15) расходи́ться *diverge,* 16) сходи́ться *converge,*
17) сходи́мость *convergence.*

1) элеме́нт -1 входя́щий в эту группу, име́ет поря́док 2
the element -1 entering into this group has the order 2

2) векторы, выходя́щие из этой точки
vectors issuing from this point

3) исходя́ из некоторого значе́ния незави́симой переме́нной
starting from some value of the independent variable

4) за исхо́дный элеме́нт построе́ния поля принима́ем...
for initial element of the construction of the field we take...

5) нахо́дим следующий результа́т
we find the following result

6) метод суммирова́ния Чезаро применя́ется для нахожде́ния
the method of summation of Cesàro is used for the finding

функции по её ряду фурье
of a function from (lit. according to) its Fourier series

7) для того́, чтобы эти уравне́ния име́ли нетривиа́льное реше́ние,
in order that these equations may have a nontrivial solution,

необходи́мо, чтобы детермина́нт был равен нулю
it is necessary that the determinant be equal to zero
(Note how purpose is expressed by чтобы with a past tense)

8) переходя́ от поля́рных координа́т к дека́ртовым
going over from polar coordinates to Cartesian

9) перехо́д от значе́ния x к значе́нию y...
transition from the value x to the value y...

10) подходя́щей дробью называ́ется коне́чная цепна́я дробь
by a convergent (fraction) is meant a finite continued fraction

11) нахо́дим число́, превосходя́щее данное число́
we find a number exceeding the given number

12) прихо́дится пользоваться более сложным определе́нием
it is necessary to use a more complicated definition

13) прямáя, проходя́щая через данную точку
a line going through the given point

14) для прохожде́ния всей линии потре́буется промежу́ток времени
for passage of the whole line there is required an interval of time
(for the irregularly declined время, времени *time*, see §6.2)

15) рассмо́трим суммирова́ние расходя́щихся рядо́в
we shall consider summation of divergent series

16) последова́тельность сходится к N
the sequence converges to N

17) этот ряд имéет круг сходи́мости...
this series has a circle of convergence...

3. The root бер- (я-) *take*. The important verb брать *take* has the perfective partner взять. The forms of брать occur in various vowel-grades; e.g., бр- (zero-grade, as in бр-ать), бир- (reduced grade, as in вы́бирать *to select*), бор- (o-grade, as in выбор *choice*), etc. The root is the same as in the Latin trans*fer* (e-grade), the Greek sema*phore* (*signal-bearer;* o-grade), and the English verb *bear*.

The root of the perfective-partner взять is я- (with perfectivizing prefix вз-, the zero-grade of воз-). The same root occurs in an old verb -ять *take*, and again (with vowel-grade -и-) in *имать *take*, which is itself obsolete, (and therefore marked here with an asterisk and left unaccented, as with other obsolete verb-forms below) but which gives rise to many compounds (понимáть *understand* etc.); the м in *имать (and in its modern variant имéть *to have*) comes from the fact that Proto-Slavic, like present-day Polish or French, had nasalized vowels, denasalized in Russian by the insertion of an m-sound (compare the Latin pre-*empt take in advance*).

Almost all the 19 prefixes form compounds with брать and also with -ять (which then usually becomes -нять cf. p. 41) so that there are two series: выбрать, избрáть,... and внять, поня́ть,...; in the corresponding imperfectives брать becomes -бирать and -ять becomes -имать.

a. Compounds and phrases illustrating the roots бер- and я- *take*

выбирáть ∿ выбрать	*select*	выборка	*sample*
избирáть ∿ избрáть	*elect*	избирáтельная систéма	*electoral system*
отбирáть ∿ отбрáть	*choose*	аксиóма отбóра	*axiom of choice*

подбира́ть ∿ подобра́ть	*choose, pick out*	подобра́ть число́	*choose a number*
разбира́ть ∿ разобра́ть	*take apart,*	разбира́ть вопро́с	*to analyze a question*
собира́ть ∿ собра́ть	*collect*	сборник	*collection* (e.g. of articles
		Сборник	title of a journal)
внима́ть ∿ внять	*listen, pay attention*	принима́ть во внима́ние	*take into consideration*
занима́ть ∿ заня́ть	*occupy, busy*	занима́ться вопро́сом	*busy oneself with the question*
понима́ть ∿ поня́ть	*understand*	эту теоре́му легко́ поня́ть	*this theorem it is easy to understand*
принима́ть ∿ приня́ть	*take, accept*	уравне́ние принима́ет вид	*the equation takes the form*
снима́ть ∿ снять	*take*	снима́ть фотогра́фию	*take a photograph*

Exercise 5.4. Read aloud the following sentences illustrating these derivatives from the root бер- (я-) *take*; (Latin: *capt-, cept-, fer-, lect-*):

1) выбира́ть *select,* 2) выбор *selection,* 3) набо́р *collection,*
4) подобра́ть *select from among* (note подо- for под- before the double consonant бр-), 5) взять *take,* 6) име́ть *have,*
7) взаимно *mutually* (i.e. *back and forth:* в *to,* за *back,* им- *take*),
8) объём *volume* (with "separating" hard sign after the prefix об-; see Chap. II, §8, 9) поня́тие *concept,* 10) понима́ть *understand, get,*
11) понима́ние *understanding, conception,* 12) принима́ть *take, accept.*

1) выбира́ем отре́зок, кото́рый не соде́ржит x
we select a segment which does not contain x

2) это противоре́чит выбору числа́ a
this contradicts the choice of the number a

3) разли́чие проявля́ется в набо́рах аксио́м
the difference shows (itself) in the sets (collections) of axioms

4) можно подобра́ть положи́тельное число́ тако́е, что...
it is possible to select a positive number such that...

5) причём за a/b можно взять любо́е рациона́льное число́
where for a/b it is possible to take an arbitrary rational number

6) точка M(a,b) име́ет дека́ртовы координа́ты
the point M(a,b) has Cartesian coordinates

7) векторы взаимно перпендикулярны
the vectors are mutually perpendicular

8) но при заполнении трёхмерного объёма...
but in the filling up of a three-dimensional volume...

9) с отношением порядка в кольце связано
with the relation of order in a ring is connected

понятие положительности
the concept of positivity

10) можно понимать эти операции как операции над числами?
is it possible to understand these operations as operations on numbers?

11) в алгебре такое понимание многочленов неудобно
in algebra such a conception of polynomials is inconvenient

12) уравнение принимает следующий вид
the equation takes the following form

4. The roots лаг- *lay* and ста- *stand*. The three Russian roots лаг-, ста-, сад- mean *to put* (in a lying, standing, or sitting position, respectively). In the present section we consider only: a) лаг- and b) ста- (often translating лаг- by *set* and ста- by *set up*), since сад-, though very productive, is less important in mathematics (but note соседний *adjacent*, lit. *sitting together*).

a) For the root лаг- *lay*, which by vowel-gradation and consonant-variation also appears in the forms лож-, леж-, лег-, лог-, we begin with the question which from now on will be important for all the verbs in the chapter: how does the aspect-pair of verbs *ложить ∿ положить *to lay* (for the asterisk see §3) fit into the scheme of Chapter IV?

Here we must first remark that, although положить is very common in modern Russian, the uncompounded verb *ложить is obsolete (except colloquially), its place being taken by класть, formerly клад-ть, so that класть ∿ положить is an example of an aspect-pair formed from two different roots (клад- and лаг-).

This phenomenon, namely that the uncompounded verb *ложить has dropped out of the language leaving behind it numerous important compounds (вложить *imbed* etc.), is quite common (cf. *имать *to take* §3), other examples being provided by *становить *stand* §4b, *полнить *fill* §5b, *вратить *turn* §6.2, *ветить *speak* §6.3, *волить *wish* §6.6, *казать *show* §6.12, *крыть *cover* §6.13, *образить *to form* §6.17.

As a natural result of the disappearance of the uncompounded *ложить (with consequent intervention of the root клад-) most of the compounds of *ложить have two imperfectives, one formed from клад- and the other from лаг-; for example, both вкладывать and влагать are imperfectives of вложи́ть *imbed*. In general, the imperfective in -кладывать is more literal and the one in -лагать is more metaphorical; e.g. накла́дывать ∿ наложи́ть *to superpose* (one figure on another); налага́ть ∿ наложи́ть *to impose* (a condition). For most of the verbs in the following list any one of the three forms could go equally well in the first column (for the last verb in the list *to add*, all three are given). From the more than two hundred scientific terms derived from this one root лаг- we can here give only a few representative examples. Let us note that the intransitive verb лежа́ть (no perf.) *to lie* and some of its many compounds, e.g. подлежа́ть (no perf.) *to lie under* (e.g. be subject to a condition), and принадлежа́ть (no perf.) *belong to*, are also common in mathematics.

a. Compounds and phrases illustrating the root лаг- *lay*

вложи́ть	*imbed, include*	отображе́ние вложе́ния *inclusion map*
выкла́дывать	*remove brackets, simplify*	делая выкладки *after making the simplifications*
докла́дывать	*put before, report*	докла́ды *reports, Doklady* (title of a journal)
изложи́ть	*lay out, set forth, explain*	элемента́рное изложе́ние *an elementary exposition*
наложи́ть	*lay on*	наложи́мые пове́рхности *applicable surfaces* (i.e. to a plane; developable)
отложи́ть	*lay aside, lay out from*	отло́жим рассмотре́ние этого вопро́са *we shall postpone the discussion of this question*
полага́ть	*lay, set*	полага́я t = sin x *setting* t = sin x
предлага́ть	*propose*	предлага́ть зада́чу, предложе́ние *to propose a problem, proposition*
предположи́ть	*suppose, conjecture*	по предположе́нию *by supposition, by assumption*
прикла́дывать	*apply*	прикла́дная матема́тика *applied mathematics*
принадлежа́ть	*appertain to, belong to*	но x принадлежи́т множеству *but* x *belongs to the set*
разложи́ть	*expand*	разложе́ние по формуле бино́ма *binomial expansion* (lit. expansion according to the formula of a binomial)

расположи́ть *dispose, order, place* — пара́бола расположена́ вправо от осей орди́на́т
the parabola is situated to the right of the axis of ordinates

складывать, слага́ть, сложи́ть — *add, put together*

складывая положи́тельное число́
adding a positive number

слага́емое
an addend

сложе́ние натура́льных чисел
addition of natural numbers

Exercise 5.5. Read aloud the following sentences illustrating these derivatives from the root лаг- *lay* (English *lay;* Latin *pos-*, etc.):

1) вложи́ть *impose, imbed,* 2) вложе́ние *imbedding,* 3) изложи́ть *explain, give an exposition,* 4) отложи́ть *lay out, lay aside, postpone,* 5) положе́ние *position,* 6) противополо́жный *opposite,* 7) положи́тельный *positive* (положи́тельность *positivity*), 8) предположи́ть *propose, suppose,* 9) предположе́ние *supposition,* 10) приложи́ть *apply, juxtapose,* 11) приложе́ние *application, apposition,* 12) расположи́ть *dispose, arrange in order,* 13) разлага́ть *expand, decompose,* 14) разложи́мый *decomposable, separable, factorable,* 15) разложи́мость *decomposability,* etc. 16) слага́емое *addend,* 17) сложный *composite, complicated,* 18) принадлежа́ть *appertain to, belong,* 19) лежа́ть *lie.*

1) по теоре́ме о вложенных отре́зках
by the theorem on nested intervals

2) вложе́ние кольца́ целых чисел в поле
the imbedding of the ring of whole numbers into the field

рациона́льных чисел обобща́ется
of rational numbers can be generalized (lit. generalizes itself)
(Note how the reflexive verb often suggests not only *is done,* but also *can be done*)

3) мы изло́жим тео́рию иррациона́льных чисел
we shall explain the theory of irrational numbers

4) векторы, отло́женные из точки M
the vectors laid out from the point M

5) положе́ние точки M определя́ется отре́зком OM
the position of the point M is determined by the segment OM

6) знак m противополо́жен знаку c
the sign of m is opposite to the sign of c

7) кольцо́ называ́ется располо́женным, если для его элеме́нтов
a ring is said to be ordered if for its elements

определено́ свойство быть положи́тельным
there is defined the property to be positive

8) предполо́жим, что данная прямá́я не перпендикуля́рная оси
let us suppose that the given line is not perpendicular to the axis

9) по предположе́нию
by supposition (hypothesis, assumption)

10) вектор b прило́жен к концу́ вектора a
the vector b is attached to the end of the vector a

11) в приложе́ниях к математи́ческой физике
in the applications to mathematical physics

12) располо́женное кольцо́ не име́ет дели́тели нуля́
an ordered ring does not have divisors of zero

13) натура́льное число́ разлага́ется в произведе́ние просты́х чисел
a natural number is decomposable into a product of prime numbers

14) элеме́нт, не явля́ющийся просты́м, называ́ется разложи́мым
an element not being prime is called decomposable

15) однозна́чная разложи́мость на просты́е множители
unique decomposability into prime factors

16) числа a и b называ́ются слага́емыми
the numbers a and b are called addends

17) произво́дная сложной функции
the derivative of a composite function

18) верхнему классу принадлежа́т все верхние грани́цы
to the upper class belong all upper bounds

19) точка A лежи́т на прямо́й
the point A lies on the line

b) The root ста- forms a transitive verb ставить ∿ поста́вить *set*, and two intransitives стать (pf.; with the impf. станови́ться see below) *set about doing, begin,* and стоя́ть (no pf.) *stand,* all three with numerous compounds.

The lexical compounds (восста́вить, вставить, etc.) of ставить ∿ поста́вить form their imperfectives with -ять in the regular way: восставля́ть ∿ восста́вить, вставля́ть ∿ вставить, etc., see Chap. IV §4.2.

Compounds and phrases illustrating the verb ставить *set*

ставить	*set*	есте́ственно ставить вопро́с *it is natural to ask the question*
восставля́ть	*set up, erect*	восста́вить перпендикуля́р *erect a perpendicular*
вставля́ть	*set into, insert*	вставить усло́вие *insert a condition*
выставля́ть	*set forth, adduce*	выставить аргуме́нты *present arguments*
доставля́ть	*set before, deliver, give, cause*	доста́вить трудности *give difficulty*
заставля́ть	*put to doing, compel*	заста́вить нас упроща́ть *compel us to simplify*

отставля́ть	*set aside, postpone*	отста́вить пробле́му *put a problem aside*
переставля́ть	*set differently, permute, transpose*	переста́вить элеме́нты матрицы *transpose the elements of a matrix*
подставля́ть	*set in place of, substitute*	подставля́я формулу в акси́ому *substituting the formula into the axiom*
представля́ть	*set before, represent*	представи́тельная выборка *representative sample*
расставля́ть	*set at intervals, arrange*	расстано́вка точек на плоскости *arrangement of points on the plane*
составля́ть	*set together, compose*	детермина́нт, соста́вленный из коэффицие́нтов *the determinant composed of the coefficients*
сопоставля́ть	*put together, associate*	соотве́тствие сопоставля́ет число́ числу́ *the correspondence associates a number to a number*

The perfective verb стать *start, begin* has the reflexive verb станови́ться for its imperfective partner. The non-reflexive form *становить has dropped out of modern Russian but, like *ложить (§4) has left important compounds behind it, e.g. установи́ть *to establish*, with regularly formed imperfectives, e.g. устана́вливать note the regular weakening of о to а and the insertion of л after в ; (see Rules 1 and 2 in Chap. IV, §4).

The perfective стать has also set up its own series of compounds, e.g. переста́ть *to cease*, with regular imperfectives перестава́ть (for the imperfectivizer -ва- see Note 2 in Chap. IV, §6). Examples from these two series of compounds (from стать and *становить) are:

достава́ть ∿ доста́ть	*get to, obtain*	доста́точность *sufficiency*
недостава́ть ∿ недоста́ть	*be insufficient*	вскрыва́ть недоста́тки *to discover shortcomings*
остава́ться ∿ оста́ться	*be over, remain*	алгоритм деле́ния с оста́тком *the algorithm of division with remainder*
перестава́ть ∿ переста́ть	*cease*	не перестава́я *without stopping*
восстана́вливать ∿ восстанови́ть	*restore*	восстана́влива́ющее устро́йство *restoring component*
остана́вливать ∿ остановить	*stop*	остана́вливаемся здесь *we stop here*
устана́вливать ∿ установи́ть	*establish*	аналогично устана́вливается, что *analogously it is established that*

The imperfective verb стоя́ть (no pf.) *stand* forms the compounds состоя́ть (no pf.) *consist of*, постоя́нная *constant* (непостоя́нная *non-constant*), расстоя́ние *distance*, усто́йчивость *stability* etc.

Exercise 5.6. Read aloud the following sentences illustrating these derivatives from the root ста- *stand, set, put* (Latin *sta-, sti-, pos-*):

1) подставля́ть *substitute*, 2) подстано́вка *substitution*,
3) представля́ть *represent*, 4) представле́ние *representation*,
5) составля́ть *compose, constitute*, 6) сопоставля́ть *associate, set in correspondence*, 7) составно́й *composite*, 8) состоя́ть *consist of*, 9) доста́точный *sufficient*, 10) остально́й *remaining*, 11) оста́ться *remain*, 12) оста́ток *remainder*,
13) остава́ться *remain*, 14) расстоя́ние *distance*,
15) устана́вливать *establish*.

1) подставля́я формулу A в аксио́му 10
substituting formula A into axiom 10

2) приме́ним правило подстано́вки к аксио́мам 3 и 4
we apply the rule of substitution to axioms 3 and 4

3) уравне́ние представля́ет собо́й пряму́ю
the equation represents (by means of itself) a straight line

4) каждый элеме́нт кольца́ определя́ется его представле́нием
each element of the ring is determined by its representation

5) детермина́нт, соста́вленный из коэффицие́нтов уравне́ний
the determinant composed of the coefficients of the equations

6) сложе́ние сопоставля́ет натура́льным числам
addition puts in correspondence to the natural numbers

a и b натура́льное число́ a+b
a and b the natural number a+b

7) число́ 1 не счита́ется ни просты́м ни составны́м
the number 1 is not considered either prime or composite

8) множество, состоя́щее из одного́ числа́
a set consisting of one number

9) необходи́мое и доста́точное усло́вие
a necessary and sufficient condition

10) нижний класс соде́ржит все остальны́е рациона́льные числа
the lower class contains all the remaining rational numbers

11) главные кривизны́ меня́ют свои́ значе́ния,
the principal curvatures change their values

но их произведе́ние остаётся постоя́нным
but their product remains constant

12) алгоритм деле́ния с оста́тком
the algorithm of division with a remainder

13) для корня остава́вшегося после деле́ния
for the root remaining after the division

14) расстоя́ние между точками
the distance between points

15) можно установи́ть взаймно однозна́чное соотве́тствие
it is possible to establish a reciprocally one-valued correspondence

5. Verbs formed from adjectives. In this section we discuss ten roots: a) рав- *equal*, b) полн- *full*, c) прав- *right*, d) мног- *many*, e) один *one*, and f) five others, all of them illustrating the formation of verbs from an adjective.

a) From the adjective равный *equal*, comes the verb равня́ть *to make level, to set equal* (with the reflexive равня́ться *to be equal to*, and with numerous compounds); the adjective равный in turn is formed from an earlier noun рав- lost in Russian but preserved in many other languages, where it means a *level field* (cognate with the Latin *rural*).

The root рав- gives rise to an impressive list of derived nouns and adjectives, some of which are: равне́ние *equalization*, равенство *equality*, равни́на *plain*, равнове́сие *equilibrium* (вес *weight*), равноде́йствующая *resultant* (i.e. equal acting), равноде́нствие *equinox* (lit. equal day), равноме́рный *uniform*, равнопра́вие *equal rights*, равноси́льный *equivalent*, равносторо́нний *equilateral*, равносходи́мость *equiconvergence*, равноуго́льный *equiangular*, равноудалённый *equidistant* etc., and to many compound verbs and their derivatives; e.g., from the uncompounded равня́ть *make equal to* come such words as прира́внивать ∿ приравня́ть *to equate*; сравнивать ∿ сравня́ть (or сравни́ть) *to compare*; сравне́ние *congruence*, сравни́тельно *comparatively*; ура́внивать ∿ уравня́ть *to equalize*; уравне́ние *equation*, уравнове́шивание *equilibration* (веш- from вес *weight* with consonant-variation); уравнове́шивать ∿ уравнове́сить *to counterbalance*, etc.; and also (with vowel-gradation) рове́сник *contemporary (*i.e. *person of the same age)*, ровно *precisely*, ровный *flat*, ровность *level surface*, ровня *one's equal*, ровня́ть ∿ сровня́ть *align*, вровень (also наравне́) *on a level with*, уровень *sea level*, and the perfectives of several verbs meaning "to make straight or level" in a literal sense: выра́внивать ∿ выровнять *to straighten out* (e.g. a road), зара́внивать ∿ заровня́ть *to level up* (e.g. a hole in the road), разра́внивать ∿ разровня́ть *to level off* (e.g. a football field, both lengthwise and widthwise; note how раз- usually implies "in various directions"); сравнивать ∿ сровня́ть *to make level* (e.g. a road); ура́внивать ∿ уровня́ть *to make smooth*. Finally, some of these words, like many others in Russian, will admit the negative prefix не; thus нера́вный *unequal*, нера́венство *inequality* etc.

Exercise 5.7. Read aloud the following sentences illustrating these derivatives from the root рав- *level, equal* (Lat. *equ-, par-, uni-*):

1) равный *equal,* 2) равня́ться *be equal to,* 3) равенство *equality,* 4) нера́венство *inequality,* 5) равноме́рно *uniformly,* 6) сравни́ть *compare,* 7) сравни́тельно *comparatively,* 8) уравне́ние *equation.*

1) если оди́н из сомножи́телей равен нулю́,
if one of the factors is equal to zero,

то и произведе́ние равно́ нулю́
then also the product is equal to zero

2) множи́тели $\lambda(t)$ выбира́ются так, чтобы при некотором
the factors $\lambda(t)$ are chosen so that for some

измене́нии пара́метра t равня́лся 1
variation of the parameter t they may become equal to 1

3) вычитая равенство (2) из равенства (1)
subtracting equality (2) from equality (1)

4) все числа множества будут удовлетворя́ть нера́венству
all numbers of the set will satisfy the inequality

5) легко́ видеть, что $f_n(x)\to 0$ равноме́рно
it is easy to see that $f_n(x)\to 0$ uniformly

6) сравни́м площадь ΔP с площадями прямоуго́льников
let us compare the area ΔP with the areas of the rectangles

7) дробь со сравни́тельно небольши́м знамена́телем
a fraction with a comparatively small denominator

8) уравне́ние прямо́й име́ет вид...
the equation of a straight line has the form...

b) From the adjective полный *full* comes the obsolete *полнить *to fill,* which has left behind it many important compounds: e.g. выполня́ть ∿ выполнить *to complete, perform* (e.g. an operation) or *fulfil* (e.g. a condition), дополня́ть ∿ допо́лнить *to supplement, complement,* etc.

Exercise 5.8. Read aloud the following sentences illustrating these derivatives from the root полн- *full* (English *full,* Latin *plen-;* the *n* in Latin and Russian is an adjectival suffix):

1) полнота́ *completeness,* 2) выполнить *fulfil* (выполне́ние *fulfilment*), 3) выполни́мость *fulfillability, performability, realizability,* 4) дополни́тельный *supplementary,* 5) заполне́ние *filling, completing,* 6) вполне́ *fully.*

1) эта аксио́ма называ́ется аксио́мой полноты́
this axiom is called the axiom of completeness

2) в расшире́нии B выполни́ма опера́ция,
in the extension B there is fulfillable an operation

кото́рая в A была́ невыполни́ма
which in A was not fulfillable

3) объясня́ем на приме́рах требование выполни́мости
we clarify by examples the requirement of fulfillability

4) при дополни́тельном усло́вии
under the supplementary condition

5) при заполне́нии трёхме́рного объёма
for the filling of a three-dimensional volume

6) ставится в соотве́тствие вполне́ определённый элеме́нт
there is set into correspondence a completely defined element

c) Similarly, from the adjective правый *right* come verbs like вправля́ть ∿ вправить *to adjust*, направля́ть ∿ напра́вить *to direct*, (e.g. напра́вленное множество *a directed set*); управля́ть ∿ упра́вить *to control* (e.g. оптима́льное управле́ние *optimal control*), etc.

Exercise 5.9. Read aloud the following sentences illustrating these derivatives from the root прав- *right, correct* (Latin *rect-*):

1) правило *rule*, 2) вправо *to the right*, 3) направля́ть ∿ напра́вить *to direct*, 4) направле́ние *direction*, 5) справедли́вый *correct*, 6) справедли́вость *correctness*.

1) если по некоторому правилу каждому значе́нию x
if according to some rule to each value of x

ставится в соотве́тствие значе́ние y
there is set into correspondence a value of y

2) пара́бола расположена́ вправо от оси ордина́т
the parabola is situated to the right of the axis of ordinates

3) вектором называ́ется напра́вленный отре́зок
by a vector is meant a directed segment

4) уравне́ние прямо́й, проходя́щей через данную точку
the equation of a line passing through a given point

в заданном направле́нии
in an assigned direction

5) равенство справедли́во
the equality is correct

6) легко́ установи́ть справедли́вость теоре́мы
it is easy to establish the correctness of the theorem

d) From много *many* come the aspect-pair множить ∿ умно́жить *to multiply* (more commonly, умножа́ть ∿ умно́жить) and lexical compounds like перемножа́ть ∿ перемно́жить *to multiply out*, размножа́ть ∿ размно́жить *to reproduce, multiply*, and also many nouns and adjectives like сомно́житель *factor* (or simply множитель), множество *set* (lit. many-ness), многообра́зие *manifold*, умноже́ние *multiplication*, etc.

Exercise 5.10. Read aloud the following sentences illustrating these derivatives from the root много *many* (Latin *mult-*; Greek *poly-*):

1) множество *set* and подмно́жество *subset;* 2) множитель *multiplier, factor;* 3) сомножи́тель *multiplier, factor, cofactor;*
4) многообра́зие *multiformity, manifold;* 5) многочле́н *polynomial* (lit. *many-term;* член *term*) 6) многозна́чность *many-valuedness,*
7) умно́жить *to multiply.*

1) отображе́ние множества на подмно́жество
a mapping of a set onto a subset
2) однозна́чная разложи́мость на просты́е множи́тели
unique decomposability into prime factors
3) если оди́н из сомножи́телей равен нулю́
if one of the factors is equal to zero
4) функция, определённая на многообра́зии
a function defined on a manifold
5) многочле́ны нахо́дятся в общей тео́рии колец и поле́й
polynomials are found in the general theory of rings and fields
6) при изуче́нии многозна́чности аналити́ческих функций
in the study of the many-valuedness of analytic functions
7) каждый член ряда умножа́ется на некоторый множитель
each term of the series is multiplied by some factor

e) Similarly, from оди́н *one* come verbs like соединя́ть ∿ соедини́ть *to combine* (note the vowel-gradation from оди́н to един-), присоединя́ть ∿ присоедини́ть *to adjoin,* nouns like едини́ца *unity,* объедине́ние *union, join,* and adjectives like еди́нственный *unique.*

Exercise 5.11. Read aloud the following sentences illustrating these derivatives from the root один- *one* (Latin *uni-*):

1) едини́ца *unity,* 2) едини́чный *unit,* 3) еди́нственный *unique,*
4) еди́нственность *uniqueness,* 5) объединя́ть *unite,*
6) объедине́ние *union,* 7) одина́ковый *identical, equal;*
8) однозна́чный *one-valued,* 9) одноро́дный *uniform, homogeneous* (неодноро́дный *inhomogeneous*), 10) присоедини́ть *unite with, adjoin to;*
11) присоедине́ние *adjunction;* 12) соединя́ть *unite, connect.*

1) где a — положи́тельное число́ отли́чное от едини́цы
where a is a positive number different from unity
2) в каждой точке определя́ется едини́чный каса́тельный вектор
at each point there is defined a unit tangent vector

3) пересече́ние пара́боли с осью симме́трии име́ется
intersection of the parabola with the axis of symmetry occurs

в еди́нственном точке
at a unique point

4) чем дока́зана еди́нственность нуля́
by which is proved the uniqueness of the zero

5) существу́ет термин, объединя́ющий максимум и
there exists a term uniting maximum and

минимум — экстремум
minimum, namely extremum

6) объедине́нием множеств A и B называ́ется множество
by the union of the sets A and B is meant the set

элеме́нтов, принадлежа́щих либо A, либо B
of elements belonging either to A or to B

7) векторы называ́ются равными, если они́ име́ют одина́ковы
vectors are called equal if they have the same

длины и одина́ковы направле́ния
lengths and the same directions

8) взаи́мно однозна́чным соотве́тствием называ́ется...
by a reciprocally one-valued correspondence is meant...

9) дифференциа́л представла́ет лине́йную, одноро́дную
a differential represents a linear homogeneous

функцию от прираще́ния Δx
function of the increment Δx

10) если к этим откры́тым промежу́ткам присоедини́ть оди́н
if to these open intervals we adjoin one

промежу́ток
interval

11) присоедине́ние к постро́енному выраже́нию знака ¬ (не)
the adjunction to the constructed expression of the symbol ¬ (not)

12) отре́зок, соединя́ющий верши́ны эллипса
the segment joining the vertices of the ellipse

f) Finally, let us note the five adjectives близкий *near*, долгий *long*, общий *general*, широ́кий *wide*, явный *evident*, ясный *clear* (нея́сный *unclear*); with the derived verbs and nouns: близость *nearness*, приближа́ться ∿ прибли́зиться (also близиться ∿ прибли́зиться) *to approach*, приближе́ние *approximation*, продолжа́ть ∿ продо́лжить *to lengthen, extend*; аналити́ческое продолже́ние *analytic continuation*; обобща́ть ∿ обобщи́ть *to generalize*, обобще́ние *generalization*; расширя́ть ∿ расши́рить *to widen, extend*; расшире́ние поля *extension of a field*; явля́ться ∿ яви́ться *show oneself as, be*; выясня́ть ∿ выяснить *ascertain, clear up*, etc.

Exercise 5.12. Read aloud the following sentences illustrating these derivatives from the roots близ- *near* (Lat. *proxim-*), долг- *long*, шир- *wide*, яв- *evident*, яс- *clear*.

1) приближáться *approach, approximate*; 2) приближéние *approximation*, 3) продолжéние *prolongation, extension, continuation* (e.g. of an analytic function); 4) расши́рить *widen, extend* (e.g. an algebraic field); 5) явля́ться *show oneself as* (but usually translated by *is, are* etc.); 6) выявля́ть *reveal*, 7) проявля́ть *display*, 8) немя́вный *implicit*, 9) ясный *clear*, 10) объясня́ть *clarify*.

1) гипéрбола приближáется к асимптóтам
the hyperbola approaches (to) the asymptotes

2) приближéние действи́тельного числá рационáльными дробя́ми
approximation of a real number by rational fractions

3) функция f(z) имéет не больше одногó аналити́ческого
the function f(z) has not more than one analytic

продолжéния
continuation

4) расши́рим данное поле до поля,
we shall extend the given field up to a field

где многочлéн имéет корень
where the polynomial has a root

5) примéром алгебраи́ческой оперáции является
an example of an algebraic operation is

умножéние подстанóвок
multiplication of substitutions

6) скобки выявля́ют строéние формул
brackets reveal the structure of formulas

7) различие проявля́ется в набóрах аксиóм
the difference displays itself in the choices of the axioms

8) нея́вная функция
implicit function

9) теперь ясно как пострóить кольцó многочлéнов
now it is clear how to construct the ring of polynomials

10) объясня́ем это требование
let us clarify this requirement

6. Twenty roots of considerable productivity. Under this heading we shall examine the following twenty roots, arranged here in alphabetic order, although some of them are noticeably more productive than others:

1) вер- *believe*, 2) верт- *turn*, 3) вет- *speak*, 4) вид- *see*, 5) вис- *hang*, 6) вол- *wish*, 7) да- *give*, 8) дел- *divide*,

9) зна- *know*, 10) зыв- *call*, 11) иск- *seek*, 12) каз- *show*,
13) кры- *cover*, 14) мен- *change*, 15) мер- *measure*, 16) мог- *be able*,
17) рез- *cut*, 18) сек- *cut*, 19) след- *follow*, 20) чит- *consider*.

1) вер- *believe*. The verbs derived from вер- *believe* (Lat. *cred-*, *ver-*) fit precisely into the scheme of Chapter IV. For example

верить ∿ пове́рить	*believe*	нельзя́ верить *it is impossible to believe*
доверя́ть ∿ дове́рить	*confide*	довери́тельный преде́л *confidence limit*
проверя́ть ∿ прове́рить	*verify*	прове́рить вычисле́ния *verify the computations*

Sentences illustrating a) верный *credible, valid* (неве́рный *untrue*); b) вероя́тный *probable*, c) прове́рить *verify*

a) это правило верно и для n слага́емых
this rule is valid also for n addends

b) некоторые матема́тики счита́ют более вероя́тным
some mathematicians consider (it) more probable

c) легко́ прове́рить, что эта тополо́гия удовлетворя́ет акcио́мам
it is easy to verify that this topology satisfies the axioms

2) верт- *turn*; cf. Latin *revert, convert, vortex*, etc. The simple verb *вратить *turn* is obsolete (cf. p. 78) but has given rise to regularly formed compounds; e.g.

возвраща́ть ∿ возврати́ть	*turn back, return*	возвра́тное уравне́ние *reciprocal equation*
обраща́ть ∿ обрати́ть (note that обвр- is simplified to обр-)	*invert, convert*	обрати́мая матрица *invertible matrix*
обра́тный	*inverse*	обра́тная тригонометри́ческая функция *inverse trigonometric function*
превраща́ть ∿ преврати́ть	*convert, transform*	превраще́ние фурье *Fourier transform*

Sentences illustrating a) время *time*, orig. врет-мя, neuter (i.e. that which is measured by returns of an indicator to the same position) with the irregular declension время, времени, времени, время, временем, о времени; b) враще́ние *rotation*; c) обраща́ться *convert itself into*; d) обра́тно *conversely*; e) обрати́мость *invertibility*; f) поворо́т *rotation*.

a) рассчита́ем время, необходи́мо для прохожде́ния
let us calculate the time necessary for a passage

вдоль линии
along the line

b) скорость враще́ния вектора
the speed of rotation of the vector

c) определе́ние изоморфи́зма обраща́ется
the definition of isomorphism converts itself

в определе́ние эквивале́нтности
into the definition of equivalence

d) и обра́тно
and conversely

e) сложе́ние име́ет свойство обрати́мости
addition has the property of invertibility

f) преобразова́ние координа́т при поворо́те осей
transformation of coordinates under rotation of the axes

3) вет- *speech*. The meaning of the old Russian noun *вет is *consultation* (cf. сове́т *soviet, workers' council*). The corresponding verb *ветить *speak* has dropped out of the language (see p. 78), but there remain a few compounds, which are fairly regular from the point of view of Chapter IV; e.g.

отвеча́ть ∿ отве́тить	*answer, correspond*
соотве́тствовать (no. pf.)	*correspond*

Sentences illustrating a) отвеча́ть *answer, correspond,* b) соотве́тствовать *correspond,* c) соотве́тствие *correspondence,* d) соотве́тственно *correspondingly, respectively*

a) малому прираще́нию аргуме́нта
to a small increment of the argument

отвеча́ет малое прираще́ние функции
corresponds a small increment of the function

b) расстоя́ние между ордина́тами асимпто́т
the distance between the ordinates of the asymptotes

и соотве́тствующими ордина́тами криво́й
and the corresponding ordinates of the curve

c) каждому значе́нию x ставится
to each value of x there is set

в соотве́тствие одно́ значе́ние y
in correspondence one value of y

d) обозна́чим модули векторов
we shall denote the moduli of the vectors

a и b соотве́тственно через |a| и |b|
a and b respectively by |a| and |b|

4) вид- *see*. The uncompounded verb is видеть ∿ уви́деть *see* (Lat. *vid-*, *vis-*). The only derived words common in mathematics are the noun вид *aspect, form* and its compounds видоизменя́ть *modify* (lit. *change the form of*) and очеви́дный *obvious* (lit. *to the eye visible*).

Sentences illustrating a) видеть *see*, b) вид *form*, c) ввиду́ *in view of*

a) мы видим, что пряма́я определя́ется уравне́нием
we see that a straight line is defined by an equation

первой степени
of the first degree

b) уравне́ние прямо́й име́ет вид...
the equation of a straight line has the form...

c) ввиду́ того́, что уравне́ние соде́ржит только
in view of the fact that the equation contains only

квадра́ти переме́нных
squares of the variables

5) вис- *hang*. The uncompounded verb is висе́ть (no pf.) *hang, depend* (Latin *pend-*), from the noun вес *weight*. Compounds are

зави́сеть (no pf.)	*be dependent*	зави́сящий *depending on*
		зави́симая и незави́симая переме́нные *the dependent and independent variables*
		зави́симость *dependence*
		величина́ меня́ется в зави́симости от x *the magnitude varies in dependence on* x
весить (no pf.)	*weigh*	весова́я функция *weight function*
взвешивать ∿ взвесить	*to weight*	взвешенный отбо́р *weighted sample*

Note the zero vowel-grade in вз- for воз- and the consonant-variation in веш- for вес-.

6) вол- *wish*. Again the uncompounded verb *волить *wish*, cognate with the Latin *vol*ition etc., is obsolete. Common in mathematics are the adjective произво́льный *arbitrary*, the adverbs дово́льно *enough* (i.e. *up to one's wish*) and про-из-во́ль-но *at will, arbitrarily*, and the compound verbs по-з-вол-я́ть (з for из) *allow, enable* (e.g. этот результа́т позволя́ет нас *this result enables us to*) and у-до-вле-творя́ть *satisfy* (твори́ть means *create*); note вле- for вол- with vowel gradation and metathesis of liquids; see Introduction §5.

7) да- Compounds of дава́ть, дать *give* (Lat. *dat-*) are:

задава́ть ∿ зада́ть	*prescribe, assign*	равно́ заданному числу́ *equal to a prescribed number*
зада́ча	*problem*	фундамента́льная зада́ча интегра́льного исчисле́ния *the fundamental problem of the integral calculus*
издава́ть ∿ изда́ть	*publish*	Изда́тельство *Publishing House* (cf. the Latin *e-dit*)
передава́ть ∿ переда́ть	*transmit*	кана́л переда́чи *channel of transmission*
придава́ть ∿ прида́ть	*attach, add*	прида́ть прираще́ние незави́симой переме́нной *add an increment to the independent variable*
удава́ться ∿ уда́тся	*turn out well, succeed*	нам удало́сь постро́ить реше́ние *we succeeded in constructing the solution* (lit. *to us it yielded itself to construct*)

8) дел- *divide.* The compounds of дели́ть ∿ раздели́ть *divide* conform to the regular pattern. Thus выделя́ть ∿ выделить *distinguish* etc.

Sentences illustrating a) дели́ть ∿ раздели́ть *divide,* (cf. деле́ние *division*), b) дели́тель *divisor,* c) выделить *distinguish, extract,* d) преде́л *limit,* e) преде́льный *limiting, limit,* f) определя́ть ∿ определи́ть *delimit, determine, define* (неопределённый *indefinite*), g) определе́ние *definition,* h) отде́льность *separation,* (lit. *off-divided-ness*).

a) умно́жим и разде́лим на $(x^2 - a^2)$
let us multiply and divide by $(x^2 - a^2)$

b) элеме́нты, для кото́рых $a \neq 0$, $b \neq 0$, но $ab = 0$
elements for which $a\neq 0$, $b\neq 0$, but $ab=0$

называются дели́телями нуля́
are called divisors of zero

c) можно выделить коне́чную подсисте́му
it is possible to extract a finite subsystem

d) преде́л функции
limit of a function

e) точка называ́ется преде́льной точкой,
a point is called a limit point

если в каждой окре́стности...
if in every neighborhood...

f) положе́ние точки определя́ется отре́зком
the position of the point is determined by the segment

g) определе́ние ве́ктора
the definition of a vector

h) функция голомо́рфна по каждой
the function is holomorphic with respect to each

переме́нной в отде́льности
variable separately (lit. in separation)

9) зна- *know*. In modern Russian the two verbs знава́ть and знать *know* are both imperfective, but the compounds of знава́ть are imperfective and have the corresponding compounds of знать as their perfectives. Thus

признава́ть ∿ призна́ть *recognize* признак *criterion*

узнава́ть ∿ узна́ть *identify* узна́ть собственное значе́ние
identify an eigenvalue

The noun знак *sign, symbol,* (i.e. means of knowing) gives rise to the verb значить (no pf.) *to mean* with compounds like:

обознача́ть ∿ обозна́чить *denote* через M_x обозна́чим...
by M_x we shall denote...

означа́ть ∿ озна́чить *signify* что означа́ют эти знаки?
what do these symbols signify?

From значить *to mean* come several important nouns and adjectives, e.g.

значе́ние *meaning, value* (e.g. of a variable)

однозна́чный *one-valued*, etc.

Sentences illustrating a) знать *know*, b) знак *sign*, c) знание *knowledge*, d) признак *citerion*, e) значить *to mean*, f) значе́ние *value*, g) обозначе́ние *designation*, h) знамена́тель *denominator*, i) однозна́чность *one-valuedness*.

a) как мы знаем
as we know

b) знак M противополо́жен знаку C
the sign of M (is) opposite to the sign of C

c) без знания положе́ния криво́й в простра́нстве
without knowledge of the position of the curve in space

d) признаком перпендикуля́рности векторов явля́ется
a criterion of perpendicularity of vectors is

равенство нулю их скаля́рного произведе́ния
equality to zero of their scalar product

e) значит, элеме́нт *a* явля́ется нуле́м кольца́
it means that the element *a* is the zero of the ring

f) значе́нию x ставится в соотве́тствие значе́ние y
to a value of x there is set in correspondence a value of y

g) для обозначе́ния произво́дной употребля́ют
for designation of the derivative they use

разли́чные символы
various symbols

h) дробь со сравни́тельно небольши́м знамена́телем
a fraction with a comparatively small denominator

i) отка́жемся от требования однозна́чности
we discard the requirement of one-valuedness
(lit. we refrain from)

10) зыв- *call*. The simple verb is звать ∿ позва́ть *call*. The lexical compounds commonest in mathematics are вызыва́ть ∿ вызвать *call up, evoke, give rise to* (e.g. вызвать оши́бку *cause an error*) and называ́ть ∿ назва́ть *call*, e.g. by definition.

Sentences illustrating a) вызыва́ть *cause*, b) называ́ть *call*, c) назва́ние *name*.

a) малая оши́бка в данных может вызыва́ть большу́ю оши́бку...
a small error in the data can cause a large error...

b) разность рассто́яний от двух точек, называ́емых фокусами
the difference of the distances from two points called foci

c) перечи́слим некоторые классы функций,
let us enumerate some classes of functions

получи́вших назва́ние элемента́рных
having received the name of elementary

11) иск- *seek*. The compounds from иска́ть *seek* (cognate with the English *ask*) fit precisely into the scheme of Chapter IV; e.g. (for -ыск- in place of -иск- see Chap. II §8):

оты́скивать ∿ отыска́ть	*search out*	отыска́ть функцию
разы́скивать ∿ разыска́ть	*search in all directions, investigate*	разыска́ние функций таки́х, чтобы... *the search for functions such that...*

Sentences illustrating a) иска́ть *seek*, b) отыска́ние *search*

a) это и есть иско́мое уравне́ние
this is in fact the sought-for equation

b) Евклиду принадлежи́т метод отыска́ния
to Euclid there belongs a method of searching out

наибо́льшего общего дели́теля
the greatest common divisor

12) каз- *show*. The simple verb *каза́ть *show* is obsolete, but its reflexive каза́ться *(show itself, appear to be)* and many of its compounds are very common, e.g.

выска́зывать ∿ высказать	*speak out, assert, state*	исчисле́ние выска́зываний *calculus of statements*

дока́зывать ∿ доказа́ть (доказа́тельство *proof*)	*prove*	что и требовалось доказа́ть *which in fact it was required to prove*
ока́зываться ∿ оказа́ться	*turn out*	ока́зывается, что зада́ча *it turns out that the problem*
		неразреши́ма *is insoluble*
отка́зываться ∿ отказа́ться	*deny oneself, relinquish*	отказа́ться от требования *to give up a requirement*
пока́зывать ∿ показа́ть	*expound, show*	Евклид показа́л, что... *Euclid showed that*
		показа́тельная функция *exponential function*
(говори́ть) ∿ сказа́ть	*say*	так сказа́ть *so to speak*
сказываться	*express itself*	оши́бка сказывается *the error shows (itself)*
ука́зывать ∿ указа́ть	*indicate*	число́ ука́занного вида *a number of the indicated type*

13) кры- *cover*. Here again the simple verb *крыть *to cover* is obsolete, and its (still common) perfective покры́ть has formed a new imperfective покрыва́ть. Its commonest mathematical compound is

открыва́ть ∿ откры́ть	*uncover, open*	откры́тое покры́тие *an open covering*

если замкнутый промежу́ток покрыва́ется
if a closed interval is covered

бесконе́чной систе́мой откры́тых промежу́тков
by an infinite system of open intervals

14) мен- *change*. The simple verb меня́ть *change* (with perfectives обменя́ть and поменя́ть) has various (perfective) lexical compounds выменять *exchange*, разменя́ть *disperse*, etc. that form their imperfectives выме́нивать, разме́нивать etc. regularly by the first method, i.e. with the suffix -ива (see Chap. IV §4). But most of the mathematically important compounds, e.g. заменя́ть *substitute*, переменя́ть *vary*, применя́ть *apply*, have come to be regarded as imperfectives (and have been provided with perfectives замени́ть, etc.) because they happen to have the same ending -ять as is regularly used to imperfectivize verbs in -ить (again see Chap. IV §4). Thus

заменя́ть ∿ замени́ть	*replace, substitute*	интегриро́вание путём *integration by (the path of)*
		заме́ны переме́нной *change of variable*

изменя́ть ∿ измени́ть	*alter*	произво́льно изменя́ющийся пара́метр *an arbitrarily varying parameter*
переменя́ть ∿ промени́ть	*vary*	тео́рия функций компле́ксного переме́нного *theory of functions of a complex variable*
применя́ть ∿ примени́ть	*adapt, apply*	примене́ния тео́рии вероя́тностей *applications of the theory of probability*

Sentences illustrating a) замени́ть *replace,* b) измене́ние *variation,* c) переме́нная *variable,* d) примени́ть *apply*

a) в результа́те теоре́мы Туэ-Зигеля-Рота
in the result of the theorem of Thue-Siegel-Roth

нельзя́ замени́ть $1/b^{2+\varepsilon}$ через $1/b^2$
it is impossible to replace $1/b^{2+\varepsilon}$ by $1/b^2$

b) функция с ограни́ченным измене́нием
function of (lit. with) bounded variation

c) пусть даны́ две переме́нные x и y
let there be given two variables x and y

d) приме́ним правило подстано́вки
we shall apply the rule of substitution

15) мер- *measure.* Here the verb мерить *measure* and its compounds fit precisely into the scheme of Chapter IV; e.g.

мерить ∿ поме́рить	*to measure*	мера *measure* по меньшей мере *at least (*lit. *by least measure)*
измеря́ть ∿ изме́рить	*to measure*	несоизмери́мость *incommensurability*
примеря́ть ∿ приме́рить	*to fit, try on*	приме́р *example,* наприме́р *for example*

Sentences illustrating a) измеря́ть *measure,* b) измере́ние *dimension,* c) трёхме́рный *three-dimensional (*cf. двухме́рный *two-dimensional),* d) многоме́рный *n-dimensional,* e) разме́рность *dimensionality*

a) зная первую квадрати́чную форму, можно измеря́ть
knowing the first quadratic form, it is possible to measure

длины́, углы́, и площади на пове́рхности
lengths, angles and areas on the surface

b) числó измере́ний меньше четырёх
the number of dimensions is less than four

c) множество векторов трёхме́рного евкли́дова простра́нства
the set of vectors of three-dimensional euclidean space

d) Риманова геометрия — многомерное обобщение
Riemannian geometry is the n-dimensional generalization

геометрии на поверхности
of geometry on a surface

e) размерность этого пространства называется
the dimensionality of this space is called

кратностью собственного значения
the multiplicity of the eigenvalue

16) мог- *be able* (cf. *may, might*). The simple verb мочь ∿ смочь *be able* forms the lexical compound помогать ∿ помочь *to help* (note this rare use of по in an aspectual compound, i.e., other than as a mere perfectivizer).

Sentences illustrating a) мочь *can*, b) можно *possible*, c) возможный *possible*, возможно *possibly, as...as possible*, возможность *possibility*, d) мощность *power*, e) невозможно *impossible*, f) вспомогательный *auxiliary*, g) помощь *help*

a) кольцо с делителями нуля не может содержаться в поле
a ring with divisors of zero cannot be contained in a field

b) можно считать эти числа косинусом и
it is possible to consider these numbers as the cosine and

синусом некоторого угда
sine of some angle

c) выбирают рациональное число возможно простое
they take the rational number as simple as possible

d) об эквивалентных множествах говорят,
concerning equivalent sets they say

что они имеют одинаковую мощность
that they have the same power

e) что невозможно
which is impossible

f) рассмотрим вспомогательную прямую
we shall consider an auxiliary line

g) разрывная функция Дирихле не может быть
the discontinuous function of Dirichlet cannot be

изображена при помощи одного перехода к пределу
represented by the help of one passage to the limit

17) рез- *cut*. Both рез- and сек- (No. 18 following) mean *to cut*, рез- *to cut around* and сек- *to cut through*. The verb резать *cut* and its compounds fit precisely into our pattern; thus

резать ∿ зарезать	*cut*	резец	*chisel*
решать ∿ решить (note the consonant variation)	*decide, solve*	решение	*decision, solution*

вырéзывать ∿ вырезать	*cut out*	вырезка	*engraving*
обрéзывать ∿ обрéзать	*cut around, sculpt*	образ	*(sculpted) image, form, manner*
отрéзывать ∿ отрéзать	*cut off*	отрéзок прямóй	*segment of a line*
разрéзывать ∿ разрéзать	*to slit*	разрéз в повéрхности	*a slit in the plane*

The vowel-grade -а- (as above in образ) also occurs in such verbs as

рази́ть ∿ порази́ть	*cut down, strike*	(the derived noun раз *a time* means that which is struck or marked off)
выражáть ∿ выразить	*formulate, sketch out, express*	формула выражáет теорéму *the formula expresses the theorem*
отражáть ∿ отрази́ть	*reflect*	теóрия отражéния *the theory of reflection*

From the noun образ *image, form, manner,* comes the verb *образить *to form* (obsolete as an uncompounded verb) with the important (regularly constructed) compounds

изображáть ∿ изобрази́ть	*represent*	изображéние по Лапласу *Laplace transform*
отображáть ∿ отобрази́ть	*to map*	конфóрмное отображéние *conformal mapping*

The simple verb *образить has been replaced by

образóвывать ∿ образовáть	*form, generate*	обрáзующая конуса *generator of a cone*

which is constructed from the noun образ with the verbal suffix -овать and forms the further compound

преобразóвывать ∿ преобразовáть	*to transform*	преобразовáние Лапласа *Laplace transformation*

Sentences illustrating a) образ *image, form, manner,* b) изобрази́ть *represent, illustrate,* c) выразить *express,* d) выражéние *expression,* e) отображéние *mapping,* f) образовáть *to form,* g) прóобраз *preimage,* h) многообрáзие *manifold*

a) аналоги́чном образом; таки́м образом
   in an analogous manner; in such a manner (thus)

b) построéние суммы векторов изображенó на рисýнке
   the construction of the sum of vectors is illustrated in the diagram

c) на терминолóгии послéдовательностей непреры́вность
   in the language of sequences continuity

   выразится так:
   will be expressed thus:

d) выраже́ние A·dx называ́ется дифференциа́лом
the expression A·dx is called a differential

e) взаи́мно однозна́чные отображе́ния
reciprocally one-valued mappings

f) пары целых чисел образу́ют кольцо́, если...
pairs of whole numbers form a ring if...

g) всякий элеме́нт облада́ет, вообще́ говоря́,
every element possesses, generally speaking,

многими разли́чными проо́бразами
many distinct preimages

h) некоторое многообра́зие...
a certain manifold...

18) сек- *cut*. The verb сечь *to cut* is similar in form to мочь *to be able*. Thus

сечь ∿ высечь (cf. *secant*, *section*)	*cut*	поня́тие о сече́нии *the concept of a cut*
секу́щая (pres. partic.)	*cutting*, *secant*	преде́льное положе́ние секу́щей *limiting position of the secant*
отсека́ть ∿ отсе́чь	*cut off*	пряма́я отсека́ет отре́зки на ося́х *the line cuts off intercepts on the axes*
пересека́ть ∿ пересе́чь	*intersect*	пряма́я пересека́ет ось Oy *the line intersects the Oy-axis*
		крива́я име́ет самопересече́ния *the curve has self-intersections*

Sentences illustrating a) сечь *to cut*, b) сече́ние *a cut*, c) отсека́ть *cut off*, d) пересека́ть *intersect*, e) пересече́ние *intersection*.

a) преде́льное положе́ние секущей называют каса́тельной
the limiting position of a secant is called a tangent

b) тео́рия Дедекинда о сече́ниях
the theory of Dedekind about cuts

c) отре́зок отсека́емый на оси
the segment cut off on the axis

d) разбие́ние множества на непересека́ющиеся подмно́жества
decomposition of a set into non-intersecting subsets

e) если крива́я име́ет самопересече́ние
if the curve has a self-intersection

19) след- *slide*, *leave a footprint*, *trace*, *follow*.

следи́ть (no pf.)	*follow*, *keep watch on*	след матрицы *trace of a matrix*
следовать ∿ после́довать	*follow*	следующий *the following*
иссле́довать (its own pf.)	*investigate*	иссле́дуем форму элли́пса *let us investigate the form of an ellipse*

Various derived words are
следовательно *consequently*, следствие *corollary*, послéдовательность *sequence*, послéдовательный *successive*, послéдовательно *successively*, послéдний *last*, вследствие *as a consequence of*, as in the following examples.

Sentences illustrating a) следовать *follow*, b) следствие *corollary*, c) послéдовательность *sequence*, d) послéдний *last*, e) вследствие *as a consequence of*, f) послéдовательно *successively*.

a) из определéния следует, что...
from the definition it follows that...

b) имéем следствие
we have the corollary

c) на терминолóгии послéдовательностей непреры́вность
in the language of sequences continuity

выразится так:
will be expressed thus:

d) интегрáл от послéднего выражéния вычисля́ется так:
the integral of the last expression is calculated thus:

e) вследствие непреры́вности
as a consequence of the continuity

f) мы послéдовательно определи́м целые, рационáльные,
we successively shall define whole, rational,

действи́тельные и комплéксные числа
real and complex numbers

20) чит- *consider*. Some words derived from this root still have the general meaning *consider, reckon*, but two special meanings have developed: *read* and *calculate*. Thus

считáть ∿ счесть	*consider, reckon as*	считáть результáт очеви́дным *to regard the result as obvious*
читáть ∿ прочитáть	*read*	читáтель *the reader*
рассчитывáть ∿ рассчитáть	*calculate*	рассчитáть в сантиметр *calculate down to a centimeter*
вычитáть ∿ вычесть	*subtract*	вычитáя из равенства (1) равенство (2) *subtracting from equality* (1) *equality* (2)
числó (orig. чит-сло)	*number*	иррационáльное числó *irrational number*
числовóй	*numerical*	числовóе поле *a numerical field*
числи́тель	*numerator*	малый числи́тель *a small numerator*
вычисля́ть ∿ вычислить	*compute*	интегрáл вычисля́ется так *the integral is computed thus*

перечисля́ть ∿ перечи́слить	*count through, enumerate*	перечи́слимый	*enumerable*
исчисле́ние	*calculus*	вариацио́нное исчисле́ние	*variational calculus*
вычет	*residue*	вычет аналити́ческой функции	*the residue of an analytic function*
учёт	*account*	с учётом	*with account taken of*
счётный	*countable*	счётное множество	*a countable set*

Sentences illustrating a) счита́ть *consider,* b) вычет *residue,* c) счётный and несчётный *countable* and *uncountable,* d) вычита́ние *subtraction,* e) исчисле́ние *calculus,* f) рассчита́ть *calculate.*

a) обозна́чим через (ρ,θ) поля́рные координа́ты
let us denote by (ρ,θ) the polar coordinates

точки $M(x,y)$, счита́я поля́рной осью Ox
of the point $M(x,y)$ considering as polar axis Ox

b) приме́ром поля характери́стики p явля́ется
an example of a field of characteristic p is

кольцо́ вычетов по модулю p
the ring of residues mod p

c) множество, не явля́ющееся ни коне́чным ни счётным,
a set not being either finite or countable

называ́ется несчётным
is called uncountable

d) вычита́нием натура́льных чисел называ́ется
by subtraction of natural numbers is meant

опера́ция, обра́тная сложе́нию
the operation inverse to addition

e) теоре́ма о среднем значе́нии
the theorem about the mean value

в дифференциа́льном исчисле́нии
in the differential calculus

f) рассчита́ем время, необходи́мо для того́, что...
we calculate the time necessary in order that...

<u>7. Forty roots of moderate productivity</u>. Each of the following 40 roots produce several words of mathematical importance; here we give at least one pair of aspect-partners for each root.

би- *beat, strike;* разбива́ть ∿ разби́ть *decompose, partition,* разбие́ние *decomposition*

велик- *big;* увели́чивать ∿ увели́чить *to increase;* величина́ *magnitude*

верх- *top;* совершáть ∿ совершúть *to top off, complete;* совершéнно *completely,* вершúна *vertex,* верхний *upper,* повéрхность *surface,* сверху *from above*

влад- *possess;* обладáть (formerly обвладáть) (no pf.) *to possess,* область (i.e. об-влад-ть) *domain*

вяз- *knot;* вязáть ∿ связáть (or свя́зывать ∿ связáть) *connect,* обя́зывать ∿ обязáть (i.e. обвяз...etc.) *bind, oblige, require,* обязáтельно *obligatorily,* связка *connective,* связь *connection*

гран- *face, border;* огранúчивать ∿ огранúчить *to bound,* границa *boundary,* гранúчный *boundary* (adj.), ограничéние *restriction,* огранúченность *boundedness,* неогранúченный (-нно) *unbounded(ly)*

грех- *mistake;* погрешáть ∿ погрешúть *make a mistake,* погрéшность *error*

дел- *do* (not the same root as дел- *divide*); делать ∿ сделать *do,* дело *deed*

держ- *hold;* содержáть (no pf.) *contain,* содержáние *content*

доб- *suitable;* понáдобиться (pf., no impf.) *be necessary,* подóбие *similarity,* подóбный *similar,* удóбство *convenience,* неудóбный *unsuitable*

кас- *touch;* соприкасáться ∿ соприкоснýться *osculate,* касáтельная *tangent,* касáние *tangency,* соприкасáющаяся плоскость *osculating plane*

клон- *bend, incline;* клонúть (no pf.) *to incline, bend,* отклоня́ть ∿ отклонúть *deviate,* наклоня́ть ∿ наклонúть *to incline,* наклóн *inclination*

ключ- *to close;* включáть ∿ включúть *include,* включéние *inclusion, insertion,* включúтельно *inclusive,* заключáть ∿ заключúть *conclude,* заключéние *conclusion,* исключáть ∿ исключúть *exclude*

кон- *end;* кончáть ∿ кончить *to end,* конéц *end,* конéчный *finite,* бесконéчный *infinite,* конéчность *finiteness,* закóн *law,* окончáтельный *definitive,* наконéц *finally*

круг- *circle;* окружáть ∿ окружúть *encircle,* окрýжность *circumference,* круг *circle, disk*

крут- *twist;* крутúть ∿ закрутúть *twist,* кручéние *torsion*

лег-, льз- *ease;* пользоваться ∿ воспóльзоваться *make use of,* испóльзовать (its own pf.) *utilize,* полéзный *useful,* нельзя́ *impossible,* лёгкий *easy,* легкó *easily*

лик- *face;* отличáть ∿ отличúть *distinguish,* отлúчие *distinction,* отлúчный *distinct,* различный *different,* различие *difference*

мес- *mix;* смéшивать ∿ смешáть *mix,* смéшанная группа *mixed group*

мест- *place;* перемещáть ∿ переместúть *transpose, commute,* место *place, locus,* вместе *together,* вместо *instead of,* совмéстный *consistent with*

мык- *close;* замыкáть ∿ замкнýть *to close,* замыкáние *closure,* замкнутый *closed,* примыкáть ∿ примкнýть *be close to, adjoin* примыкáние *contiguity*

нов- *new;* обновлять ∿ обновúть *renew,* новый *new*

пад- *fall;* падать ∿ упáсть *fall;* совпадáть ∿ совпáсть *coincide*

плоск- *flat;* уплощáть ∿ уплощúть *flatten,* плоскость *plane,* плоский *flat, planar,* площадь *area*

плот- *thick;* уплотнять ∿ уплотнúть *condense,* плотный *dense*

прос- *ask;* просúть ∿ попросúть *to request,* вопрóс *question*

прост- *simple;* упрощáть ∿ упростúть *simplify,* простóй *simple, prime*

пряг- *harness;* сопрягáть ∿ сопрячь *join,* сопряжённый оператор *adjoint operator,* самосопряжённый *self-adjoint*

прям- *straight;* спрямлять ∿ спрямúть *rectify,* спрямляющая плоскость *rectifying plane,* прямáя *straight line*

раст- *grow;* прирастáть ∿ прирастú *grow onto, adhere to,* приращéние *increment,* рост *growth,* возрастáть ∿ возрастú *to increase,* возрастáние *increase*

реч- *speak;* противорéчить (no pf.) *contradict,* противорéчие *contradiction,* отрицáтельность *negativity*

род- *birth, generation;* порождáть ∿ породúть *generate,* род *genus, kind,* однорóдный *homogeneous,* неоднорóдный *inhomogeneous*

рыв- *break;* рвать (no pf.) *to tear,* разрыв *discontinuity,* разрывный *discontinuous,* непрерывный *continuous,* непрерывно *continuously,* непрерывность *continuity*

ряд- *row, series;* упорядочивать ∿ упорядочить *to order* (i.e. *put in order*), порядок *order*

смотр- *look;* смотрéть ∿ посмотрéть *look at,* рассмáтривать ∿ рассмотрéть *examine*

стро- *construct;* строить ∿ пострóить *construct,* строéние *structure,* построéние *construction*

треб- *demand;* требовать ∿ потрéбовать *demand,* требование *requirement,* употреблять ∿ употребúть *use*

тык- *pierce;* тыкать ∿ ткнуть *poke into, to prick;* точка *point* (note that the English word *point* is from the Latin *puncture,* as made by the point of a compass in drawing a circle; the Greek word *center* means *sharp point, spur,* etc.), точность *precision,* точный *exact,* точно *exactly,* уточня́ть ∿ уточни́ть *sharpen, make more precise,* точечно *pointwise*

ук- *become accustomed to, learn;* изуча́ть ∿ изучи́ть *study,* нау́ка *science,* обы́чный *usual, ordinary,* обы́чно *usually,* обыкнове́нный *ordinary*

ча- *begin;* начина́ть ∿ нача́ть *begin,* нача́ло *beginning, origin* (of coordinates), нача́льный *initial*

част- *part;* уча́ствовать (no pf.) *participate,* часть *part,* уча́сток *section,* частность *particularity, detail,* частный *partial.*

<u>8. Other nouns and adjectives</u>. Finally, here are a few nouns and adjectives which, though most of them are fairly important in mathematics, are not readily associated with verbs according to the system of Chapters IV and V.

<u>Masculine nouns</u>

корень *root,* рису́нок *diagram,* угол *angle,* шар *sphere (ball);*

<u>Feminine nouns</u>

длина́ *length,* дробь *fraction,* кратность *multiplicity,* крива́я *curve,* кривизна́ *curvature,* окре́стность *neighbourhood,* ось *axis,* оши́бка *error,* скобка *bracket,* скорость *speed,* степень *degree,* целостность *integrity;*

<u>Neuter nouns</u>

кольцо́ *ring* (подкольцо́ *subring*), поле *field* (подпо́ле *subfield*), простра́нство *space* (простра́нственный *space* adj., подпростра́нство *subspace*), слово *word* (with the derivative усло́вие *condition*)

<u>Adjectives</u>

главный *principal,* действи́тельный *real* (with the adverb действи́тельно *in fact*), дробный *fractional,* друго́й *other,* любо́й *arbitrary,* малый *small* (мало adv. *by a small amount*), неизве́стный *unknown,* общий *general,* слабый *weak* (слабо *weakly*), старый *old,* углово́й *angular,* целый *integral, whole,* цепно́й *chain-like, continued* (from цепь *chain*).

Readings – Preliminary Remarks

In Chapters III, IV and V, the vocabulary of Russian mathematics has been presented systematically, not for memorization but for reference and study, with the Glossary at the end of the book as an index. But these Reading Selections have a different purpose, namely to catch the reader's interest by their actual mathematical content, and to repeat the basic vocabulary often enough that it will be permanently fixed in his mind; here again it is very useful to read some of the sentences aloud. In the elementary Sections A and B there is a definite mathematical development, leading in A to the fundamental theorem of the integral calculus, and in B to the construction of the complex number field. Section A is adapted from several Russian authors; Section B almost entirely from I.V. Proskuryakov "Numbers and Polynomials", Moscow 1965. The twelve selections in Section C, on more advanced topics, are adapted from the following books or articles, published in Moscow.

1. N. N. Luzin, Functions of a real variable, 1948
2. V. C. Vladimirov, Functions of several complex variables, 1964
3. The (unsigned) article on Summability in the Great Soviet Encyclopedia
4. L. D. Kudryavcev, Mathematical analysis, 1970
5. L. Ê. Êl'sgol'c, Calculus of variations, 1958
6. A. G. Kuroš, Theory of groups, 1967
7. A. A. Buhštab, Theory of numbers, 1966
8. A. A. Markov, Mathematical Logic, the Great Soviet Encyclopedia
9. S. L. Sobolev, Equations of mathematical physics, 1966
10. V. I. Smirnov, A course in higher mathematics, 1947
11. P. K. Raševskiĭ, Differential geometry, 1956
12. P. S. Aleksandrov, Combinatorial topology, 1947

In the special vocabularies at the end of each Reading a page-reference is given for each word to the systematic discussion of it in Chapter V (or earlier), and the same page-references are given again in the general Glossary at the end of the book. It should be emphasized that words are not to be learned as single units but rather in groups coming from the same root. For example, the first word in the Readings is расстоя́ние *distance*, with the page reference 85. If the reader cannot immediately recall that рас- means *apart*, corresponding to the Latin *di-* or *dis-*, and that the root ста- corresponds to the *sta-* in the English *stand*, or the Latin *station*, etc., he should turn to that page and reread not only what is said there about расстоя́ние but also about other derivatives from the root ста-. Only by constantly looking back in this way will he finally master the vocabulary of Chapter V, which will provide an ample foundation for reading Russian mathematics with only occasional use of a dictionary.

SECTION A

EXTRACTS FROM ELEMENTARY ANALYTIC GEOMETRY AND CALCULUS

A1. Расстоя́ние между точками *distance between points*

Пусть точки $M_1(x_1,y_1)$ и $M_2(x_2,y_2)$ (рис. 1) име́ют координа́ты

$$OP_1 = x_1, \qquad P_1M_1 = y_1,$$
$$OP_2 = x_2, \qquad P_2M_2 = y_2.$$

Име́ем

$$d^2 = (M_1M_2)^2 = (M_1Q)^2 + (QM_2)^2$$

где

$$M_1Q = x_2 - x_1, \qquad QM_2 = y_2 - y_1.$$

Поэ́тому

$$d = \{(x_2-x_1)^2 + (y_2-y_1)^2\}^{1/2}$$

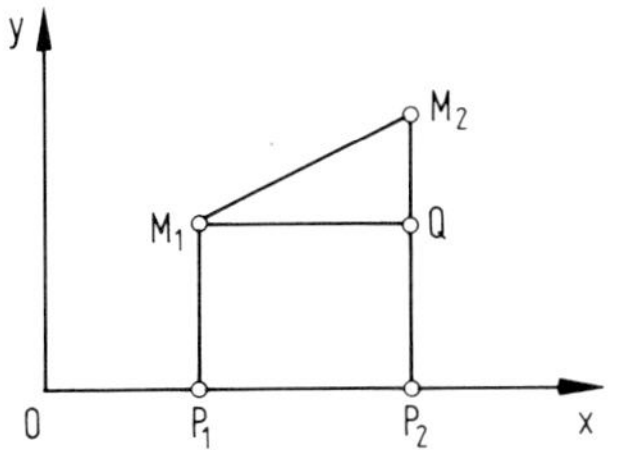

рис. 1

расстоя́ние 85 *distance* (ста- sta- *stand*); между 52 *between* (межд- *mid*); точка 106 (тык- punct-); пусть 51 *let;* и 50 *and ;* рис.= рису́нок 107 *diagram;* име́ть 78 *to have* (я- *take*); где 50 *where;* поэ́тому 50 *therefore.*

А2. Деле́ние отре́зка в заданном отноше́нии *division of a segment in a preassigned ratio*

Пусть даны́ точки $M_1(x_1,y_1)$ и $M_2(x_2,y_2)$ (рис. 2). Будем иска́ть точку $M(x,y)$, деля́щую отре́зок M_1M_2 (рис. 2) так, чтобы отноше́ние M_1M/MM_2 было равно́ заданному числу́ $\lambda = m/n$.
Име́ем

$$\frac{m}{n} = \frac{M_1M}{MM_2} = \frac{P_1P}{PP_2} = \frac{x-x_1}{x_2-x}.$$

Поэ́тому

$$x = \frac{nx_1 + mx_2}{n + m},$$

и аналоги́чным образом

$$y = \frac{ny_1 + my_2}{n + m}.$$

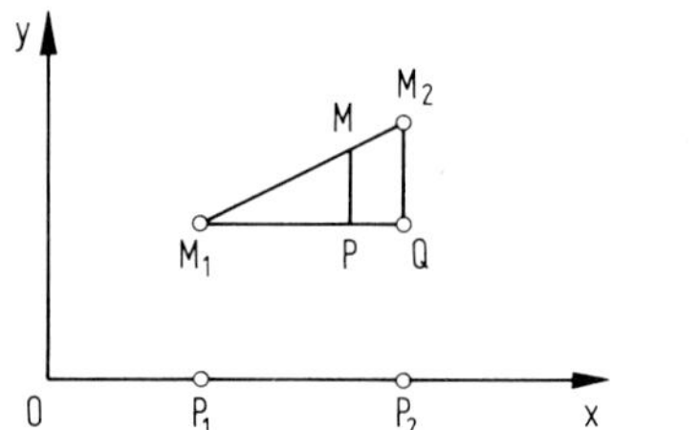

рис. 2

деле́ние 37,95 *division* (дел- *divide*); отре́зок 35, 101 *segment* (рез- seg- *cut*); в 52 *in;* зада́ть 95 *preassign* (да- *give*); дать 95 *give* (да- *give*); отноше́ние 75 *relation, ratio* (нос- lat- *carry*); будем 57 *we shall;* иска́ть 97 *seek* (иск- ask, seek); дели́ть 95 *divide* (дел- *divide*); так 50 *thus;* чтобы 50 *in order that;* было 58 past tense of *to be;* равный 86 *equal* (рав-); число́ 103 *number* (чит- *reckon*); образ 101 *fashion, image* (рез- *cut*).

А3. Поля́рные координа́ты *polar coordinates*

Положе́ние любо́й точки M определя́ется (рис. 3) отре́зком $OM=\rho$ и угло́м $NOM=\theta$. Числа ρ и θ называ́ются поля́рными координа́тами точки M. Пряма́я ON называ́ется поля́рной осью, точка O — полюсом систе́мы. Если взять систе́му координа́т, нача́ло кото́рой совпада́ет с полюсом и ось Ox — с поля́рной осью, име́ем

$$x = \rho \cos \theta, \qquad y = \rho \sin \theta,$$
$$\rho = \sqrt{x^2+y^2}, \qquad \theta = \operatorname{arctg} \frac{y}{x}.$$

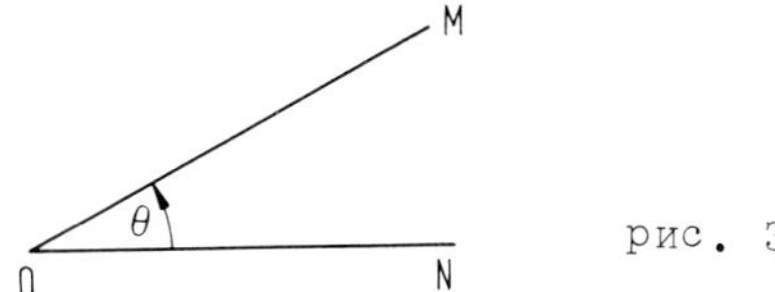

рис. 3

положе́ние 82 *position* (лаг- pos- *lay*); любо́й 107 *arbitrary;* определя́ть 95 *define, determine* (дел- *divide*); угол 107 *angle;* называ́ть 97 *call* (зыв- *call*); прямая 106 *straight line* (прям- *straight*); ось 107 *axis;* если 50 *if;* взять 79 *take* (я- *take*); нача́ло 107 *origin* (ча- *begin*); кото́рый 45 *which;* совпада́ть 106 *coincide* (co- *together,* пад- cid- *fall*); с 52 *with* (co- before certain double consonants).

A4. Преобразова́ние координа́т при паралле́льном перено́се осе́й *Transformation of coordinates with parallel translation of axes*

Пусть Ox и Oy — старые, а O'x' и O'y' — новые координа́тные оси (рис. 4), где положе́ние новых осе́й относи́тельно старой систе́мы определя́ется старыми координа́тами a,b нового нача́ла O'(a,b). Тогда́ точка M име́ет относи́тельно старых осе́й координа́ты (x,y), и относи́тельно новых осе́й координа́ты (x', y').

Если обозна́чим прое́кцию точки O' на ось Ox через O'_x, и прое́кции точки M на оси Ox и O'x' — через M_x и $M_{x'}$, име́ем $O'_xM_x = x'$, и $OO'_x = a$, $OM_{x'} = x$, отсю́да $x = x' + a$; и аналоги́чным образом $y = y' + b$.

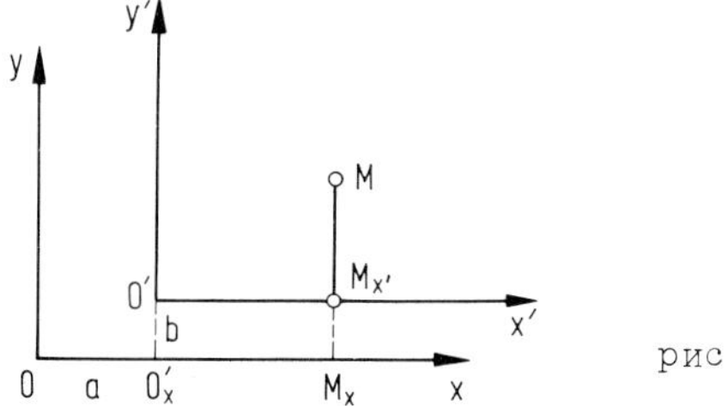

рис. 4

преобразова́ние 101 *transformation* (рез- *cut*); при 53 *in the presence of;* перено́с 75 *translation* (нос- lat- *carry*); старый 107 *old;* а 50 *and, but;* новый 106 *new;* относи́тельно 52,75 *relatively* (нос- lat- *carry*); тогда́ 50 *then;* обозна́чить 96 *designate* (знак- *sign*); на 53 *on,onto;* через 52 *through, by;* отсю́да 50 *hence.*

A5. Преобразова́ние координа́т при поворо́те осе́й
Transformation of coordinates with rotation of the axes

Пусть Ох и Оу - старые, а Ох',Оу' — новые координа́тные оси (рис. 5). Положе́ние новых осе́й относи́тельно старой систе́мы определя́ется угло́м α поворо́та. Обозна́чим через (ρ, θ) поля́рные координа́ты точки М, счита́я поля́рной осью Ох, и через (ρ, θ') — поля́рные координа́ты той же точки М, счита́я поля́рной осью Ох'. Име́ем $\theta = \theta' + \alpha$ и

$$x = \rho\cos\theta, \quad y = \rho\sin\theta,$$

и аналоги́чно

$$x' = \rho\cos\theta', \; y' = \rho\sin\theta'.$$

Таки́м образом

$$x = \rho\cos\theta = \rho\cos(\theta'+\alpha) = x'\cos\alpha - y'\sin\alpha$$
$$y = \rho\sin\theta = \rho\sin(\theta'+\alpha) = x'\sin\alpha + y'\cos\alpha$$

Это и есть иско́мые формулы.

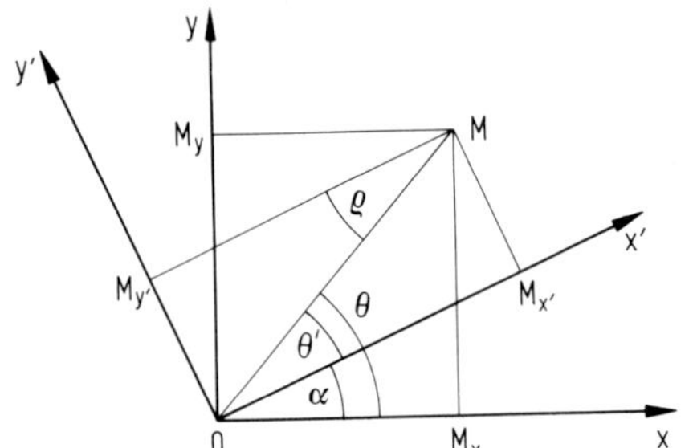

рис. 5

поворо́т 92 *rotation* (верт- vert- *turn*); счита́ть 103 *consider* (чит- *consider*); тот же 51 *that same, the same;* этот 42 *this*.

A6. Уравне́ния прямо́й *equations of the straight line*

а) Уравне́ние прямо́й с угловы́м коэффицие́нтом
Equation of the line with angular coefficient (i.e. slope)

Предполо́жим, что данная пряма́я (ℓ), не перпендикуля́рная оси Ох, пересека́ет ось Оу в точке В (рис. 6). Длину́ отре́зка ОВ обозна́чим через b. Тангенс угла́ α (рис. 6) называ́ют угловы́м коэффицие́нтом прямо́й. Ясно, что

$$\operatorname{tg}\alpha = \frac{y - b}{x},$$

или

$$y = kx + b, \quad \text{где } k = \operatorname{tg}\alpha.$$

Это и есть иско́мое уравне́ние.

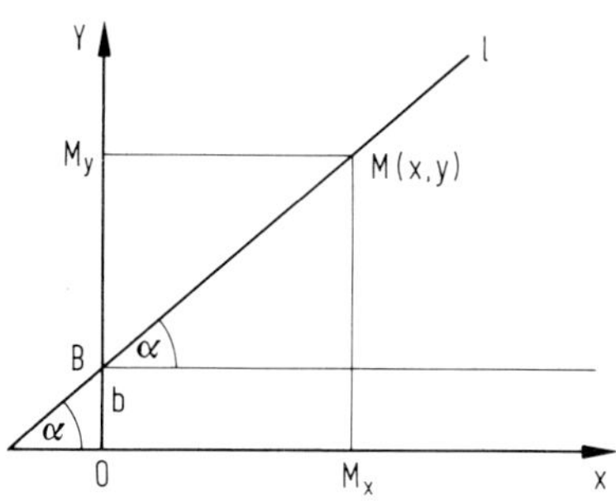

рис. 6

уравне́ние 87 *equation* (рав- *equal*); предположи́ть 82 *suppose* (лаг-pos- *lay*); что 50 *that* (pronounced што); не 50 *not;* пересека́ть 102 *intersect;* (сек- sec- *cut*); длина́ 107 *length;* ясный 90 *clear* (яс-); или 50 *or;* есть 56 *is*.

A7. <u>Уравне́ние прямо́й, проходя́щей через данную точку в заданном направле́нии</u> *equation of a line passing through a given point in a given direction*

Пусть дана́ точка $A(x_0,y_0)$ и углово́й коэффицие́нт $k = tg\ \alpha$ (рис. 7) определя́ющий направле́ние прямо́й. Как мы знаем, уравне́ние прямо́й име́ет вид

(1) $y = kx + b$,

и так как по усло́вию точка $A(x_0,y_0)$ лежи́т на прямо́й, то её координа́ты удовлетворя́ют уравне́нию этой прямо́й

(2) $y_0 = kx_0 + b$.

Вычита́я из равенства (1) равенство (2), полу́чим иско́мое уравне́ние

$$y - y_0 = k(x-x_0).$$

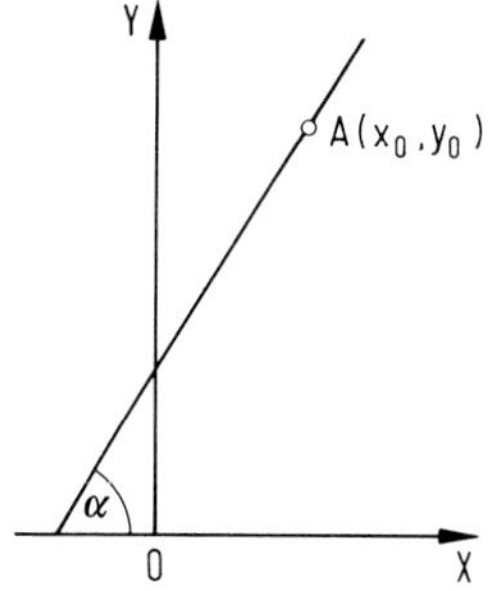

рис. 7

проходи́ть 77 *to go through* (ход- *go*); направле́ние 88 *direction* (прав- rect- *right*); как 50 *how, as;* мы 40 *we;* знать 96 *know* (зна-); вид 37 *appearance* (вид- *see*); так как 50 *because;* по 52 *according to;* усло́вие 107 *hypothesis, condition;* лежа́ть 82 *lie* (лаг- *lay*); то 51 *therefore, then;* он, она́, оно́ (gen. fem. sing. её) 41 *it;* удовлетворя́ть 94 *satisfy* (вол- *wish*); вычита́ть 103 *subtract* (чит- *reckon*); из 52 *from;* равенство 87 *equality* (рав- *equal*); получи́ть 65 *obtain.*

A8. Норма́льное уравне́ние прямо́й *normal equation of the line*

Пусть дана́ произво́льная пряма́я (ℓ). Пусть OP (рис. 8) перпендикуля́р к (ℓ) от нача́ла координа́т. Обозна́чим через p длину́ отре́зка OP, и через α - угол между осью Ox и отре́зком OP. Пусть M(x,y) произво́льная точка на (ℓ). Обозна́чим через β угол между отре́зками OP и OM, а через r и ϕ — поля́рные координа́ты точки M.

Тогда́ име́ем $\beta = \phi-\alpha$, отку́да

$$OP = p = r\cos(\phi-\alpha) = (r\cos\phi)\cos\alpha + (r\sin\phi)\sin\alpha.$$

Переходя́ от поля́рных координа́т к дека́ртовым, получа́ем

$$x\cos\alpha + y\sin\alpha - p = 0.$$

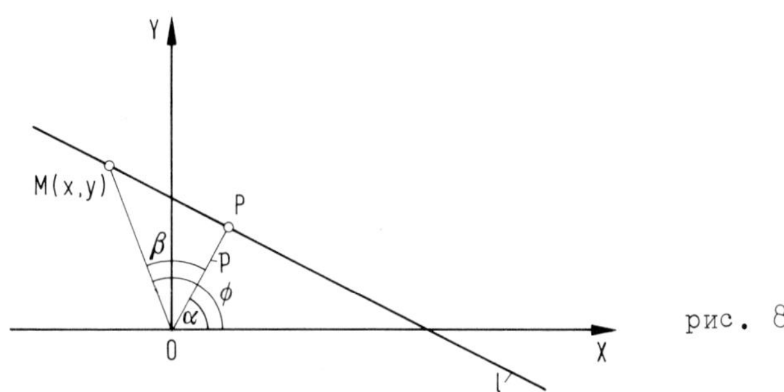

рис. 8

произво́льный 94 *arbitrary* (вол- vol- *wish*); к 52 *to;* от 52 *from, out of;* отку́да 50 *whence;* переходи́ть 76 *to go across to* (ход- *go*).

A9. Общее лине́йное уравне́ние прямо́й *general linear equation of the li*

Теоре́ма. Всякое уравне́ние первой степени относи́тельно x и y есть уравне́ние прямо́й.

Доказа́тельство. Пусть уравне́ние первой степени задано в общем виде

(5) $Ax + By + C = 0.$

Умно́жим (5) на число́ $M = \pm(A^2+B^2)^{-1/2}$, где знак M противополо́жен знаку C. Полу́чим

$$A \cdot Mx + B \cdot My + C \cdot M = 0,$$

где $A \cdot M$ и $B \cdot M$ удовлетворя́ют усло́вию

$$(A \cdot M)^2 + (B \cdot M)^2 = 1.$$

Следовательно, можно их счита́ть косинусом и синусом некоторого угла́ α. Поло́жим $A \cdot M = \cos\alpha$, $B \cdot M = \sin\alpha$, и $C \cdot M = -p$.
Тогда́ уравне́ние принима́ет вид

$$x\cos\alpha + y\sin\alpha - p = 0,$$

и следовательно представля́ет собо́й пряму́ю.

общий 107 *general;* всякий 44 *every;* первый 47 *first;* степень 107 *step, degree;* доказа́тельство 98 *proof* (каз- *show*); умно́жить 89 *multiply* (мног- mult- *many*); знак 96 *sign* (зна- *know*); противополо́жный 82 *opposite* (лаг- *lay*); следовательно 103 *consequently* (след- sequ- *follow*); можно 100 *possible* (мог- *be able*); их 41 *them* (acc. plur. of он...); некоторый 45 *some;* принима́ть 79 *take;* представля́ть 84 (ста- *set*) *represent;* собо́й *by means of itself* (instr. of себя́ 40).

A10. Уравне́ние прямо́й, проходя́щей через две данные точки
Equation of the line passing through two given points

Пусть уравне́ние иско́мой прямо́й будет

(1) $Ax + By + C = 0.$

Тогда́, для каждой из данных точек $M_1(x_1,y_1)$ и $M_2(x_2,y_2)$ име́ем

(2) $Ax_1 + By_1 + C = 0,$

(3) $Ax_2 + By_2 + C = 0.$

Для того́, чтобы уравне́ния (1), (2), (3) име́ли для A, B, C нетривиа́льные реше́ния, необходи́мо, чтобы детермина́нт, соста́вленный из коэффицие́нтов систе́мы уравне́ний был равен нулю́, т.е.

$$\begin{vmatrix} x & y & 1 \\ x_1 & y_1 & 1 \\ x_2 & y_2 & 1 \end{vmatrix} = 0,$$

или

$$\frac{x - x_1}{x_2 - x_1} = \frac{y - y_1}{y_2 - y_1} .$$

два, две 47 *two;* будет 57 *will be;* для 52 *for;* каждый 45 *each;* реше́ние 100 *solution* (рез- *cut*); необходи́мый 76 *unavoidable, necessary* (ход- *go*); составля́ть 85 *compose* (ста- pos- *set*); т.е. 43 *that is* (то есть *i.e.*).

A11. Уравне́ние прямо́й в отре́зках на ося́х
Equation of the line in segments on the axis (i.e. intercepts)

Пусть дано́ уравне́ние прямо́й в виде

$$Ax + By = -C.$$

Разделя́ на -C, полу́чим

$$\frac{x}{\frac{C}{-A}} + \frac{y}{\frac{C}{-B}} = 1$$

или

$$\frac{x}{a} + \frac{y}{b} = 1,$$

где

$$a = C/-A, \quad b = C/-B.$$

Точка пересече́ния прямо́й с осью 0x определя́ется из уравне́ния этой прямо́й $x/a + y/b = 1$ при дополни́тельном усло́вии $y=0$. Отсю́да $x=a$ и, таки́м образом, величина́ отре́зка, отсека́емого на оси 0x равно́ a. Аналоги́чно устана́вливается, что отре́зок, отсека́емый на оси 0y име́ет величину́, равную b.

разделИ́ть 95 *divide* (дел-); пересече́ние 102 *intersection* (сек- sec- *cut*); дополни́тельный 87 *supplementary* (пол- ple- *full*); тако́й 45 *such* (таки́м образом *in such a fashion, thus*); величина́ 104 *magnitude* (велик- magn- *big*); отсека́ть 102 *cut off, intersect* (сек- sec- *cut*); устана́вливать 85 *establish* (ста- sta- *set up*).

A12. Определе́ние вектора *definition of a vector*

Вектором называ́ется напра́вленный отре́зок $\overrightarrow{AB}$, $\overrightarrow{CD}$, $\overrightarrow{PR}$, $\overrightarrow{PQ}$ ...(рис. 9). Векторы называ́ются равными, если они́ паралле́льны, име́ют одина́ковы длины и одина́ковы направле́ния. Длина́ вектора называ́ется его́ модулем. На рис. 9, $\overrightarrow{AB}$ и $\overrightarrow{CD}$ равны́, но $\overrightarrow{PQ}$ и $\overrightarrow{PR}$ неравны́.

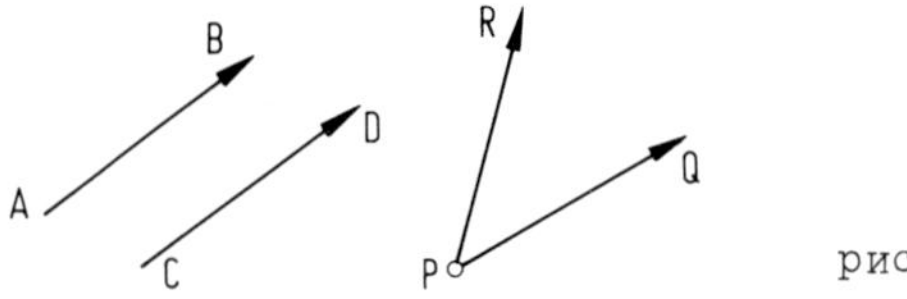

рис. 9

определе́ние 95 *definition* (дел- fin- *divide*); направля́ть 88 *direct* (прав- rect- *right*); одина́ковый 90 *uniform, the same* (один- uni- *one*); его́ 41 *its* (gen. sing. of он...); но 50 *but*.

A13. Сумма векторов *sum of vectors*

Пусть даны́ вектора a и b. Суммой a+b называ́ется вектор, нача́ло кото́рого совпада́ет с нача́лом вектора a и коне́ц кото́рого с концо́м вектора b, при усло́вии, что вектор b прило́жен к концу́ вектора a. Построе́ние суммы a+b изобра́жено на рис. 10.

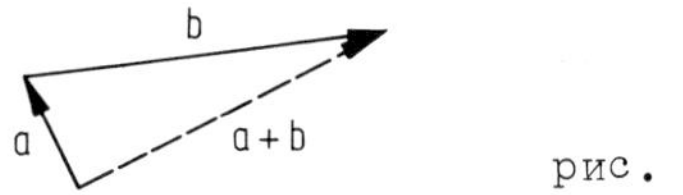

рис. 10

над 52 *over, on;* коне́ц 105 *end* (кон-); приложи́ть 82 *apply* (лаг- *lay*); построе́ние 106 *construction* (стро- stru- *construct*); изобража́ть 101 *represent* (рез- *cut*).

A14. Скаля́рные произведе́ния *scalar products*

Скаля́рным произведе́нием векторов a,b называ́ется число́, равное произведе́нию их модулей, умножённому на косинус угла́ между ними. Скаля́рное произведе́ние обознача́ется символом (a,b).

Обозна́чим угол между векторами a,b через ϕ. Тогда́

$$(a,b) = |a|\ |b| \cos\phi.$$

Следует, что скаля́рное произведе́ние обраща́ется в нуль, тогда́ и только тогда́, когда́ векторы взаи́мно перпендикуля́рны.

Если векторы a и b заданы координа́тами (т.е. прое́кциями на оси́ координа́т)

$$a = (x_1,y_1,z_1), \qquad b = (x_2,y_2,z_2),$$

то скаля́рное произведе́ние определя́ется формулой

$$(a,b) = x_1x_2 + y_1y_2 + z_1z_2.$$

Следствие. Необходи́мым и доста́точным усло́вием перпендикуля́рности векторов

$$a = (x_1,y_1,z_1) \quad \text{и} \quad b = (x_2,y_2,z_2)$$

явля́ется равенство

$$x_1x_2 + y_1y_2 + z_1z_2 = 0.$$

произведе́ние 74 *product* (вод- duc- *lead*); следовать 56 102 *to follow* (след-); обраща́ть 92 *convert* (верт- *turn;* обраща́ться в нуль *convert itself to zero, vanish*); только 51 *only;* когда́ 50 *when;* взаи́мно 79 *mutually;* следствие 103 *consequence, corollary* (след- sequ- *follow*); доста́точный 85 *sufficient* (ста- *set up*); явля́ться 90 *show itself as, be.*

A15. Общее линейное уравне́ние плоскости в простра́нстве
General linear equation of the plane in space

Теоре́ма. Каждая плоскость α определя́ется уравне́нием первой степени.

Доказа́тельство. Пусть $M_0(x_0,y_0,z_0)$ будет точка на плоскости α и p вектор, перпендикуля́рный к плоскости α. Прое́кции вектора p на оси́ координа́т обозна́чим через A,B,C.

Пусть $M(x,y,z)$ — люба́я точка в простра́нстве. Она́ лежи́т на плоскости α в том и только в том случае, когда́ $\overrightarrow{M_0M}$ перпендикуля́рен к вектору p, где

$$\overrightarrow{M_0M} = (x - x_0, y - y_0, z - z_0)$$

$$p = (A,B,C).$$

Как мы знаем, признаком перпендикуля́рности векторов $\overrightarrow{M_0M}$ и p явля́ется равенство нулью их скаля́рного произведе́ния

$$A(x - x_0) + B(y - y_0) + C(z - z_0) = 0.$$

Обознача́я число́ $Ax_0 + By_0 + Cz_0$ через $-D$, полу́чим

$$Ax + By + Cz + D = 0.$$

Мы видим, что плоскость α определя́ется уравне́нием первой степени. Теоре́ма дока́зана.

плоскость 106 *plane* (плоск- *flat*); простра́нство 107 *space;* случай 72 *event* (луч- *admit, obtain*); признак 96 *criterion* (зна- *know*); видеть 94 *see* (вид-).

A16. Параметри́ческие уравне́ния прямо́й в простра́нстве
Parametric equations of a line in space

Пусть $M(x,y,z)$ — люба́я точка прямо́й, проходя́щей через данную $M_0(x_0,y_0,z_0)$ и паралле́льной данному вектору $a = (l,m,n)$. Так как векторы

$$\overrightarrow{M_0M} = (x - x_0, y - y_0, z - z_0) \quad \text{и} \quad a = (l,m,n)$$

паралле́льны, то их координа́ты пропорциона́льны, т.е. име́ем уравне́ния

$$\frac{x - x_0}{l} = \frac{y - y_0}{m} = \frac{z - z_0}{n}.$$

Обозна́чим через t каждое из равных отноше́ний

$$\frac{x - x_0}{l} = \frac{y - y_0}{m} = \frac{z - z_0}{n} = t.$$

Отсю́да

$$x = x_0 + lt, \quad y = y_0 + mt, \quad z = z_0 + nt.$$

Это — параметри́ческие уравне́ния прямо́й. В них t рассма́тривается как произво́льно изменя́ющийся пара́метр, x,y,z — как функции от t.

их 41 *their* (gen. plur. of он...); них 41 *them* (locat. plur. of он...); рассма́тривать 106 *examine* (смотр- *look*); изменя́ть 99 *vary* (мен- *change*).

A17. Введе́ние иррациона́льных чисел *introduction of irrational numbers*

Мы изло́жим тео́рию иррациона́льных чисел, следуя Дедекинду. Рассмо́трим разбие́ние множества всех рациона́льных чисел на два подмно́жества A,A'. Мы будем называ́ть тако́е разбие́ние сече́нием, если выполня́ются усло́вия:

1. Каждое рациона́льное число́ принадлежи́т одному́ из множеств A или A';

2. Каждое число́ a множества A меньше каждого числа́ a' множества A'.

Множество A называ́ется нижним классом сече́ния, множество A' — верхним классом.

Сече́ния могут быть трёх видов:

(1) в нижнем классе A нет наибо́льшего числа́, а в верхнем классе A' есть наиме́ньшее число́ r;

(2) в нижнем классе A име́ется наибо́льшее число́ r, а в верхнем классе A' нет наиме́ньшего;

(3) ни в нижнем классе нет наибо́льшего числа́, ни в верхнем классе — наиме́ньшего.

В первых двух случаях мы говори́м, что сече́ние произво́дится рациона́льным число́м r. В третьем случае, мы счита́ем пару классов (A,A') новым объе́ктом — иррациона́льным число́м.

Числа рациона́льные и иррациона́льные называ́ются действи́тельными числами.

введе́ние 74 *introduction* (вод- duc- *lead*); изложи́ть 82 *expose, lay out, explain* (лаг- pos- *lay*); разбие́ние 104 *decomposition* (би- *beat*); множество 88 *set, aggregate, multiplicity* (мног- mult- *many*); весь 42 *all;* подмно́жество 89 *subset* (под- 52 sub-, *under*); сече́ние 102 *cut, section* (сек- sec- *cut*); принадлежа́ть 82 *belong to;* оди́н 43 *one;*

ме́ньше 49 *less;* ни́жний 46 *lower;* ве́рхний 46, 105 *upper* (верх- *top*); мочь 56 *be able to, can* (мог-); быть 57 *to be;* трёх 47 *of three* (gen. plur. of три); нет = не есть 57 *there is not;* наибо́льший 49 *greatest;* наиме́ньший 49 *least;* ни ... ни 50 *neither ... nor;* говори́ть (impf. of сказа́ть 98) *to say;* производи́ть 74 *produce, generate* (вод- duc- *lead*); тре́тий 46 47 *third;* действи́тельный 107 *real.*

A18. Непреры́вность области действи́тельных чисел
Continuity of the domain of real numbers

Рассма́тривая сече́ния в области рациона́льных чисел, мы видели, что иногда́ для тако́го сече́ния в этой области не находи́лось числа́, производя́щего сече́ние. Тепе́рь мы будем рассма́трывать сече́ния в области всех действи́тельных чисел.

Есте́ственно ставить вопро́с, всегда́ ли для тако́го сече́ния существу́ет среди́ действи́тельных чисел число́, произво́дящее это сече́ние, или и в этой области существу́ют разры́вы? Ока́зывается, что таки́х разры́вов нет.

Фундамента́льная теоре́ма Дедекинда. Для всякого сече́ния в области действи́тельных чисел существу́ет действи́тельное число́ β, кото́рое произво́дит это сече́ние. Это число́ β будет либо наибо́льшим в нижнем классе A, либо наиме́ньшим в верхнем классе A'.

непреры́вность 106 *continuity* (рыв- *break*); область 105 *domain* (влад- *possess*); иногда́ 50 *sometimes;* находи́ться 76 *find itself, be;* тепе́рь 50 *now;* есте́ственный 72 *natural;* ставить 83 *set up* (ста-); вопро́с 106 *question* (прос- *ask*); всегда́ 50 *always;* ли 51 *whether* (note the word order); среди́ 52 *among;* существова́ть 72 *exist;* разры́в 106 *discontinuity, break* (рыв-); ока́зываться 98 *show itself, turn out* (каз- *show*); либо ... либо 50 *either...or.*

A19. Точная верхняя и точная нижняя грани́цы
Least upper and greatest lower bounds

Предста́вим себе́ произво́льное бесконе́чное множество $\{x\}$ действи́тельных чисел x. Если для рассма́триваемого множества $\{x\}$ существу́ет тако́е число́ M, что все $x \leq M$, то будем говори́ть, что множество ограни́чено сверху (число́м M); в этом случае число́ M есть верхняя грани́ца множества $\{x\}$.

Если множество ограни́чено сверху, т.е. име́ет коне́чную верхнюю грани́цу M, то оно́ име́ет и бесконе́чное множество верхних грани́ц, так как, наприме́р, любо́е число́ >M также будет верхней грани́цей. Из всех верхних грани́ц нас интересу́ет наиме́ньшая (если существу́ет), кото́рую мы будем называ́ть точной верхней грани́цей или supremum или sup{x}.

точный 107 *exact* (тык- *pierce*); грани́ца 105 *bound, boundary* (гран- *border*); предста́вить 84 *set before* (ста- *set*; себе́ 40 *ourselves*); бесконе́чный 105 *infinite* (кон- fin- *end*; без 52 *without*); ограни́чить 105 *to bound* (гран- *border*); сверху 105 *from above* (верх- *top*); коне́чный 105 *finite* (кон- fin- *end*); также 51 *also*; наприме́р 50 99 *for example* (мер- *measure*); нас 40 *us* (acc. of мы *we*).

A20. Фундамента́льная теоре́ма о действи́тельных числах
Fundamental theorem on real numbers

Всегда́ ли для ограничённого сверху множества существу́ет точная верхняя грани́ца? Име́ем следующую фундамента́льную теоре́му.

Теоре́ма. Если множество {x} действи́тельных чисел ограни́чено сверху, то оно́ име́ет и точную верхнюю грани́цу.

о (об, обо) 52 *about*.

A21. Элемента́рные функции *the elementary functions*

Пусть даны́ две переме́нные x и y с областя́ми измене́ния X и Y . Тогда́ переме́нная y называ́ется функцией от переме́нной x в области её изменения X, если по некоторому правилу каждому значе́нию x из X ставится в соотве́тствие одно́ определённое значе́ние y из Y. Перечи́слим некоторые классы функций, получи́вших назва́ние элемента́рных.

1°. Целая и дробная рациона́льные функции

Функция, представля́емая многочле́ном

$$y = a_0x^n + a_1x^{n-1} + \dots + a_{n-1}x + a_n$$

($a_0, a_1, a_2, \dots$ — постоя́нные), называ́ется целой рациона́льной функцией, и отноше́ние двух таки́х многочле́нов называ́ется дробной рациона́льной функцией.

2°. Логарифми́ческая функция, т.е. функция вида

$$y = \log_a x,$$

где a — положи́тельное число́ (отли́чное от едини́цы); x принима́ет только положи́тельные значе́ния.

3°. Тригонометри́ческие функции:

$y = \sin x \ldots$

(синус, косинус, тангенс, котангенс, секанс, косеканс).

4°. Гиперболи́ческие функции.

Так называ́ются функции

$$\operatorname{sh} x = \frac{e^x - e^{-x}}{2}, \ldots.$$

5°. Обра́тные тригонометри́ческие и гиперболи́ческие функции

$y = \operatorname{arc} \sin x, \ldots; \quad y = \operatorname{Ar} \operatorname{sh} x, \ldots.$

переме́нная 99 *variable* (мен- var- *change*); измене́ние 99 *variation* (мен- var- *change*); правило 88 *rule* (прав- *right*); соотве́тствие 93 *correspondence* (вет- *speech*); перечи́слить 104 *enumerate* (чит- *reckon*); назва́ние 97 *name* (зыв- *call*); целый 107 *entire*; дробный 107 *fractional*; многочле́н 89 *polynomial* (мног- *many*; lit. many-term); постоя́нная 85 *constant* (ста- sta- *stand*); положи́тельный 82 *positive* (лаг- pos- *lay*); отли́чный 105 *distinct* (лик- *face*); едини́ца 89 *unity* (один- uni- *one*); обра́тный 92 *inverse* (верт- vert- *turn*).

A22. Преде́л функции *limit of a function*

Рассмо́трим множество чисел X. Точка a называ́ется преде́льной точкой этого множества, если в каждом откры́том промежу́тке $(a-\delta, a+\delta)$ нахо́дятся отли́чные от a значе́ния x из X. При этом точка a может принадлежи́ть X или нет.

Пусть в области X, для кото́рой a явля́ется преде́льной точкой, задана́ некоторая функция f(x). Говоря́т, что функция f(x) име́ет преде́лом число́ A при $x \to a$, если для каждого числа́ $\varepsilon > 0$ существу́ет такое число́ $\delta > 0$, что

$$|f(x) - A| < \varepsilon \quad \text{если} \quad |x - a| < \delta,\ x \in X,\ x \neq a.$$

Обознача́ют этот факт так: $\lim\limits_{x \to a} f(x) = A$.

преде́л 95 *limit* (дел- lim- *divide*); преде́льный 95 *limiting* (дел-); откры́тый 98 *open*; промежу́ток 52 *interval*; находи́ть 73 *come upon, find* (ход- *go, come*).

A23. Непреры́вность функции *continuity of a function*

Рассмо́трим функцию f(x), определённую в некоторой области $X = \{x\}$, для кото́рой x_0 явля́ется предельной точкой, причём точка x_0 принадлежи́т области определе́ния функции. Говоря́т, что функция f(x) непреры́вна при значе́нии $x = x_0$, если выполня́ется соотноше́ние

$$\lim_{x \to x_0} f(x) = f(x_0).$$

Определе́ние непреры́вности функции можно сформули́ровать в други́х терминах. Перехо́д от значе́ния x_0 к друго́му значе́нию x можно себе́ предста́вить так, что значе́нию x_0 придано приращё́ние $\Delta x_0 = x - x_0$. Тогда́ для приращё́ния функции $y = f(x) = f(x_0 + \Delta x_0)$ име́ем

$$\Delta y_0 = f(x) - f(x_0) = f(x_0 + \Delta x_0) - f(x_0).$$

Для того́, чтобы функция $f(x)$ была́ непреры́вна в точке x_0, необходи́мо и доста́точно, чтобы $\Delta y_0 \to 0$ вместе с приращё́нием Δx_0 незави́симой переме́нной. Зна́чит, непреры́вная функция характеризу́ется тем, что бесконе́чно малому приращё́нию аргуме́нта отвеча́ет бесконе́чно малое приращё́ние функции.

"На терминоло́гии ε-δ" непреры́вность функции $f(x)$ в точке x_0 сводится к следующему: для каждого числа́ $\varepsilon>0$, существу́ет тако́е число́ $\delta>0$, что

$$|f(x) - f(x_0)| < \varepsilon, \quad \text{если только } |x - x_0| < \delta.$$

Наконе́ц, "на терминоло́гии после́довательностей" непреры́вность выразится так: для каждой после́довательности значе́ний x из X:

$$x_1, x_2, \ldots, x_n, \ldots,$$

сходя́щейся к x_0, соотве́тствующая после́довательность значе́ний функции

$$f(x_1),\ f(x_2),\ \ldots,\ f(x_n),\ \ldots$$

сходится к

$$f(x_0).$$

причём 50 *where;* непреры́вный 106 *continuous* (рыв- *break*); соотноше́ние 75 *relationship* (нос- lat- *carry*); друго́й 107 *other;* перехо́д 76 *transition* (ход- i- *go*); прида́ть 95 *give to* (да- *give*); приращё́ние 106 *increment* (раст- cre- *grow*); вместе 52 106 *together with* (мест- *place*); незави́симый 94 *independent* (вис- pend- *hang*); значить 96 *mean* (зна- *know*); тем, что *by the fact that* (тем is instr. of тот 42); отвеча́ть 93 *answer, correspond* (вет- *speech*); своди́ть 74 *reduce* (вод- duc- *lead*); наконе́ц 105 *finally* (кон- fin- *end*); после́довательность 103 *sequence* (след- sequ- *follow*); сходи́ть 77 *go together, converge* (ход- *go*).

A24. Теоре́мы Гейне-Бореля и Вейерштрасса
Heine-Borel and Weierstrass theorems

Теоре́ма Гейне-Бореля. Если замкнутый промежу́ток $[a,b]$ покрыва́ется бесконе́чной систе́мой $\sum = \{\sigma\}$ откры́тых промежу́тков, то из неё всегда́ можно выделить коне́чную подсисте́му

$$\sum^{*} = \{\sigma_1,\sigma_2, \ldots, \sigma_n\},$$

кото́рая также покрыва́ет весь промежу́ток $[a,b]$.

Теоре́ма Вейерштрасса. Если функция $f(x)$ определена́ и непреры́вна в замкнутом промежу́тке $[a,b]$, то она́ ограни́чена, т.е. существу́ют таки́е коне́чные числа m и M, что

$$m \le f(x) \le M \quad \text{при} \quad a \le x \le b.$$

замкнутый 106 *closed* (мык- *to close*); покрыва́ть 98 *cover* (кры-); выделить 95 *separate out, extract* (дел- *divide*).

A25. Произво́дная функция *derivative of a function*

Пусть функция $y=f(x)$ определена́ в промежу́тке (a,b). Исходя́ из некоторого значе́ния $x=x_0$ незави́симой переме́нной x и любо́го её прираще́ния Δx, рассма́триваем соотве́тствующее прираще́ние $\Delta y = f(x_0 + \Delta x) - f(x_0)$ зави́симой переме́нной y. Если существу́ет преде́л отноше́ния прираще́ния функции Δy к прираще́нию аргуме́нта Δx при $\Delta x \to 0$, т.е. если существу́ет

$$\lim_{\Delta x\to 0} \frac{\Delta y}{\Delta x} = \lim_{\Delta x\to 0} \frac{f(x_0 + \Delta x) - f(x_0)}{\Delta x}$$

то этот преде́л называ́ется пройзво́дной функции $y=f(x)$ по незави́симой переме́нной x, при данном её значе́нии $x=x_0$.

Таки́м образом, произво́дная при данном значе́нии $x=x_0$, если существу́ет, есть определённое число́; если же произво́дная существу́ет во всём промежу́тке (a,b), т.е. при каждом значе́нии x в этом промежу́тке, то она́ явля́ется функцией от x.

Для обозначе́ния произво́дной употребля́ют разли́чные символы:

$\frac{dy}{dx}$ или $\frac{dF(x_0)}{dx}$, Лейбниц,

y' или $f'(x_0)$, Лагранж,

Dy или $Df(x_0)$, Коши.

произво́дная 74 *derivative* (вод- *lead*); исходи́ть 76 *come out, start from* (ход- *come*); зави́симый 94 *dependent* (вис- pend- *hang*); если же 51 *but if;* обозначе́ние 96 *designation* (зна- *know*); употребля́ть 106 *use* (треб- *demand*); разли́чный 105 *various* (лик- *face*).

A26. Уравне́ние каса́тельной к криво́й *equation of the tangent to a curve*

Определе́ние. Если дана́ крива́я $y=f(x)$, то каса́тельной к этой криво́й в точке $M_0(x_0, y_0)$ называ́ют преде́льное положе́ние секу́щей M_0M_1, проходя́щей через точки M_0 и M_1 данной криво́й при усло́вии, что точка M_1 неограни́ченно приближа́ется по криво́й к точке M_0.

Обозна́чим координа́ты M_1 через $(x_0 + \Delta x, y_0 + \Delta y)$ (рис. 11) и угол $\measuredangle NM_0M_1$ через α. Тогда́ углово́й коэффицие́нт секу́щей M_0M_1 равен $\operatorname{tg}\alpha$, где

$$\operatorname{tg}\alpha = \frac{NM_1}{M_0N} = \frac{\Delta y}{\Delta x} .$$

Пусть точка M_1 приближа́ется по криво́й к точке M_0. Тогда́ $\Delta x \to 0$ и угол α, изменя́ясь, приближа́ется к углу́ ϕ, образо́ванному каса́тельной M_0P с осью Ox. Ввиду́ непреры́вности функции $\operatorname{tg} x$ будет выполня́ться усло́вие

$$\lim_{\Delta x\to 0} \operatorname{tg}\alpha = \operatorname{tg}\phi .$$

Но из определе́ния произво́дной име́ем, что

$$\lim_{\Delta x\to 0} \frac{\Delta y}{\Delta x} = f'(x_0) .$$

Значит, уравне́ние каса́тельной име́ет вид

$$(y - y_0) = f'(x_0)\,(x - x_0) .$$

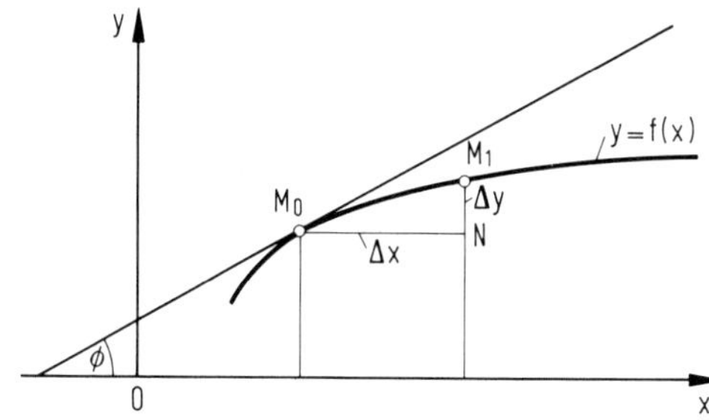

рис. 11

каса́тельная 105 *tangent* (кас- *touch*); крива́я 107 *curve;* секу́щая 102 *secant* (сек- sec- *cut*); приближа́ться 91 *approach* (близ- *near*); неограни́ченно 105 *unboundedly* (гран- *border*); образова́ть 101 *to form* (рез- *cut*); ввиду́ 52 94 *in view of* (вид- *see*); выполня́ть 87 *fulfil* (пол- *full*).

A27. Максимум и минимум функции *maximum and minimum of a function*

Определе́ние. Точка x_0 называ́ется точкой максимума (минимума) непреры́вной функции $f(x)$, если существу́ет така́я окре́стность этой точки, в кото́рой $f(x_0)$ явля́ется наибо́льшим (наиме́ньшим) значе́нием функции $f(x)$, т.е.

$$f(x_0) \geq f(x) \quad \text{(соотве́тственно, } f(x_0) \leq f(x)\text{)}.$$

Для обозначе́ния максимума или минимума существу́ет общий термин — экстре́мум.

Устано́вим необходи́мое усло́вие экстре́мума.

Теоре́ма. Если функция $f(x)$ име́ет экстре́мум в точке x_0, то в этой точке её произво́дная, если существу́ет, равна́ нулю́:

$$f'(x_0) = 0$$

Но этот необходи́мый признак не явля́ется доста́точным, т.е. из равенства нулю́ произво́дной в некоторой точке не следует, что в этой точке функция необходи́мо име́ет экстре́мум.

окре́стность 107 *neighbourhood;* установи́ть 84 *establish* (ста- sta- *set up*).

A28. Дифференци́рование суммы, разности, произведе́ния
Differentiation of a sum, difference, product

Произво́дная суммы и разности *derivative of a sum and difference*

Пусть дана функция $y = u \pm v$, где $u=u(x)$ и $v=v(x)$ суть функции, име́ющие произво́дные в некотором промежу́тке (a,b). Придава́я аргуме́нту x прираще́ние Δx, име́ем

$$\frac{d(u\pm v)}{dx} = \frac{du}{dx} \pm \frac{dv}{dx} .$$

Ита́к, произво́дная алгебраи́ческой суммы функций равна́ алгебраи́ческой сумме произво́дных. Это правило верно и для n слага́емых, $n = 3,4,5,\ldots$: если $y = u_1 + u_2 + \ldots + u_n$, то $y' = u_1' + u_2' + \ldots + u_n'$.

Произво́дная произведе́ния *derivative of a product*

Пусть дана́ функция $y=uv$. Име́ем

$$\frac{d(uv)}{dx} = u\frac{dv}{dx} + v\frac{du}{dx} ,$$

т.е. произво́дная произведе́ния двух сомножи́телей равна́ произведе́нию первого на произво́дную второ́го плюс произведе́ние второ́го на произво́дную первого.

Правило дифференци́рования произведе́ния обобща́ется. Так, если функция y явля́ется произведе́нием $y=uvw$, то

$$y' = uvw' + uv'w + u'vw.$$

разность *difference* (раз- di- *apart*); суть 56 72 *are* (from быть *to be*); промежу́ток 52 *interval;* верный 92 *true* (вер- ver- *believe*); слага́емое 82 *addend* (лаг- *lay*); сомно́житель 88 *multiplier, factor* (мног- mult- *many*); второ́й 47 *second;* обобща́ть 90 *generalize.*

A29. Произво́дная сложной функции *derivative of a composite function*

Пусть функция $u=\phi(x)$ име́ет в некоторой точке x_0 произво́дную $u' = \phi'(x)$, и пусть функция $y=f(u)$ име́ет в соотве́тствующей точке $u_0 = \phi(x_0)$ произво́дную $y'_u = f'(u)$. Тогда́ сложная функция $y = f(\phi(x))$ в точке x_0 также будет име́ть произво́дную, равную произведе́нию произво́дных функций $f(u)$ и $\phi(x)$:

$$y'_x = y'_u \cdot u'_x \quad .$$

сложный 82 *composite* (лаг- pos- *lay*); соотве́тствовать 93 *correspond* (вет- *speech*).

A30. Неопределённый интегра́л *indefinite integral*

Фундамента́льной зада́чей дифференциа́льного исчисле́ния явля́ется отыска́ние произво́дной от данной функции. Интегра́льное исчисле́ние ставит перед собо́й обра́тную зада́чу: отыска́ть функцию по данной её произво́дной.

Определе́ние. Функция $F(x)$ в данном промежу́тке называ́ется интегра́лом от функции $f(x)$, если во всём этом промежу́тке $f(x)$ явля́ется произво́дной для функции $F(x)$,

$$F'(x) = f(x) \quad \text{или} \quad dF(x) = f(x)dx.$$

Теоре́ма. Если в некотором промежу́тке функция $F(x)$ есть интегра́л от функции $f(x)$, то и функция $F(x) + C$, где C — люба́я посто́янная, также будет интегра́лом. Обра́тно, каждую фу́нкцию, интегра́л от $f(x)$, можно предста́вить в этой форме.

зада́ча 95 *problem* (да- *give*); исчисле́ние 104 *calculus* (чит- *reckon*); отыска́ние 97 *search* (иск- *ask, seek*); перед 52 *before.*

A31. Интегри́рование путём заме́ны переме́нной
Integration by change of variable

Если знаем, что

$$\int f(x)dx = F(x) + C ,$$

(или иначе, что $F'(x) = f(x)$), то справедли́во равенство

$$\int f\{\phi(t)\}\phi'(t)dt = F\{\phi(t)\} + C ,$$

где $\phi(t)$ — люба́я дифференци́руемая функция.
Рассмо́трим, наприме́р, интегра́л

$$\int \sin^3 x \cos x\, dx \ .$$

Так как $d \sin x = \cos x\, dx$, то полага́я $t=\sin x$, преобразу́ем подинтегра́льное выраже́ние к виду

$$\sin^3 x \cos x\, dx = \sin^3 x\, d \sin x = t^3\, dt.$$

Интегра́л от этого выраже́ния вычисля́ется легко́:

$$\int t^3 dt = t^4/_4 + C ,$$

или, представля́я $\sin x$ вместо t ,

$$\int \sin^3 x \cos x\, dx = (\sin^4 x)/_4 + C .$$

путём 52 *by means of;* заме́на 98 *change* (мен-)*;* ина́че 50 *otherwise;* выраже́ние 101 *expression* (рез- *cut*); справедли́вый 88 *correct* (прав- rect- *right*); рассмотре́ть 106 *examine* (смотр- *look*); преобразова́ть 101 *transform* (рез- *cut*); вычисля́ть 103 *compute* (чит- *reckon*); легко́ 105 *easily* (лег- *ease*); вместо 52 106 *in place of* (мест-).

A32. Интегри́рование по частя́м *integration by parts*

Пусть $u=f(x)$ и $v=g(x)$ будут две функции от x , име́ющие непреры́вные произво́дные $u'=f'(x)$ и $v'=g'(x)$. Тогда́, по правилу дифференци́рования произведе́ния,

$$d(uv) = u\, dv + v\, du, \quad \text{т.е.} \quad u\, dv = d(uv) - v\, du .$$

Интегра́лом от выраже́ния $d(uv)$ будет uv ; поэ́тому име́ет место формула

$$\int u\, dv = uv - \int v\, du .$$

Эта формула выража́ет правило интегри́рования по частя́м. Оно́ прово́дит интегри́рование выраже́ния $u\, dv = uv'dx$ к интегри́рованию выраже́ния $v\, du = v\, u'dx$.

Пусть, например, требуется вычислить интеграл $\int x \cos x\, dx$. Положим

$$u = x\ ,\quad dv = \cos x\, dx\ ,\quad \text{так что}\quad du = dx\ ,\quad v = \sin x\ ,$$

и по формуле (1)

$$\int x \cos x\, dx = \int x\, d \sin x = x \sin x - \int \sin x\, dx = x \sin x + \cos x + C.$$

часть 107 *part* (част-); выражать 101 *express* (рез- *cut*); проводить 74 *produce, reduce* (вод- duc- *lead*); требовать 106 *demand* (треб-); положить 80 *to lay, set* (лаг- *lay*).

А33. Фундаментальная теорема интегрального исчисления
Fundamental theorem of the integral calculus

Пусть дана в промежутке $[a,b]$ непрерывная функция $y = f(x)$. Рассмотрим фигуру ABCD (рис. 12), ограниченную кривой $y=f(x)$ и отрезком оси x. Чтобы определить величину площади P этой фигуры, мы изучим поведение площади переменной фигуры AMND, лежащей между ординатой $f(a)$ и ординатой $f(x)$, отвечающей произвольному в промежутке $[a,b]$ значению x. При изменении x эта площадь будет соответственно изменяться, причём каждому x отвечает определённое её значение, так что площадь фигуры AMND является некоторой функцией от x; обозначим её через $P(x)$.

Изучаем производную этой функции. Если x получает некоторое приращение Δx, то площадь $P(x)$ получит приращение ΔP.

Обозначим через m и M, соответственно, наименьшее и наибольшее значения функции $f(x)$ в промежутке $[x, x + \Delta x]$.
Тогда

$$m\Delta x \le \Delta P \le M\Delta x\ ,$$

откуда

$$m \le \frac{\Delta P}{\Delta x} \le M\ .$$

Если $\Delta x \to 0$, то, вследствие непрерывности, $m \to f(x)$ и $M \to f(x)$, а тогда и

$$P'(x) = \lim_{\Delta x \to 0} \frac{\Delta P}{\Delta x} = f(x)\ .$$

Таким образом, мы приходим к теореме: производная от переменной площади $P(x)$ по абсциссы x равна ординате $y = f(x)$.

Следовательно, переме́нная площадь P(x) представля́ет собо́й интегра́л от данной функции y = f(x), кото́рая обраща́ется в нуль при x=a. Поэ́тому, если име́ем интегра́льную функцию F(x) для функции f(x), и поэ́тому

$$P(x) = F(x) + C ,$$

то постоя́нную C легко́ определи́ть, положи́в здесь x = a:

$$0 = F(a) + C , \quad \text{так что} \quad C = -F(a) ,$$

и

$$P(x) = F(x) - F(a) .$$

Чтобы получи́ть площадь P всей фигу́ры ABCD поста́вим x = b. Поэ́тому

$$P(x) = F(b) - F(a) .$$

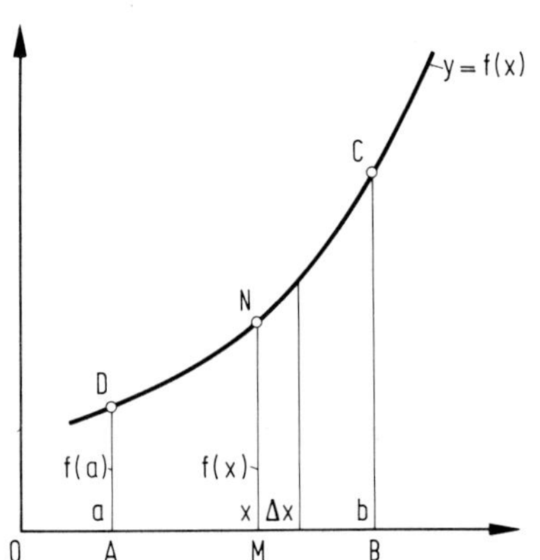

рис. 12

площадь 106 *area* (плоск- *flat*); изучи́ть 107 *study* (ук- *become accustomed to*); поведе́ние 74 *conduct* (вод- duc- *lead*); вследствие 52 103 *in consequence of* (след- seq- *follow*); приходи́ть 77 *arrive* (ход- *go, come*); здесь 50 *here;* поста́вить 83 *set* (ста-).

SECTION B

EXTRACTS FROM ELEMENTARY ALGEBRA AND ANALYSIS

B1. Опера́ции над мно́жествами *operations on sets*

Объедине́нием $A \vee B$ множеств A и B называ́ется множество элеме́нтов, принадлежа́щих либо A, либо B, либо A и B. Пересече́нием $A \wedge B$ называ́ется множество элеме́нтов, принадлежа́щих и A и B. Разность $A \setminus B$ называ́ется множество элеме́нтов A и не B.

объедине́ние 89 *union* (один- uni- *one*).

B2. Свойства операций над множествами
Properties of the operations on sets

1) Коммутати́вность объедине́ния
   $A \vee B = B \vee A$.
2) Ассоциати́вность объедине́ния
   $A \vee (B \vee C) = (A \vee B) \vee C$.
3) Коммутати́вность пересече́ния
   $A \wedge B = B \wedge A$
4) Ассоциати́вность пересече́ния
   $A \wedge (B \wedge C) = (A \wedge B) \wedge C$.
5) Дистрибути́вность пересече́ния относи́тельно объедине́ния
   $A \wedge (B \vee C) = (A \wedge B) \vee (A \wedge C)$.
6) Дистрибути́вность объедине́ния относи́тельно пересече́ния
   $A \vee (B \wedge C) = (A \vee B) \wedge (A \vee C)$.

свойство 45 *property*.

B3. Взаи́мно однозна́чное соотве́тствие *one-to-one correspondence*

Взаи́мно однозна́чным соотве́тствием между множествами X и Y называ́ется соотве́тствие, име́ющее следующие свойства:

1) каждому элеме́нту множества X соотве́тствует оди́н и только оди́н элемент множества Y,

2) разли́чным элеме́нтам множества X соотве́тствуют разли́чные элеме́нты множества Y,

3) всякий элеме́нт множества Y соотве́тствует по меньшей мере одному́ элеме́нту множества X.

Первые два свойства определя́ют взаи́мно однозна́чные отобра-же́ния множества X на некоторое подмно́жество множества Y. В этом случае говоря́т о взаи́мно однозна́чном отображе́нии X в Y.

однозна́чный 89 96 *one-valued* (один- *one;* зна- *know*); мера 99 *measure* (мер-); по меньшей мере *at least* (lit. by least measure); отображе́ние 101 *mapping* (рез- *cut*).

B4. Эквивале́нтные множества *equivalent sets*

Определе́ние. Два множества X и Y, между кото́рым можно устано-ви́ть взаи́мно однозна́чное соотве́тствие, называ́ются эквивале́нтными, что обознача́ется символом $X \sim Y$. Об эквивале́нтных множествах говоря́т, что они́ име́ют одина́ковую мощность.

Соотноше́ние эквивале́нтности облада́ет следующими свойствами:

1) рефлекси́вностью: $X \sim Y$

2) симме́трией: если $X \sim Y$, то и $Y \sim X$,

3) транзити́вностью: если $X \sim Y$ и $Y \sim Z$, то $X \sim Z$.

мощность 100 *power, cardinality* (моч- *be able*).

B5. Упоря́доченные множества *ordered sets*

Определе́ние. Множество M называ́ется упоря́доченным, если между его́ элеме́нтами устано́влено некоторое отноше́ние $a<b$, облада́ющее следующими свойствами:

1) между любы́ми элеме́нтами a и b существу́ет одно́ и только одно́ из соотноше́ний: $a=b$, $a<b$, $b<a$.

2) для любы́х элеме́нтов a,b,c, из $a<b$, $b<c$ следует $a<c$.

упоря́дочить 106 *to order* (ряд- *row*); облада́ть 105 *possess* (влад-).

B6. Подо́бные множества *similar sets*

Определе́ние. Упоря́доченные множества A и B называ́ются подо́бными, если между ними можно установи́ть взаи́мно однозна́чное соотве́тствие, тако́е, что из $a_1 \to b_1$, $a_2 \to b_2$ и $a_1 < a_2$, следует $b_1 < b_2$. О подо́бных множествах говоря́т, что они́ име́ют оди́н и тот же тип. Отноше́ние подо́бия множеств A и B обознача́ется так: A≈B.

Подо́бные множества эквивале́нтны: из A≈B следует A∼B. Если коне́чные упоря́доченные множества эквивале́нтны, то они подо́бны.

подо́бный 105 *similar* (доб- *suitable*); подо́бие 105 *similarity* (доб-)

B7. Алгебраи́ческие опера́ции *algebraic operations*

Определе́ние. Тако́е соотве́тствие, что каждой упоря́доченной паре a,b элеме́нтов множества M соотве́тствует еди́нственный элеме́нт c того́ же множества M, называ́ется алгебраи́ческой опера́цией, определённой в M.

Други́ми слова́ми, алгебраи́ческая опера́ция, определённая в множестве M, есть функция, определённая на множестве всех упоря́доченных пар элеме́нтов M, значе́ния кото́рой принадлежа́т M.

еди́нственный 89 *unique* (один- uni- *one*); слово 107 *word*.

B8. Кольца *rings*

Непусто́е множество R называ́ется кольцо́м, если в нём определены́ две алгебраи́ческие опера́ции: сложе́ние, ставящее в соотве́тствие каждым двум элеме́нтам a и b элеме́нт a+b, называ́емый их суммой, и умноже́ние, ставящее в соотве́тствие каждым двум элеме́нтам a и b элеме́нт ab, называ́емый их произведе́нием, причём эти опера́ции облада́ют следующими свойствами:

1. Коммутати́вностью сложе́ния: $a+b = b+a$
2. Ассоциати́вностью сложе́ния: $a+(b+c) = (a+b) + c$
3. Обрати́мостью сложе́ния: для любы́х a и b из R уравне́ние $a+x = b$ име́ет реше́ние, т.е. существу́ет элеме́нт $c \in R$ такой, что $a+c = b$
4. Коммутати́вностью умноже́ния: $ab = ba$
5. Ассоциати́вностью умноже́ния: $a(bc) = (ab)c$
6. Дистрибути́вностью умноже́ния относи́тельно сложе́ния: $(a+b)c = ac + bc$.

кольцо́ 107 *ring;* непусто́й 49 *non-empty;* сложе́ние 82 *addition* (лаг- *lay*); умноже́ние 88 *multiplication* (мног- mult- *many*).

B9. Приме́ры колец *examples of rings*

1) Множество целых, рациона́льных, действи́тельных, компле́ксных чисел
2) Множество, состоя́щее из одного́ числа́ 0
3) Множество компле́ксных чисел $a+bi$ с целыми a и b — так называ́емое кольцо́ целых гауссо́вских чисел
4) Множество действи́тельных чисел вида $a+b\sqrt{2}$, где a и b — целые числа.

состоя́ть 85 *consist of* (ста- sist- *set up*); так называ́емый *so-called.*

B10. Нуль кольца *the zero of a ring*

Определение. Нулём кольца́ R называ́ется тако́й элеме́нт 0, кото́рый удовлетворя́ет усло́виям: $a+0 = 0+a = a$ для любо́го элеме́нта a из R.

Теоре́ма. Во всяком кольце́ существу́ет нуль и прито́м только оди́н.

прито́м 50 *moreover.*

B11. Области целостности *domains of integrity*

Теорема. Если оди́н из сомножи́телей равен нулю́, то и произведе́ние равно́ нулю́, т.е. для любо́го элеме́нта a кольца́ R име́ем $a \cdot 0 = 0 \cdot a = 0$.

Одна́ко обра́тная теоре́ма не верна́ для любы́х колец. Наприме́р, пары (a,b) целых чисел образу́ют кольцо́, если опера́ции определены́ по формулам

$$(a,b) + (c,d) = (a+c, b+d); \quad (a,b)(c,d) = (ac, bd),$$

и в этом кольце́ явля́ется нулём пара $(0,0)$. Если $a \neq 0$ и $b \neq 0$, то пары $(a,0)$ и $(0,b)$ отли́чны от нуля́ кольца́, но

$$(a,0)(0,b) = (0,0).$$

Элеме́нты a и b кольца́, для кото́рых $a \neq 0$, $b \neq 0$, но $ab = 0$, называ́ются дели́телями нуля́. Кольцо́ без дели́телей нуля́ называ́ется областью целостности.

целостность 107 *wholeness, integrity;* одна́ко 50 *nevertheless;* дели́тель 95 *divisor* (дел-); без 52 *without.*

B12. По́ля́ *fields*

Полем называ́ется кольцо́ P , облада́ющее следующими свойствами:

1) Обрати́мость умноже́ния: для любы́х a и b из P , где $a \neq 0$, уравне́ние $ax=b$ име́ет реше́ние, т.е. существу́ет элеме́нт $q \in P$ тако́й, что $aq=b$.
2) P соде́ржит по меньшей мере оди́н элеме́нт, отли́чный от нуля́.

Приме́ры поле́й:

1) Множество рациона́льных, действи́тельных, компле́ксных чисел.
2) Множество компле́ксных чисел $a+bi$ с любы́ми рациона́льными a,b (так называ́емое поле гауссовых чисел).
3) Множество действи́тельных чисел вида $a+b\sqrt{2}$ с любы́ми рациона́льными a и b .
4) Множество из двух элеме́нтов (кото́рые мы обозна́чим через 0 и 1) при следующем определе́нии опера́ций
$0 + 0 = 1 + 1 = 0$, $0 + 1 = 1 + 0 = 1$,
$0 \cdot 0 = 0 \cdot 1 = 1 \cdot 0 = 0$, $1 \cdot 1 = 1$.

поле 107 *field;* обрати́мость 92 *invertibility* (верт- vert- *turn*).

B13. Едини́ца *unit element*

Определе́ние. Едини́цей кольца́ (в частности, поля) называ́ется тако́й элеме́нт 1 , кото́рый удовлетворя́ет усло́виям $a \cdot 1 = 1 \cdot a = a$ для любо́го элеме́нта a.

Теоре́ма. Во всяком поле существу́ет едини́ца и прито́м только одна́. При этом $1 \neq 0$. Если кольцо́ соде́ржит по меньшей мере одну́ едини́цу, то она будет еди́нственной едини́цей; одна́ко существу́ют кольца без едини́цы, наприме́р, кольцо́ целых чисел вида

$\ldots -2n, -n, 0, n, 2n \ldots, n > 1$.

частность 107 *detail, particularity* (част- *part*); в частности *in particular*.

B14. Делéние *division*

Теорéма. Умножéние в поле обладáет едúнственной обрáтной операцией, определённой для любóй пары элемéнтов, в котóрой вторóй элемéнт отлúчен от 0; другúми словáми, уравнéния $ax=b$ и $ya=b$ при $a\neq 0$ имéют едúнственное решéние. Обрáтная операция для умножéния называется делéнием и обозначáется через b/a.

B15. Характерúстика поля; простые поля
Characteristic of a field; prime fields

Определéние. Характерúстикой поля P называется числó 0, если $na \equiv a+a+\ldots+a \neq 0$ для любóго элемéнта $a\neq 0$ и любóго целого числá $n\neq 0$; но если имéется (простóе) числó p, такóе, что $pa=0$ для любóго элемéнта a, то характерúстикой поля P называется числó p.

Так как для числá 1 и любóго целого n будет $n\cdot 1 = n$, то все числовые поля имéют характерúстику 0.

Примéром поля характерúстики p (для любóго простóго p) является кольцó вычетов по модулю p.

Определéние. Поле, не имéющее собственных подполéй, называется простым.

Теорéма. Любое поле содéржит простóе подпóле и притóм только однó.

простóй 106 *simple, prime* (прост-); числовóй 103 *numerical* (чит- *reckon*); вычет 104 *residue* (чит- *reckon*); собственный 45 *proper*; подполе 107 *subfield*.

B16. Изоморфúзм *isomorphism*

Определéние. Два множества M и M', в каждом из котóрых определенá (через некоторые услóвия) систéма отношéний S, называются изомóрфными (в символах $M\cong M'$) относúтельно данной систéмы отношéний, если между ними существýет взаúмно однознáчное соответствие, такóе, что если любые элемéнты множества M нахóдятся в любóм из отношéний систéмы S, то соотвéтствующие элемéнты множества M' нахóдятся в том же отношéнии, и обрáтно.

Например, в случае отсýтствия отношéний определéние изоморфúзма обращается в определéние эквивалéнтности, а в случае одногó отношéния $a<b$ — в отношéние подóбия.

отсýтствие 72 *absence*.

<u>B17. Располо́женные кольца</u> *ordered rings*

С отноше́нием поря́дка в кольце́ связаны поня́тия положи́тельности, отрица́тельности и абсолю́тной величины́ элеме́нтов.

Определе́ние. Кольцо́ (в частности, поле) R называ́ется располо́женным, если для его́ элеме́нтов определено́ свойство быть положи́тельным, удовлетворя́ющее следующим усло́виям:

1) для любо́го элеме́нта $a \in R$ име́ет место одно́ и только одно́ из соотноше́ний $a=0$, a — положи́телен, $-a$ положи́телен.
2) Если a и b положи́тельны, то $a+b$ и ab также положи́тельны.

расположи́ть 82 *dispose, arrange, order* (лаг- pos- *lay*); связа́ть 105 *to connect* (вяз- *knot*); положи́тельность 82 *positivity* (лаг- pos- *lay*); отрица́тельность 106 *negativity* (реч- *speak*); место 106 *place, locus* (мест-).

<u>B18. Свойства располо́женных колец</u> *porperties of ordered rings*

<u>Теоре́ма</u>. Если в располо́женном кольце́ R определи́ть поря́док, считая $a>b$ тогда́ и только тогда́, когда́ $a-b$ положи́телен, то R будет упоря́доченным множеством, причём нуль будет меньше всех положи́тельных и больше всех отрица́тельных элеме́нтов.

<u>Теоре́ма</u>. Располо́женное кольцо́ не име́ет дели́телей нуля́.

<u>Теоре́ма</u>. Характери́стика располо́женного поля P равна́ нулю́.

<u>Теоре́ма</u>. Сумма квадра́тов (и, в частности, всякий квадра́т) коне́чного числа́ элеме́нтов располо́женного кольца́ больше или равно́ нулю́, причём равенство име́ет место только в том случае, когда́ все данные элеме́нты равны́ нулю́.

<u>Определе́ние</u>. Располо́женное кольцо́ называ́ется плотным, если для любы́х двух разли́чных элеме́нтов a и b существу́ет элеме́нт, лежа́щий между a и b, т.е. тако́й, что или $a<c<b$, или $b<c<a$.

<u>Теоре́ма</u>. Всякое располо́женное поле плотно.

больше 49 *greater;* плотный 106 *dense* (плот- *thick*).

B19. Аксио́ма Архимеда *axiom of Archimedes*

Есть свойство чисел, кото́рое не перено́сится на любы́е располо́женные кольца. Это — выполне́ние так называ́емой аксио́мы Архимеда.

Определе́ние. Кольцо́ (в частности, поле) называ́ется архимедо́вски располо́женным, если оно́ облада́ет следующим свойством:

Аксио́ма Архиме́да: для любы́х элеме́нтов a и b кольца́, где b>0, существу́ет натура́льное число́ n тако́е, что nb>a.

Приме́р неархимедо́вски располо́женного кольца́
Example of a non-Archimedeanly ordered ring

Пусть R есть кольцо́ многочле́нов

$$f(x) = a_0 + a_1 x + a_2 x^2 + \ldots + a_n x^n$$

с рациона́льными коэффицие́нтами (при обы́чных опера́циях сложе́ния и умноже́ния). Будем счита́ть многочле́н положи́тельным, если его́ коэффицие́нт a_n положи́телен. Легко́ видеть, что R — располо́женное кольцо́. Но $1>0$, $n\cdot 1 = n<x$ при любо́м натура́льном n, так как $x-n>0$. Значит, R — неархимедо́вски располо́женное кольцо́.

переноси́ть 75 *carry across, transfer* (нос- fer- *carry*); выполне́ние 87 *fulfilment* (полн- *full*); обы́чный 107 *usual* (ук- *be accustomed to*).

B20. Нату́ральные числа *the natural numbers*

Определе́ние (Пеано). Натура́льными числами называ́ются элеме́нты всякого непусто́го множества N , в кото́ром для некоторых элеме́нтов a и b существу́ет отноше́ние b следует за a (число́, следующее за a , будем обознача́ть через a′) удовлетворя́ющее следующим аксио́мам:

1) Существу́ет число́ 1, не следующее ни за каки́м число́м, т.е. $a'\neq 1$ для любо́го числа́.
2) Для любо́го числа a существу́ет следующее за ним число́ a′ и прито́м только одно́, т.е. из $a=b$ следует $a'=b'$.
3) Любо́е число́ следует не более чем за одни́м число́м, т.е. из $a'=b'$ следует $a=b$.
4) Аксио́ма инду́кции. Любо́е подмно́жество M множества N натура́льных чисел, облада́ющее свойствами:
   А) 1 принадлежит M,
   Б) если число́ a принадлежи́т M , то следующее число́ a′ также принадлежи́т M ,

   соде́ржит все натура́льные числа, т.е. совпада́ет с N.

за 52 *after, in the capacity of;* чем 50 *than;* содержа́ть 105 *contain* (держ- ten- *hold*).

В21. Сложе́ние и умноже́ние натура́льных чисел
Addition and multiplication of natural numbers

Определе́ние. Сложе́нием натура́льных чисел называ́ется тако́е соотве́тствие, кото́рое натура́льным числам a и b сопоставля́ет одно́ и только одно́ натура́льное число́ a+b и облада́ет следующими свойствами:

1) $a+1 = a'$ для любо́го a,

2) $a+b' = (a+b)'$ для любы́х a и b.

Числа a и b называ́ются слага́емыми, а число́ a+b - их суммой.

Теоре́ма. Сложе́ние натура́льных чисел существу́ет и прито́м только одно́. Други́ми слова́ми, сложе́ние всегда́ выполни́мо однозна́чно.

Определе́ние. Умноже́нием натура́льных чисел называ́ется тако́е соотве́тствие, кото́рое натура́льным числам a и b сопоставля́ет одно́ и только одно́ натура́льное число́ ab и облада́ет следующими свойствами:

1) $a\cdot 1 = a$ для любо́го a.

2) $ab' = ab+a$ для любы́х a и b.

Числа a и b называ́ются сомножи́телями, а число́ ab — произведе́нием.

сопоставля́ть 85 *to associate* (ста- set).

В22. Поря́док натура́льных чисел *order of the natural numbers*

Определе́ние. Если для данных чисел a и b существу́ет число́ k тако́е, что $a=b+k$, то говоря́т, что a больше b, и b меньше a ($a>b$, $b<a$).

Теоре́ма. 1) Для любы́х чисел a и b име́ет место одно́ и только одно́ из соотношений $a = b$, $a>b$, $b>a$.

2) Из $a>b$, $b>c$ следует $a>c$.

Други́ми слова́ми, множество N натура́льных чисел явля́ется упоря́доченным множеством.

Теоре́ма. Едини́ца — наиме́ньшее из натура́льных чисел, т.е. $a\geq 1$ для любо́го a.

Теоре́ма. Если $a<b$, то $a+1\leq b$.

Теоре́ма. Любо́е непусто́е множество A натура́льных чисел соде́ржит наиме́ньшее число́, т.е. число́, меньшее всех други́х чисел данного множества.

B23. Вычита́ние и деле́ние натура́льных чисел
Subtraction and division of natural numbers

Алгори́фм Евклида *Euclid's algorithm*

Определе́ние. Вычита́нием натура́льных чисел называ́ется опера́ция, обра́тная сложе́нию, т.е. соотве́тствие, кото́рое числам a и b сопоставля́ет число a-b (называ́емое разностью a и b) тако́е что

$$(a-b) + b = a .$$

Деле́нием называ́ется опера́ция, обра́тная умноже́нию.

Теоре́ма. (Алгори́фм деле́ния с оста́тком) Если a>b и a не делится на b ($a \nmid b$), то существу́ет одна́ и только одна́ пара чисел q и r така́я, что

$$a = bq + r, \quad r<b .$$

Определе́ние. Наибо́льшее из чисел, делящих каждое из чисел a,b называ́ется Наибо́льшим Общим Дели́телем (НОД) чисел a и b.

Евклиду принадлежи́т метод отыска́ния Наибо́льшего Общего Дели́теля (НОД), даю́щий также и доказа́тельство его́ существова́ния.

вычита́ние 104 *subtraction* (чит- *reckon*); оста́ток 85 *remainder* (ста- *stand*); дава́ть 95 *to give* (да-).

B24. Фундамента́льная теоре́ма арифме́тики
Fundamental theorem of arithmetic

Натура́льное число́ p называ́ется просты́м, если оно́ отли́чно от 1 и не име́ет дели́телей, кроме p и 1. Число́, отли́чное от 1 и не просто́е, называ́ется составны́м. Число́ 1 не счита́ется ни просты́м ни составны́м.

Теоре́ма. Любо́е натура́льное число́ n>1 облада́ет по меньшей мере одни́м просты́м дели́телем p (наиме́ньшее из его́ дели́телей n, отли́чных от 1).

Теоре́ма. Для каждого просто́го числа́ p существу́ет просто́е число́, больше p; таки́м образом, после́довательность просты́х чисел 2, 3, 5,... бесконе́чен.

Доказа́тельство. Пусть $p_1, p_2, \ldots, p_n = p$ — все просты́е числа $\leq p$. Образу́ем число́

$$n' = p_1 p_2 \ldots p_n + 1 .$$

Это число́ не делится ни на одно́ из чисел $p_1, p_2, \ldots, p_n$, но мы видели, что оно́ делится на некоторое просто́е число́ q. Значит q>p.

Число́ n′ ука́занного вида не обя́зано быть просты́м. Наприме́р,

$$2\cdot3\cdot5\cdot7\cdot11\cdot13 + 1 = 30031 = 59 \cdot 509 .$$

Фундамента́льная теоре́ма арифме́тики. Любо́е натура́льное числó, отли́чное от 1, разлага́ется в произведе́ние просты́х чисел и притóм еди́нственным образом до поря́дка сомножи́телей.

кроме 52 *beyond, except;* составнóй 85 *composite* (ста- pos- *set*); указа́ть 98 *indicate* (каз- *show*); обяза́ть 105 *bind, compel* (вяз- *knot*); разлага́ть 82 *expand* (лаг- *lay*).

B25. Принцип расшире́ния в арифме́тике и алгебре
The extension principle in arithmetic and algebra

Чтобы определи́ть целые, рациона́льные, действи́тельные и компле́ксные числа, а также многочле́ны и алгебраи́ческие дроби, мы после́довательно постро́им ряд расшире́ний множества A (множества натура́льных чисел), облада́ющих следующими свойствами по отноше́нию к расширя́емому множеству B :

1) A есть подмнóжество множества B .
2) Интересу́ющие нас опера́ции или отноше́ния элеме́нтов множества A определены́ также для элеме́нтов множества B , причём их значе́ние для элеме́нтов A , рассматрива́емых как элеме́нты B, совпада́ют с тем, какóй они́ име́ли до расшире́ния в множестве A.
3) В множестве B выполни́ма опера́ция, котóрая в A была́ невыполни́ма или не всегда́ выполни́ма.
4) Расшире́ние B явля́ется минима́льным из всех расшире́ний данного A , облада́ющих свойствами 1), 2), 3), и определя́ется данным A однозна́чно с точностью до изоморфи́зма.

расшире́ние 90 *extension* (шир- *wide*); дробь 107 *fraction;* после́довательно 103 *successively;* постро́ить 106 *construct* (стро- stru-); ряд 106 *row, series;* расширя́ть 90 *widen, extend* (шир-); до 52 *to, up to, before;* точность 107 *precision* (тык- *pierce*).

B26. Выполни́мость опера́ций в расшире́нии
Performability of operations in an extension

Объясня́ем на приме́рах требование выполни́мости опера́ций.

Для натура́льных чисел не всегда́ выполни́мо вычита́ние. В области целых чисел оно́ всегда́ выполни́мо. Для целых чисел не всегда́ выполни́мо деле́ние. Для рациона́льных чисел оно выполни́мо всегда́ (кроме деле́ния на 0). Для рациона́льных чисел не всегда́ выполни́ма опера́ция перехо́да к преде́лу. Для действи́тельных чисел она́ всегда́ выполни́ма. Для действи́тельных чисел не всегда́ выполни́ма опера́ция вычисле́ния квадра́тного корня. Для компле́ксных чисел она всегда́ выполни́ма. Тем же принципом в алгебре расширя́ют одно́ поле, где данный многочле́н не име́ет корне́й, до поля, в кото́ром он име́ет корень, т.е. выполни́ма опера́ция реше́ния данного уравне́ния.

выполни́мость 87 *fulfillability, performability* (полн- *full*); объясня́ть 91 *clarify* (яс- clar- *clear*); требование 106 *requirement* (треб- *demand*); корень 107 *root*.

B27. Классы эквивале́нтности *equivalence classes*

Теоре́ма. Если для элеме́нтов множества M определено́ отноше́ние эквивале́нтности $a \sim b$ (слова́ми, a эквивале́нтно b), т.е. отноше́ние облада́ющее следующими свойствами:

1) $a \sim a$
2) если $a \sim b$, то $b \sim a$,
3) если $a \sim b$, $b \sim c$, то $a \sim c$,

то этим однозна́чно определено́ разбие́ние множества M на непересека́ющиеся подмно́жества, облада́ющие тем свойством, что любы́е элеме́нты одного́ и того́ же подмно́жества эквивале́нтны и любы́е элеме́нты разли́чных подмно́жеств неэквивале́нтны (разбие́ние на классов эквивале́нтных элеме́нтов).

B28. Кольцо́ целых чисел до изомо́рфизма
The ring of integers up to isomorphism

За исхо́дный элеме́нт констру́кции кольца́ целых чисел принима́ем упоря́доченную пару (a,b) натура́льных чисел. Пусть M — множество всех таки́х пар. Определи́м отноше́ние эквивале́нтности пар так:

$$(a,b) \sim (c,d)$$

тогда́ и только тогда́, когда́

$$a + d = b + c \ .$$

Далее, определя́ем сложе́ние и умноже́ние пар так:

$(a,b) + (c,d) = (a+c,\ b+d)$,

$(a,b) \cdot (c,d) = (ac+bd,\ ad+bc)$.

Пусть C_0 есть множество всех классов эквивале́нтных пар множества M. Суммой (произведе́нием) двух классов α и β из C_0 называ́ется тот класс $\alpha+\beta$ (соотве́тственно $\alpha\beta$), кото́рый соде́ржит сумму (произведе́ние) пары класса α и пары класса β.

<u>Теоре́ма</u>. Множество C_0 с этими опера́циями есть кольцо́.

исхо́дный 76 *initial* (ход- *go*).

<u>B29. Кольцо́ целых чисел</u> *the ring of integers*

Но кольцо́ C_0 не удовлетворя́ет нашему определе́нию кольца́ целых чисел, потому́ что не соде́ржит натура́льных чисел: его́ элеме́нты — классы эквивале́нтных пар натура́льных чисел. Чтобы получи́ть из C_0 кольцо́ целых чисел необходи́мо включи́ть в C_0 множество натура́льных чисел N.

Любо́й класс α кольца́ C_0, отли́чный от нуля́, состои́т из пар (a,b), где $a \neq b$. Пусть класс α называ́ется классом первого рода, если $a>b$, т.е. если $a=b+k$, где k — натура́льное число́, и второ́го рода, если $a<b$. Пусть N_1 и N_2 — соотве́тственно множества классов первого и второ́го рода. Легко́ показа́ть, что множество N_1 классов первого рода изомо́рфно множеству N натура́льных чисел относи́тельно опера́ций сложе́ния и умноже́ния.

Постро́им тепе́рь иско́мое кольцо́ целых чисел C. Пусть C — множество, полу́ченное из C_0 путём заме́ны каждого класса $\{a,b\}$ первого рода натура́льным число́м $k=a-b$.

<u>Теоре́ма</u>. Кольцо́ C , постро́енное выше, есть кольцо́ целых чисел.

наш 45 *our;* потому́ что 50 *because;* род 106 *genus, kind* (род- *generation*); показа́ть 98 *show* (каз-).

B30. Поле рациона́льных чисел *the field of rational numbers*

За исхо́дный элеме́нт построе́ния поля рациона́льных чисел принима́ем упоря́доченную пару (a,b) целых чисел, причём второ́е число́ отли́чно от нуля́. Пусть M — множество всех таки́х пар. Определя́ем отноше́ние эквивале́нтности пар так:

$$(a,b) \sim (c,d)$$

тогда́ и только тогда́, когда́

$$ad = bc,$$

и определя́ем сложе́ние и умноже́ние пар так:

$$(a,b) + (c,d) = (ad+bc,\ bd)$$

$$(a,b)(c,d) = (ac,bd).$$

Тепе́рь за Γ_0 принима́ем множество всех классов эквивале́нтных пар множества M, и за Γ — множество, полу́ченное из поля Γ_0 путём заме́ны каждого класса (b,c), для кото́рого b делится на c, целым число́м $d=b/c$.

B31. Поля отноше́ний *quotient fields*

Включе́ние кольца́ целых чисел в поле рациона́льных чисел обобща́ется до включе́ния любо́го области целостности в поле.

Определе́ние. Полем отноше́ний данного кольца́ R называ́ется минима́льное множество P со следующими свойствами:

1) P соде́ржит R;
2) P явля́ется полем;
3) сложе́ние и умноже́ние в кольце́ R совпада́ют с теми опе́рациями над теми же элеме́нтами в поле P.

Не все кольца облада́ют поля́ми отноше́ний. Так, кольцо́ с дели́телями нуля́ не име́ет поле отноше́ний, так как оно́ не может содержа́ться ни в како́м поле, где дели́тели нуля́ отсу́тствуют. Таки́м образом, кольцо́, облада́ющее полем отноше́ний, явля́ется областью целостности.

Теоре́ма. Для любо́й области целостности R, содержа́щее более одного́ элеме́нта, существу́ет поле отноше́ния P и до изоморфи́зма только одно́.

включе́ние 105 *inclusion* (ключ- clus- *close*); како́й 45 *of what kind;* отсу́тствовать 72 *be absent.*

B32. Поле действи́тельных чисел *the field of real numbers*

За исхо́дный элеме́нт построе́ния поля действи́тельных чисел D мы принима́ем фундамента́льную после́довательность $a_1, a_2, \ldots = \{a_n\}$ рациона́льных чисел, т.е. после́довательность, облада́ющую таки́м свойством: для любо́го рациона́льного числа́ $\varepsilon>0$ существу́ет натура́льное число́ n_0 тако́е, что $|a_p - a_q|<\varepsilon$ при любы́х $p,q>n_0$. Определя́ем отноше́ние эквивале́нтности для после́довательностей так:

$$\{a_n\} \sim \{b_n\} ,$$

тогда́ и только тогда́, когда́

$$\lim (a_n - b_n) = 0 ,$$

и сложе́ние и умноже́ние так:

$$\{a_n\} + \{b_n\} = \{a_n+b_n\} ,$$
$$\{a_n\} \cdot \{b_n\} = \{a_n b_n\} .$$

Пусть D_0 есть множество всех классов эквивале́нтных после́довательностей.

Пусть Г — подмно́жество классов, содержа́щих после́довательности вида $(a,a,a,\ldots)$, где a рациона́льное число́.

Пусть D — множество, полу́ченное из множества D_0 путём заме́ны каждого класса $(a,a,a,\ldots)$ из Г рациона́льным число́м a. Тогда́ множество D есть поле действи́тельных чисел.

B33. Поле компле́ксных чисел *the field of complex numbers*

Пусть K_0 есть множество всех упоря́доченных пар вида (a,b), где a и b — действи́тельные числа. Сложе́ние и умноже́ние в множестве K_0 определя́ем по формулам:

$$(a,b) + (c,d) = (a+c,\ b+d),$$
$$(a,b)(c,d) = (ac-bd,\ ad+bc).$$

Пусть D' — множество всех пар множества K_0 вида $(a,0)$ и D — множество, полу́ченное из D' путём заме́ны каждой пары $(a,0)$ из D' действи́тельным число́м a .

SECTION C

MORE ADVANCED TOPICS

C1. ТЕО́РИЯ ФУНКЦИЙ ДЕЙСТВИ́ТЕЛЬНОГО ПЕРЕМЕ́ННОГО
Theory of functions of a real variable

КЛАССИФИКА́ЦИЯ БЕРА *classification of Baire*

Baire denoted by K_0 the class of functions continuous on $[a,b]$, by K_1 the class of functions not in K_0 but representable as the pointwise limit of a sequence of such functions, and similarly for $K_2, K_3, \dots$. Part of the fundamental theorem of Baire states that for a discontinuous function to belong to K_1 it is necessary that its points of continuity be everywhere dense. An example of a function in K_2 is the Dirichlet discontinuous function, equal to zero at irrational points and to unity at rational points.

Классы Бера *classes of Baire*

Пусть P есть замкнутый отре́зок $P=[a,b]$ действи́тельной оси. Бер называ́ет непреры́вные на P функции $f(x)$ функциями класса 0 и обознача́ет этот класс через K_0.

Следующий класс K_1 состо́ит из таки́х разры́вных функций f, кото́рые явля́ются преде́лами после́довательности непреры́вных на P функций $f_1, f_2, \dots, f_n, \dots$; т.е., $f = \lim_{n\to\infty} f_n$.

Следующий за ним класс K_2 состо́ит из функций f , не принадлежа́щих ни к K_0 ни к K_1 , но кото́рые явля́ются преде́лами после́довательности функций $f_1, f_2, \dots, f_n, \dots$, принадлежа́щих к классам K_0 и K_1 . Аналоги́чным образом определя́ются $K_3, K_4, K_5, \dots$.

Определе́ние. Множество точек E называ́ется всюду плотным на интерва́ле P , если для каждого подинтерва́ла $Q \subset P$, пересече́ние $E \wedge Q$ — непу́сто.

Точечно разры́вная функция *pointwise discontinuous function*

Определе́ние. Разры́вная функция f называ́ется точечно разры́вной на P , если точки непреры́вности функции f на P образу́ют множество E , всюду плотное на P .

Фундамента́льная теоре́ма Бера *fundamental theorem of Baire (in par*

Для того́, чтобы разры́вная функция f была́ фнукцией класса 1 на P , необходи́мо, чтобы f была́ точечно разры́вной на P .

Приме́ры функций первого и второ́го класса. Разры́вная функция Дирихле *examples of functions of first and second class. Dirichlet discontinuous function*

Функция f, равная едини́це в точке M и равная нулю́ во всех остальны́х точках, есть, ясно, функция класса 1. Дока́жем, что разры́вная функция Дирихле $f(x)$, равная едини́це для x рациона́льного и равная нулю́ для x иррациона́льного, есть функция класса 2. Действи́тельно, $f(x)$ не име́ет ни одно́й точки непреры́вности на оси OX и, поэ́тому, по фундамента́льной теоре́ме Бера не может быть класса ≤ 1. И если мы занумеру́ем все рациона́льные точки оси OX, расположи́в их в виде после́довательности $r_1, r_2, \ldots, r_n, \ldots$, и если обознача́ем через $f_n(x)$ функцию, равную едини́це в первых n рациона́льных точках $r_1, r_2, \ldots, r_n$ и равную нулю́ в оста́льных точках, то ясно, что функция $f_n(x)$ есть класса 1 и что $f(x) = \lim_{n\to\infty} f_n(x)$. Отсю́да и следует, что разры́вная функция Дирихле $f(x)$ есть функция класса 2.

Легко́ видеть, что функция Дирихле $f(x)$ изобрази́ма формулой

$$f(x) = \lim_{n\to\infty} \lim_{m\to\infty} (\cos 2\pi n! x)^{2m},$$

но она́ не может быть изображена́ одни́м перехо́дом к преде́лу перед знаком непреры́вной функции.

разры́вный 106 *discontinuous* (рыв- *break*); точечно 107 *pointwise* (тык- *pierce*); нумерова́ть ∿ занумерова́ть *enumerate*.

C2. ТЕО́РИЯ ФУНКЦИЙ МНОГИХ КОМПЛЕ́КСНЫХ ПЕРЕМЕ́ННЫХ *Theory of functions of several complex variables*

For functions of one complex variable every domain is a domain of holomorphy, i.e. a domain G such that some function f is holomorphic in G but not holomorphic in any larger domain containing G; but an example shows that for functions of more than one variable this statement is no longer true.

Обозначе́ния. Через C^n и R^n будем обознача́ть n-мерные компле́ксные и действи́тельные простра́нства соотве́тственно, $C^n = R^n + iR^n$. Точки простра́нства R^n обознача́ем через

$$x = (x_1, x_2, \ldots, x_n), \quad y = (y_1, y_2, \ldots, y_n)$$

и точки простра́нства C^n через

$$z = (z_1, z_2, \ldots, z_n) = x + iy; \quad |z| = (|z_1|^2 + \ldots + |z_n|^2)^{1/2}.$$

Определе́ние голомо́рфности *definition of holomorphy*

Функция f(z) называ́ется голомо́рфной в точке $z^0 \in C^n$, если в некоторой её окре́стности $|z^0 - z| < \rho$ удовлетворя́ются усло́вия Коши-Римана

$$\frac{\partial u}{\partial x_j} = \frac{\partial v}{\partial y_j} \;, \; \frac{\partial u}{\partial y_j} = -\frac{\partial v}{\partial x_j} \;, \quad j = 1,2,\ldots,n,$$

где $f = u + iv$, $z_j = x_j + iy_j$.

Таки́м образом, функция голомо́рфна в точке z^0, если она́ голомо́рфна по каждому переме́нному z_j в отде́льности (при фикси́рованных остальны́х) в некоторой окре́стности э́той точки.

Области голомо́рфности *domains of holomorphy*

Определе́ние. Коне́чная область G называ́ется областью голомо́рфности функции f(z), если f(z) голомо́рфна в G и не голомо́рфна в большей области.

Наприме́р, в C^1 областью голомо́рфности функции

$$f_0(z) = \sum_{\alpha=0}^{\infty} z^{\alpha!}$$

явля́ется едини́чный круг $|z| < 1$.

Действи́тельно, $f_0(z)$ не ограни́чена в точках $z = e^{i\phi}$, где $\phi = p/q$ (p,q — целые числа) и это множество всюду плотно на окру́жности $|z| = 1$.

Есте́ственно поста́вить вопро́с: всякая ли область явля́ется областью голомо́рфности некоторой функции? Отве́т на этот вопро́с суще́ственно разли́чен для $n=1$ и $n \geq 2$.

<u>Теоре́ма</u>. В простра́нстве C^1 всякая область есть область голоморфности.

<u>Доказа́тельство</u>. Действи́тельно, существу́ет биголомо́рфное отображе́ние $\zeta = w(z)$ области G на едини́чный круг (теоре́ма Римана), кото́рое отобража́ет окру́жность $\bar{G}$ на $|\zeta| \leq 1$ взаи́мно однозна́чно и взаи́мно непреры́вно. Поэ́тому функция $f_0[w(z)]$ голомо́рфна в G и не ограни́чена в каждой точке грани́цы G . Следовательно, G — область голомо́рфности.

Области голомо́рфности в простра́нстве C^n, $n \geq 2$
Domains of holomorphy in the space C^n, $n \geq 2$

В отли́чие от простра́нства C^1, в простра́нстве C^n, $n \geq 2$, не всякая область есть область голомо́рфности.

Действи́тельно, ока́зывается (С. Бохнер и В.Т. Мартин, 1948), что в C^2 всякая функция $f(z)$ голоморфная в области

$$G : [z = (z_1, z_2) : 1/2 < |z| < 1]$$

имеет голоморфное продолжение в шар $|z| < 1$.

Этот пример обозначает, что G не может быть областью голоморфности никакой функции.

таким образом 101 *in such a manner, thus;* отдельность 95 *separation* (дел- *divide*); единичный 89 *unit* (adj.) (один- uni- *one*); круг 105 *circle;* окружность 105 *circumference;* существенно 72 *essentially;* непрерывно 106 *continuously* (рыв- *break*); отличие 105 *distinction* (лик- *face*); шар 107 *ball;* никакой 45 *of any kind at all.*

C3. ТЕОРИЯ СУММИРУЕМОСТИ РАСХОДЯЩИХСЯ РЯДОВ
Summability theory of divergent series

If each of the terms of a divergent series $\Sigma_{n=0}^{\infty} a_n$ can be multiplied by a factor $\lambda_n(t)$ such that the series $\Sigma_{n=0}^{\infty} a_n\lambda_n(t)$ is convergent in the usual sense to a sum $\sigma(t)$ for all t in a certain set, and also such that, as t varies in some way over this set, all the factors $\lambda_n(t)$ approach unity and $\sigma(t)$ approaches a limit σ , then σ is said to be the sum of the original series. It is shown how this method subsumes the Abel-Poisson method and the Cesàro method of any order.

Рассмотрим суммирование расходящихся рядов, т.е. построение обобщённой суммы ряда не имеющего обычной суммы. Обычно требуется, чтобы из того, что ряд $\Sigma_{n=0}^{\alpha} a_n$ суммируется к S , а ряд $\Sigma_{n=0}^{\infty} b_n$ суммируется к T , следовало, что ряд $\Sigma_{n=0}^{\infty} (\lambda a_n + \mu b_n)$ суммируется к $\lambda S+\mu T$, а ряд $\Sigma_{n=1}^{\infty} a_n$ суммируется к $S-a_0$. Кроме того, обычно рассматриваются регулярные методы суммирования, т.е. методы, суммирующие каждый сходящийся ряд к его обычной сумме.

В большинстве методов суммирования расходящийся ряд рассматривается как предел сходящегося ряда. Значит, каждый член ряда

$$(1) \qquad \sum_{n=0}^{\infty} a_n$$

умножается на некоторый множитель $\lambda_n(t)$ так, чтобы после умножения получился сходящийся ряд

$$(2) \qquad \sum_{n=0}^{\infty} a_n\lambda_n(t)$$

со суммой $\sigma(t)$. При этом множители $\lambda_n(t)$ выбираются так, чтобы при каждом фиксированном n предел $\lambda_n(t)$ при некотором непрерывном или дискретном изменении параметра t равнялся 1. Если при этом $\sigma(t)$ имеет предел, то его называют обобщённой суммой данного ряда, соответствующей данному выбору множителей (данному методу суммирования).

Например, если положить $\lambda_n(t)=1$ при $n \le t$ и $\lambda_n(t)=0$ при $n>t$ и брать $t\to\infty$, то получается обычное понятие суммы ряда; при $\lambda_n(t) = t^n$ для $t<1$ и $t\to 1$ получается метод Абеля-Пуассона.

В методе средних арифметических Чезаро полагают

$$S = \lim_{m\to\infty} \sigma_m ,$$

где

$$\sigma_m = \frac{1}{m+1}(S_0+ \dots +S_m), \quad S_k = a_0+ \dots +a_k ,$$

что соответствует выбору $\lambda_n(m) = (m-n+1)/(m+1)$ при $n\le m$ и $\lambda_n(m)=0$ при $b>m$. Если положить

$$A_n^0 = S_n, \quad A_n^k = A_0^{k-1}+ \dots +A_n^{k-1},$$

$$E_n^0 = 1 , \quad E_n^k = E_0^{k-1}+ \dots +E_n^{k-1}$$

и существует $\lim_{n\to\infty}(A_n^k/E_n^k) = A$, то говорят, что ряд суммируется к A методом Чезаро k-го порядка. С ростом k возрастает эффективность метода Чезаро; т.е. расширяется множество рядов, суммируемых этим методом. Всякий ряд, суммируемый методом Чезаро, суммируется и методом Абеля-Пуассона и притом к той же сумме. Например, ряд $1-1+1-\dots+(-1)^{n-1}+\dots$ суммируется методом Абеля-Пуассона к значению 1/2, так как

$$\sum_{n=o}^{\infty} (-1)^{n-1} t^n = \frac{1}{1+t}, \quad \lim_{t\to 1} \frac{1}{t+1} = \frac{1}{2} .$$

Метод Чезаро (первого порядка) приводит к тому же значению, так как

$$S_{2n} = 1, \quad S_{2n+1} = 0, \quad \sigma_{2n} = \frac{n+1}{2n+1} ,$$

$$\sigma_{2n+1} = \frac{1}{2} , \quad \lim_{k\to\infty} \sigma_k = \frac{1}{2} .$$

Методы Чезаро и Абеля-Пуассона применяются к теории тригонометрических рядов для нахождения функции по её ряду Фурье, так как ряд Фурье любой непрерывной функции суммируется к этой функции методом Чезаро первого порядка, а следовательно и методом Абеля-Пуассона.

сумми́руемость 37 *summability;* расходи́ться 77 *diverge* (ход- *go*); сумми́рование 37 *summation;* обы́чно 107 *usually* (ук- *become accustomed*); требовать 106 *to demand* (треб- *demand*); сумми́ровать *to sum;* кроме того́ *beyond that, also;* большинство́ 44 *majority;* умножа́ть 88 *multiply* (мног- mult- *many*); выбира́ть 78, 79 *select* (бер- lect- *take*); равня́ться 87 *become equal to* (рав- *equal*); обобщённый 62 *generalized;* данный 51 *given* (да- *give*); выбор 78 *choice* (бер-); брать 78 *to take* (бер-); поня́тие 79 *concept;* средний 46 *average, mean;* полага́ть 81 *lay, set* (лаг- *lay*); поря́док 106 *order* (ряд- *row*); рост 106 *growth* (раст- *grow*); возраста́ть 106 *grow* (раст-); приводи́ть 74 75 *reduce to* (вод- *lead*); нахожде́ние 77 *finding, discovery* (ход- *go, come*).

C4. ОБОБЩЁННЫЕ ФУНКЦИИ *generalized functions*

If we wish to generalize the concept of a point-function in such a way that every generalized function will be infinitely often differentiable, we may begin by examining differentiable functions to see which of their properties can be extended to non-differentiable (point-)functions. We note that any integrable function $f(x)$ defined on $[a,b]$, $a<0<b$, may be regarded as a *functional* which to each integrable function $\varphi(x)$ assigns the numerical value $\int_a^b f\varphi\, dx$ such that if $f(x)$ and $\varphi(x)$ are differentiable and $\varphi(x)$ vanishes at the endpoints, then

$$\int_a^b f'\varphi\, dx = -\int_a^b f\varphi'\, dx .$$

For a non-differentiable function f it is therefore natural to define f' as that functional which to each differentiable φ assigns the negative of the value assigned by f to φ' ; and similarly for higher derivatives. So a generalized function can be defined as a functional acting on the set of all infinitely differentiable functions φ which (together with all their derivatives) vanish at the endpoints a,b. The best known example is the so-called *Dirac delta-function*, which to each such φ assigns the value $\varphi(0)$.

Мы изло́жим некоторые вопро́сы общей тео́рии обобщённых функций, постро́енной С.Л. Соболевым и Л. Шварцем.

Простра́нство со сходи́мости *space with convergence*

Лине́йное простра́нство R (наприме́р, гильбертово простра́нство H или евкли́дово R_n) называ́ется лине́йным простра́нством со сходи́мостью, если в нём определено́ поня́тие сходи́мости после́довательности его́ элеме́нтов к элеме́нту простра́нства, тако́е, что опера́ции сложе́ния элеме́нтов простра́нства и умноже́ния их на число́ явля́ются непреры́вными.

Функциона́л *functional*

Функции, определённые на лине́йном простра́нстве R и принима́ющие числовы́е значе́ния, называ́ются функциона́лами над этим простра́нством. Значе́ние функциона́ла f на элеме́нт x лине́йного простра́нства R обознача́ется (f,x) , т.е. так же, как скаля́рное произведе́ние элеме́нтов f и x в лине́йном простра́нстве со скаля́рным произведе́нием.

Лине́йный функциона́л *linear functional*

Пусть R — лине́йное простра́нство. Функциона́л f этого простра́нства называ́ется лине́йным, если для любы́х элеме́нтов $x \in R$, $y \in R$ и любы́х чисел λ, μ выполня́ется усло́вие

$$(f,\lambda x + \mu y) = \lambda(f,x) + \mu(f,y).$$

Непреры́вный функциона́л *continuous functional*

Функциона́л f , определённый на лине́йном простра́нстве R со сходи́мостью называ́ется непреры́вным, если для любо́й сходя́щейся после́довательности $x_n \in R$, $\lim x_n = x$, выполня́ется усло́вие

$$\lim_{n\to\infty} (f,x_n) = (f,x) .$$

Сходи́мость после́довательности функциона́лов
Convergence of a sequence of functionals

После́довательность функциона́лов f_n, $n = 1,2,\ldots$, называ́ется сходя́щейся к функциона́лу f , если после́довательность значе́ний функциона́лов f_n сходится в каждой точке $x \in R$ к значе́нию в ней функциона́ла f .

Фини́тная функция *finitary function*

Функция f , определённая на всей действи́тельной оси, называ́ется фини́тной, если существу́ет коне́чный отре́зок, вне кото́рого она́ равна́ нулю́ во всех точках.

Носи́тель функции *carrier of a function*

Для всякой функции f замыка́ние множества точек x , для кото́рых $f(x)\neq 0$, называ́ется её носи́телем.

Фундамента́льное простра́нство *fundamental (test-)space*

После́довательность бесконе́чно дифференци́руемых фини́тных функций ϕ_n , $n=1,2,\ldots$, называ́ется сходя́щейся к бесконе́чно дифференци́руемой фини́тной функции ϕ , если:

(1) существу́ет отре́зок $[a,b]$, вне кото́рого все функции ϕ_n , $n=1,2,\ldots$, и ϕ обраща́ются в нуль;

(2) на этом отрéзке $[a,b]$ послéдовательность функций ϕ_n, $n=1,2,\ldots$, и послéдовательности всех их произвóдных $\phi_n^{(k)}$, $n=1,2,\ldots$, равномéрно сходятся соответственно к функции ϕ и к её соответствующим произвóдным $\phi^{(k)}$, $k=1,2,\ldots$.

Прострáнство бесконéчно дифференцúруемых финúтных функций с укáзанной сходúмостью называéтся фундаментáльным прострáнством D. Примéром функции прострáнства D являéтся функция

$$\phi(x) = \begin{cases} \exp \dfrac{a^2}{x^2-a^2} & \text{, если } |x|<a\,, \\ 0 & \text{, если } |x|\geq a\,. \end{cases}$$

Обобщённая функция *generalized function*

Всякий линéйный непрерывный функционáл f, определённый на D, называéтся обобщённой функцией.

Регулярные и сингулярные обобщённые фнукции
Regular and singular generalized functions

Функция f, определённая на всей действúтельной оси, называéтся локáльно интегрúруемой, если онá абсолютно интегрúруема на любóм конéчном отрéзке.

Если f — локáльно интегрúруема функция, а $\phi\in D$, то произведéние $f\phi$ абсолютно интегрúруемо на всей оси и мы можем определúть функционáл (f,ϕ) на D равенством

$$(f,\phi) = \int_{-\infty}^{\infty} f(x)\ \phi(x)\ dx\ .$$

Такúм образом, всякой локáльно интегрúруемой функции $f(x)$ соответствует обобщённая функция (f,ϕ). Обобщённые функции, представúмые в виде

$$\int_{-\infty}^{\infty} f(x)\ \phi(x)\ dx\ ,$$

где f — локáльно интегрúруемая функция, называются регулярными обобщёнными функциями, а все остальные — сингулярными.

Для обозначéния значéния сингулярной обобщённой функции f на функции $\phi = \phi(x)\in D$, вместе с записью (f,ϕ), употребляéтся также интегрáльная запись

$$\int_{-\infty}^{\infty} f(x)\ \phi(x)\ dx\ .$$

Как приме́р сингуля́рной обобщённой функцией рассмо́трим функциона́л, обознача́емый $\delta=\delta(x)$, кото́рый определя́ется формулой

$$(\delta,\phi) = \phi(0), \qquad \phi \in D .$$

Применя́я интегра́льную запись, можно написа́ть

$$\int_{-\infty}^{\infty} \delta(x)\ \phi(x)\ dx = \phi(0), \quad \phi \in D .$$

Эта обобщённая функция носит назва́ние дельта-функции или функции Дирака.

Произво́дная обобщённой функции
Derivative of a generalized function

Посмо́трим, что представля́ет собо́й произво́дная обы́чной непрерывно дифференци́руемой функции f, рассма́триваемой как функциона́л (f,ϕ) на D. Интегри́руя по частя́м, из фини́тности функции $\phi \in D$ полу́чим

$$(f'\phi) = \int_{-\infty}^{\infty} f'(x)\ \phi(x)\ dx = - \int_{-\infty}^{\infty} f(x)\ \phi'(x)\ dx = - (f,\phi') .$$

Это делает есте́ственным следующее определе́ние: произво́дной обобщённой функции f называ́ется функциона́л на D, обознача́емый f', тако́й, что

$$(f',\phi) = - (f,\phi') , \quad \phi \in D .$$

По сделанному определе́нию, обобщённые функции име́ют произво́дных любы́х поря́дков. Наприме́р, функция Хевисайда $\theta(x)$:

$$\theta(x) = \begin{cases} 1 \text{ если } x \ge 0 , \\ 0 \text{ если } x < 0 , \end{cases}$$

явля́ется лока́льно интегри́руемой функцией и поэ́тому может рассма́триваться как обобщённая функция. Вычислим её произво́дные. По определе́нию,

$$(\theta',\phi) = -(\theta,\phi') = -\int_{-\infty}^{\infty} \theta\phi' dx = -\int_{-\infty}^{\infty} \phi' dx = \phi(0) = (\delta,\phi), \ \phi \in D ,$$

ита́к $\theta'=\delta$. Значит, произво́дной функции Хевисайда явля́ется функция Дирака.

построе́нный 106 *constructed* (стро- *construct*); сходи́мость 77 78 *convergence* (ход- *go, come*); лине́йный *linear;* евкли́дов 45 *Euclidean;* так же 51 *in the same way;* вне 52 *outside of;* носи́тель 75 *carrier* (нос- *carry*); замыка́ние 106 *closure* (мык- *close*); равноме́рно 87 *uniformly* (рав- *equal* мер-*measure*); ука́занный 98 *indicated* (каз- *show*); приме́р 99 *example;* остально́й 85 *remaining* (ста- *stand*); запись 68 *manner of writing, notation* (пис- *write*); носи́ть 74 *carry* (нос-); посмотре́ть 106 *to look at;* делать 105 *to do, make* (дел- *do*); сделать 105 pf. of делать; ита́к 50 *and so.*

C5. ВАРИАЦИО́ННОЕ ИСЧИСЛЕ́НИЕ *calculus of variations*

Наиме́ньшее время прохожде́ния линии
Shortest time of traversal of a curve

In the simplest case of the calculus of variations the minimum value of a functional $J = \int_{x_0}^{x_1} F(x, y, y')\,dx$ is sought by setting its variational derivative $F_y - \frac{d}{dx} F_{y'}$ equal to zero. In the brachistochrone problem of deciding what should be the shape of a ski-jump if the skier is to slide down it in the shortest time, the solution is found to be an arc of a cycloid.

Пусть име́ется неодноро́дная изотро́пная среда́, в каждой точке (x, y, z) кото́рой определена́ скорость $v(x, y, z)$, не зави́сящая от направле́ния. Рассчита́ем время, необходи́мо для того́, чтобы точка описа́ла некоторую линию ℓ. Для прохожде́ния элеме́нта ds потре́буется время ds/v, а для всей линии ℓ потре́буется промежу́ток времени, выража́емый интегра́лом

$$T = \int_\ell \frac{ds}{v(x,y,z)} .$$

Если меня́ем линию ℓ при фикси́рованных конца́х (x_0, y_0, z_0), (x_1, y_1, z_1), то величина́ T будет меня́ться в зави́симости от ℓ. При этом говоря́т, что T есть функциона́л от линии ℓ. Одно́й из зада́ч геометри́ческой оптики явля́ется следующая зада́ча: определи́ть ℓ так, чтобы функциона́л T име́л наиме́ньшее значе́ние. Принима́я x за пара́метр, можно записа́ть интегра́л в виде

$$T = \int_{x_0}^{x_1} \frac{\sqrt{1+y'^2+z'^2}}{v(x,y,z)}\,dx .$$

Зада́ча сводится к разыска́нию функций $y(x)$ и $z(x)$ таки́х, чтобы этот интегра́л име́л наиме́ньшее значе́ние.

В просте́йшем случае на плоскости функциона́л будет име́ть вид

$$T = \int_{x_0}^{x_1} \frac{\sqrt{1+y'^2}}{v(x,y)}\,dx ,$$

и зада́ча сводится к нахожде́нию одно́й функции $y(x)$, удовлетворя́ющей преде́льным усло́виам

$$y(x_0) = y_0 ; \quad y(x_1) = y_1 .$$

Уравне́ние Эйлера в просте́йшем случае
Euler equation in the simplest case

Рассмо́трим просте́йший случай в общем виде

$$J = \int_{x_0}^{x_1} F(x,y,y')\,dx\ ,$$

где F — заданная функция всех трёх аргуме́нтов. Поло́жим, что значе́ния функции $y(x)$ на конца́х промежу́тка интегри́рования заданы

$$y(x_0) = y_0 \quad ; \quad y(x_1) = y_1 \ .$$

Выбира́ем любу́ю функцию $\eta(x)$, равную нулю́ на конца́х проме́жу́тка интегри́рования, и образу́ем новую функцию $y(x)+\alpha\eta(x)$, где α — малый численный пара́метр. Эта новая функция удовлетворя́ет тем же преде́льным усло́виям, что и $y(x)$. Поста́вив её в функциона́л J, полу́чим, в результа́те интегри́рования, некоторую функцию пара́метра α

$$J(\alpha) = \int_{x_0}^{x_1} F(x,y(x) + \alpha\eta(x)\ ,\ y'(x) + \alpha\eta'(x))\,dx\ .$$

Если эта функция $J(\alpha)$ име́ет экстре́мум при значе́нии $\alpha=0$, то её произво́дная обраща́ется в нуль при $\alpha=0$. Дифференци́руя под зна́ком интегра́ла, будем име́ть

$$J'(0) = \int_{x_0}^{x_1} [F_y(x,y,y')\,\eta(x) + F_{y'}(x,y,y')\,\eta'(x)]\,dx\ .$$

Производя́ интегри́рование по частя́м, можно написа́ть

$$J'(0) = [F_{y'}\cdot\eta(x)]_{x_0}^{x_1} + \int_{x_0}^{x_1}\eta(x)\,[F_y - \frac{d}{dx}F_{y'}]\,dx\ . \tag{10}$$

Внеинтегра́льный член равен нулю́, так как по усло́вию $\eta(x)$ обраща́ется в нуль на конца́х промежу́тка. Следовательно,

$$J'(0) = \int_{x_0}^{x_1}\eta(x)[F_y - \frac{d}{dx}F_{y'}]\,dx = 0\ .$$

Значит, что $F_y - \frac{d}{dx}F_{y'} \equiv 0$, так как иначе интегра́л име́л бы положи́тельное значе́ние для таки́х функций $\eta(x)$, кото́рые всюду в промежу́тке (x_0,x_1) име́ют тот же знак, как $F_y - \frac{d}{dx}F_{y'}$. Следовательно, крива́я $y(x)$, соотве́тствующая экстре́муму интегра́ла, удовлетворя́ет следующему дифференциа́льному уравне́нию Эйлера

$$F_y - \frac{d}{dx}F_{y'} = 0\ .$$

Приме́р. Полага́я $v(x,y)=y^{1/2}$ для скорости, мы име́ем так называ́емую зада́чу о брахистохро́не

$$J = \int_{x_0}^{x_1} \frac{(1+y'^2)^{1/2}}{y^{1/2}}\, dx .$$

Среди́ линий, соединя́ющих две данные точки (x_0,y_0) и (x_1,y_1) необходи́мо вычислить ту, по кото́рой падающая материа́льная точка опи́сывает всю линию в наиме́ньшее время.

В этом случае подинтегра́льная функция не соде́ржит x , и мы можем написа́ть первый интеграл уравне́ния Эйлера

$$y'^2 = \frac{C - y}{y} ,$$

отку́да следует, что иско́мая крива́я — цикло́ида.

время 92 *time* (верт- *turn*); прохожде́ние 77 *transit, passage* (ход- *go*); скорость 107 *speed;* рассчита́ть 103 *calculate* (чит- *reckon*); описа́ть 67, 69 *to describe;* потре́бовать 106 *demand, require* (треб-); записа́ть 68 *write over again, write in a different way;* разыска́ние 97 *search* (иск- *ask, seek*); заданный 95 *given, prescribed;* внеинтегра́льный 52 *outside the integral sign;* падать 106 *to fall;* вычислить 103 *compute* (чит-*consider*)

С6. ТЕО́РИЯ ГРУПП И ОБОБЩЕ́НИЙ *theory of groups and generalizations*

Definitions are given, with examples, of binary algebraic operation, groupoid, semigroup, isomorphism, homomorphism, and of abelian, cyclic, periodic, torsionless and mixed groups.

Группо́ид *groupoid*

Пусть дано́ некоторое множество M . Мы говори́м, что в M определена́ бина́рная алгебраи́ческая опера́ция, если всяким двум (разли́чным или одина́ковым) эле́ментам множества M , взятым в определённом поря́дке, по некоторому зако́ну ставится в соотве́тствие вполне́ определённый третий элеме́нт, принадлежа́щий к этому же множеству. Множество M с одно́й бина́рной алгебраи́ческой опера́цией называ́ется группо́идом.

Полугру́ппа *semigroup*

Приме́ром алгебраи́ческой опера́ции будет умноже́ние подстано́вок. Подстано́вкой n-й сте́пени называ́ется взаи́мно однозна́чное отображе́ние систе́мы первых n натура́льных чисел на себя́. Результа́т после́довательного выполне́ния двух подстано́вок n-й степени будет некоторой подстанóвкой n-й степени, назывáемой произведéнием первой из заданных подстанóвок на вторýю. Так, если даны́ при n=3 подстанóвки

$$a = \begin{pmatrix} 1 & 2 & 3 \\ 1 & 3 & 2 \end{pmatrix}, \quad b = \begin{pmatrix} 1 & 2 & 3 \\ 2 & 3 & 1 \end{pmatrix},$$

то их произведéнием будет подстанóвка

$$ab = \begin{pmatrix} 1 & 2 & 3 \\ 2 & 1 & 3 \end{pmatrix}.$$

Умножéние подстанóвок являéтся ассоциатúвным.

Множество с однóй ассоциатúвной операцией назывáется полугрýппой. Ассоциатúвность операции позволяéт говорúть однознáчным образом о произведéнии любóго конéчного числá элемéнтов из M.

Единúца *unit element*

Множество M, в котóром заданá алгебраúческая операция, обладáет иногдá единúцей, т.е. такúм элемéнтом 1, что $a \cdot 1 = 1 \cdot a = a$ для всех a из M. Примéром множества с алгебраúческой операцией, не обладáющими единúцей являéтся множество векторов трёхмéрного евклúдова прострáнства относúтельно операции векторного умножéния.

Обрáтная операция *inverse operation*

Рассмóтрим, наконéц, понятие обрáтной операции. Естéственно постáвить такóй вопрóс: существýют ли для данных элемéнтов a и b такúе элемéнты x и y, что $ax=b$, $ya=b$. Будем говорúть, что для операции, заданной в M, существýет обрáтная операция, если при любы́х a и b каждое из этих уравнéний обладáет решéнием, притóм едúнственным.

Группа *group*

Множество G с однóй бинáрной алгебраúческой операцией назывáется группой, если выполняются следующие услóвия:

1) операция в G ассоциатúвна;

2) в G выполнима обрáтная операция.

Абелевая группа *abelian group*

Операция в группе G не обязана быть коммутатúвной. Если же онá коммутатúвна, то группа G назывáется коммутатúвной, или абелевой.

Конéчная группа *finite group*

Если группа G состоúт из конéчного числá элемéнтов, то онá назывáется конéчной группой, а числó элемéнтов в ней — порядком группы.

Элеме́нты бесконе́чного и коне́чного поря́дка
Elements of infinite and finite order

Произведе́ние n элеме́нтов, равных элеме́нту a группы G, называ́ется n-й степени элеме́нта a и обознача́ется через a^n.

Если все степени элеме́нта a явля́ются разли́чными элеме́нтами группы, то a называ́ется элеме́нтом бесконе́чного поря́дка. Пусть, одна́ко, среди́ степеней элеме́нта a име́ются равные, наприме́р, $a^k=a^\ell$ при $k\neq\ell$; это, в частности, всегда́ име́ет место в случае коне́чных групп. Если $k>\ell$, то $a^{k-\ell}=1$, т.е. существу́ют положи́тельные степени элеме́нта a, равные едини́це. Пусть a^n есть наиме́ньшая положи́тельная степень элеме́нта a, равная едини́це, т.е.

1) $a^n = 1$, $n>0$

2) если $a^k = 1$, $k>0$, то $k\geq n$.

В этом случае говоря́т, что a есть элеме́нт коне́чного поря́дка n.

Цикли́ческая группа *cyclic group*

Если существу́ет тако́й элеме́нт в (коне́чной или бесконе́чной) группе G, что всякий элеме́нт x из G может быть запи́сан в виде a^n, то говоря́т, что группа G цикли́ческая.

Периоди́ческая группа *periodic group*

Всякая группа, все элеме́нты кото́рой име́ют коне́чный поря́док, называ́ется периоди́ческой.

Группа без круче́ния *group without torsion*

Существу́ют группы, поря́док всех элеме́нтов кото́рых, кроме едини́цы, бесконе́чен; таки́е группы называ́ются группами без круче́ния.

Смешанная группа *mixed group*

Наконе́ц, группу есте́ственно назва́ть смешанной, если она́ соде́ржит и элеме́нты бесконе́чного поря́дка, и отли́чные от едини́цы элеме́нты коне́чных поря́дков.

Приме́ры групп *examples of groups*

1) Все компле́ксные числа, явля́ющиеся корнями из едини́цы степени n образу́ют по умноже́нию коне́чную группу поря́дка n. Так как все корни из едини́цы степени n явля́ются степенями одного́ из них, так называ́емого降 прими́тивного корня, следует, что группа — цикли́ческая.

2) Группу по умноже́нию образу́ют все компле́ксные числа, явля́ющиеся корня́ми из едини́цы; это группа всех корне́й из едини́цы. Группа — бесконе́чная, но периоди́ческая.

3) Все це́лые чи́сла, положи́тельные и отрица́тельные, образу́ют гру́ппу по опера́ции сложе́ния — аддити́вную гру́ппу це́лых чи́сел. Все элеме́нты э́той гру́ппы, кро́ме нуля́, име́ют бесконе́чный поря́док. Гру́ппа — без круче́ния.

4) Все отли́чные от нуля́ рациона́льные чи́сла образу́ют гру́ппу по умноже́нию — мультипликати́вную гру́ппу рациона́льных чи́сел. Едини́цей э́той гру́ппы бу́дет число́ 1. Входя́щий в э́ту гру́ппу элеме́нт -1 име́ет поря́док 2, поря́док всех остальны́х отли́чных от едини́цы элеме́нтов бесконе́чен. Гру́ппа — сме́шанная.

обобще́ние 90 *generalization;* вполне́ 87 *fully, completely* (пол- ple- *full*); подстано́вка 85 *substitution* (ста- sta- *set*); посволя́ть 94 *allow* (вол- *wish*); трёхме́рный 99 *three-dimensional* (мер- *measure*); круче́ние 105 *torsion* (крут- *twist*); сме́шанный 106 *mixed* (мес- *mix*); входи́ть 76 *enter* (ход- *go, come*).

C7. ТЕО́РИЯ ЧИ́СЕЛ *theory of numbers*

Приближе́ние действи́тельного числа́ рациона́льными дробя́ми *approximation of a real number by rational fractions*

For an irrational number α in the interval (0, 1) both its decimal expansion $0.d_1,d_2,\dots,d_n,\dots$ and its continued fraction $0,a_1,a_2,\dots$ consist of an infinite sequence of integers, with $0 \le d_n \le 9$, and $1 \le a_n < \infty$, respectively. Each successive d_n is determined as the largest digit $0,1,\dots,9$ for which the finite decimal $0.d,\dots d_n$ is less than α, and each successive a_n is the largest natural number for which the *finite* continued fraction $0,a_1,a_2,\dots,a_n$ (called a *convergent* and denoted by P_n/Q_n) is less than α for even i and greater than α for odd i. Of interest here is the fact that all the (infinitely many) P_n/Q_n satisfy the inequality

$$\left| \alpha - \frac{P_n}{Q_n} \right| < \frac{1}{Q_n^2} ,$$

which means that for an *algebraic* irrationality α they give the best possible approximation by rational fractions in the sense that the inequality

$$\left| \alpha - \frac{a}{b} \right| < \frac{1}{b^{2+\varepsilon}} , \qquad a/b \text{ rational}, \ \varepsilon>0,$$

has only finitely many solutions (as was proved by Roth in 1955).

For a decimal expansion the approximation is more rapid when the d_n are smaller, and for a convergent fraction when the a_n are larger. Thus Roth's theorem implies that in some sense the a_n of an algebraic number cannot increase *too* rapidly, just as Liouville showed that its d_n cannot decrease too rapidly, since a number is transcendental if enough of its d_n are zero. But exactly what is implied by Roth's result, e.g. whether or not a number is transcendental if its a_n are unbounded, remains quite unknown. If (and only if) the irrationality is quadratic, are its a_n periodic and therefore bounded, but for an algebraic irrationality of higher degree nothing is known about their behavior, not even for such a simple case as $2^{1/3}$.

Зада́ча в практике *the problem in practice*

Примене́ние иррациона́льных чисел в практике осуществля́ется заме́ной данного иррациона́льного числа́ некоторым рациона́льным число́м, мало отлича́ющимся от этого иррациона́льного числа́. При этом выбира́ют рациона́льное число́ возмо́жно просты́м, т.е. в виде дроби со сравни́тельно небольши́м знамена́телем. Цепны́е дроби явля́ются очень удо́бным аппара́том для реше́ния зада́ч тако́го рода.

Цепны́е дроби; подходя́щие дроби *continued fractions; convergents*

Определе́ние. Бесконе́чной цепно́й дробью называ́ется выраже́ние вида

$$(1) \qquad a_0 + \cfrac{1}{a_1 + \cfrac{1}{a_2 + \ddots}} \quad ,$$

где a_0 — целое число́, а все остальны́е a_n — нату́ральные числа, т.е. $a_n \geq 1$ при $n=1,2,3,\ldots$.

Будем запи́сывать выраже́ние (1) в виде $a_0,a_1,a_2,\ldots$.

Определе́ние. Подходя́щей дробью P_n/Q_n называ́ется коне́чная цепна́я дробь $a_0,a_1,\ldots,a_n$.

Теоре́ма. Для любо́го иррациона́льного числа́ α существу́ет разложе́ние в бесконе́чную цепну́ю дробь $\alpha = (a_0,a_1,\ldots,a_n,\ldots .)$.

Теоре́ма. Для любы́х двух сосе́дних подходя́щих дробей P_n/Q_n и P_{n+1}/Q_{n+1} к иррациона́льному числу́ α име́ет место нера́венство

$$\left| \alpha - \frac{P_n}{Q_n} \right| < \frac{1}{Q_n Q_{n+1}} < \frac{1}{Q_n^2} \quad .$$

Други́ми слова́ми, для любо́го действи́тельного числа́ α существу́ет бесконе́чное множество рациона́льных чисел a/b таки́х, что

$$\left| \alpha - \frac{a}{b} \right| < \frac{1}{b^2} \quad ,$$

причём за a/b можно взять любу́ю подходя́щую дробь к α .

Алгебраические числа *algebraic numbers*

Определéние. Числó α называéтся алгебраическим числóм n-й степени, если онó являéтся корнем некоторого неприводúмого многочлéна

$$f(x) = b_0x^n + b_1x^{n-1} + \ldots + b_n$$

с рационáльными коэффициéнтами. В случае $n=2$ числó α назывáется квадратúческой иррационáльностью.

Теорéма. Числó α разлагáется в периодúческую цепнýю дробь тогдá и только тогдá, когдá α — квадратúческая иррационáльность.

Приближéние алгебраических чисел
Approximation of algebraic numbers

Теорéма Лиувилля. Для любóго алгебраического числá α степени n можно подобрáть положúтельное c, завúсящее только от α, такóе, что для всех рационáльных чисел a/b будет имéть место нерáвенство

$$\left| \alpha - \frac{a}{b} \right| \geq \frac{c}{b^n} .$$

Теорéма (Туэ-Зигель-Рот). Пусть α — алгебраическое числó степени $n \geq 2$; тогдá при любóм $\varepsilon > 0$ существýет только конéчное числó рационáльных дробéй a/b такúх, что

$$\left| \alpha - \frac{a}{b} \right| < \frac{1}{b^{2+\varepsilon}} .$$

Как мы видели, для любóй иррационáльности α существýет бесконéчное множество рационáльных чисел a/b такúх, что $\left|\alpha - \frac{a}{b}\right| < \frac{1}{b^2}$; следовательно, в результáте теорéмы Туэ-Зигеля-Рота нельзя́ заменúть $1/b^{2+\varepsilon}$ через $1/b^2$.

Однáко не исключенá возмóжность, что для любóго алгебраического α при достáточно малом $\varepsilon > 0$ всегдá выполняéтся нерáвенство

$$\left| \alpha - \frac{a}{b} \right| > \frac{c}{b^2} ,$$

откýда, как можно доказáть, следовала бы огранúченность элемéнтов разложéния в цепнýю дробь любóго алгебраического числá.

Но некоторые матемáтики считáют более веро́ятным, что это невéрно, т.е. предполагáют существовáние алгебраических чисел, у котóрых элемéнты разложéния в цепнýю дробь неогранúчены. Не исключенá возмóжность тогó, что кроме квадратúческих иррационáльностей, не существýет алгебраических иррационáльных чисел с огранúченными элемéнтами.

Хара́ктер разложе́ний алгебраи́ческих чи́сел степени большей чем 2, таки́м образом, соверше́нно нея́сен. Было бы интере́сно, если бы удало́сь получи́ть разложе́ние в цепну́ю дробь одно́й из просте́йших иррациона́льностей 3-й степени, наприме́р $2^{1/3}$, или по меньшей мере выяснить вопро́с ограни́чены ли элеме́нты этого разложе́ния.

приближе́ние 90 *approximation* (близ- *close*); осуществля́ть 72 *realize;* мало 107 *little, by a small amount;* отлича́ть 105 *distinguish* (лик- *face*); возмо́жно 100 *possibly, as ... as possible* (мог- *be able*); сравни́тельно 87 *comparatively* (рав- *equal*); небольшо́й 44 *not big;* знамена́тель 96 *denominator* (мен- *change*); цепно́й 107 *chain-like, continued;* удо́бный 105 *appropriate* (доб- *suitable*); подходя́щий 76 *going up close to, converging to, a convergent* (ход- *go*); сосе́дний 80 *adjacent* (lit. sitting together, сед- *sit*); нера́венство 86 *inequality* (рав- *equal*); неприводи́мый 74 *irreducible* (вод- duc- *lead*); подобра́ть 79 *select* (бер- *take*); возмо́жность 100 *possibility* (мог- *be able*); возмо́жность того́, что *possibility of the fact that...;* малый 107 *small;* следовала бы *would follow,* see p. 58; ограни́ченность 105 *boundedness* (гран-*border*); вероя́тный 92 *probable* (вер- *believe*); предполага́ть 81 *assume, presume* (лаг- *lay*); у 52 *at, for;* неограни́ченный 105 *unbounded* (гран-*border*); исключи́ть 105 *exclude* (ключ- clud- *close*); нея́сный 90 *unclear* (яс- *clear*); было бы ... если бы *it would be ... if ... were to ...,* see p. 58; уда́тся 95 *turn out well, succeed;* выяснить 90 *clear up* (яс- *clear*).

C8. МАТЕМАТИ́ЧЕСКАЯ ЛОГИКА *mathematical logic*

Два исчисле́ния выска́зываний
The two calculi of propositions

What is meant by a *calculus of propositions* (or *statements*) and what is the difference between the *classical calculus* (essentially due to Aristotle (384-322 B.C.) and the more recent *constructive calculus*?

The only symbols used in these two calculi (except for abbreviations and brackets) are letters A, B, C,..., called *logical variables,* to be thought of as taking statements for their values, and four *connectives,* to be thought of as *not, and, or,* and *implies* (or *if ... then*). A formula is a finite row of symbols constructed from the variables and the connectives, and a finite sequence of formulas (usually written one under another) is a *proof* of the formula at the bottom (which is then called a *theorem*) provided that every formula in the sequence is either an *axiom* (one of a preassigned finite set of formulas) or is constructible from the preceding formulas by applying one of the two *rules of inference;* namely, the *rule of substitution*: any formula may be substituted for any variable; and the *rule of detachment*: to a sequence of formulas containing the formulas F_1 and "F_1 implies F_2" we may adjoin, as the next row in the sequence, the formula F_2 ; i.e. F_2 may be detached from "F_1 implies F_2".

The classical calculus has eleven axioms, but the constructive calculus omits the eleventh one, the so-called *law of the excluded middle* ("A or not-A"), which in fact cannot be proved on the basis of the other ten. But the *law of contradiction* ("not both A and not-A") can be so proved, as is shown here in detail. In the constructive calculus there is no difference between a problem and a theorem; to demonstrate the existence of a desired entity has the same meaning as to show how to construct it.

Математи́ческая логика — нау́ка, изуча́ющая математи́ческие доказа́тельства. Применя́ется метод формализа́ции доказа́тельств. Просте́йшими из так получа́ющихся логи́ческих исчисле́ний явля́ются исчисле́ния высказываний, класси́ческое и конструкти́вное. В них употребля́ются следующие знаки:

1) так называ́емые логи́ческие переме́нные A, B, C,..., означа́ющие любы́е высказывания;
2) знаки логи́ческих связок $\neg, \&, \vee, \supset$, означа́ющие соотве́тственно, не , и , или , если ... то ;
3) скобки, выявля́ющие строе́ние формул.

Доказательство теоре́мы состои́т из ряда формул, в кото́ром всякая формула либо выража́ет аксио́му, либо получа́ется из одно́й или нескольких уже́ напи́санных формул по одному́ из двух правил вывода. Формулами счита́ются переме́нные и всякие выраже́ния, получа́емые из них путём следующих опера́ций:

1) присоедине́ние знака $\neg$ перед постро́енным выраже́нием
2) написа́ние двух постро́енных выраже́ний друг за другом со включе́нием одного́ из знаков $\&, \vee,$ или $\supset$ между ними, и с заключе́нием всего́ в скобки.

Следующие выраже́ния явля́ются, наприме́р, формулами:

1. $(A \supset (B \supset A))$

....

3. $((A \& B) \supset A)$
4. $((A \& B) \supset B)$

....

10. $((A \supset B) \supset ((A \supset \neg B) \supset \neg A))$
11. $(A \vee \neg A)$.

Два правила вывода *the two rules of inference*

В двух исчисле́ниях выска́зываний — класси́ческом и конструкти́вном, употребля́ются те же правила вывода:

Правило подстано́вки *(rule of substitution)*. Из формулы выво́дится новая формула путём подстано́вки любо́й формулы всюду вместо логи́ческой переме́нной.

Правило вывода заключе́ний *(rule of detachment;* lit., rule of deduction of conclusions). Из формул A и (A ⊃ B) выво́дится формула B .

Акcио́мы *axioms*

Разли́чие между двумя́ исчисле́ниями выска́зываний (класси́ческим и конструкти́вным) проявля́ется в набо́рах их аксио́м. В класси́ческом исчисле́нии выска́зываний применя́ются, как аксио́мы, все формулы 1—11, в конструкти́вном исчисле́нии выска́зываний только 1—10 из этих формул. Формула 11, выража́ющая зако́н исключённого третьего, ока́зывается не выводи́мой в конструкти́вном исчисле́нии.

Вывод зако́на противоре́чия *deduction of the law of contradiction*

Чтобы выводи́ть в конструкти́вном исчисле́нии формулу ¬(A&¬A), выража́ющую зако́н противоре́чия, приме́ним правило подстано́вки к аксио́мам 3 и 4, подставля́я в них формулу ¬A вместо переме́нной B. Тогда́ име́ем формулы

(1) ((A& ¬ A) ⊃ A)

(2) ((A& ¬ A) ⊃¬ A)

Подставля́я в аксио́му (10) формулу (A& ¬ A) вместо A и после этого формулу A вместо переме́нной B , полу́чим

(3) (((A& ¬ A) ⊃ A ⊃ ((A&¬ A) ⊃ ¬ A) ⊃ ¬ (A&¬A))) .

Применя́я к формулам (1) и (3) правило вывода заключе́ний, полу́чим

(4) (((A& ¬ A) ⊃ ¬ A) ⊃ ¬ (A& ¬ A)) .

Применя́я, наконе́ц, правило вывода заключе́ний к формулам (2) и (4), полу́чим иско́мую формулу ¬(A&¬A) .

Разли́чие двух исчисле́ний выска́зываний
Difference between the two calculi of propositions

В отли́чии от класси́ческого исчисле́ния математи́ческие теоре́мы в конструкти́вном исчисле́нии связываются с реше́нием конструкти́вных зада́ч. Доказа́тельство математи́ческой теоре́мы означа́ет реше́ние конструкти́вной зада́чи.

выска́зывание 97 *statement* (каз- *show*); нау́ка 107 *science* (ук- *become accustomed to*); изуча́ть 107 *to study* (ук-); применя́ть 99 *to apply* (мен- *change*); просте́йший 49 *simplest* (прост- *simple*); означа́ть 96 *signify* (зна- *know*); связка 105 *connective* (вяз- *knot*); скобка 107 *bracket;* выявля́ть 91 *reveal* (яв- *evident*); строе́ние 106 *structure* уже́ 50 *already;* вывод 74 *deduction, inference* (вод- duc- *lead*); присоедине́ние 89 *adjunction* (один- *one*); написа́ние 37 *writing;* друг за другом 107 *one after another* (lit. other after other); заключе́ние 105 *enclosure, conclusion* (ключ-); всего́ 42 *of the whole* (neut. gen. sing. of весь *all*); выводи́ть 74 *to deduce* (вод- duc- *lead*); всюду 50 *everywhere;* разли́чие 105 *difference* (лик- *face*); проявля́ть 91 *display* (яв- *evident*); набо́р 79 *collection* (бер- *take*); зако́н 105 *law* (кон- *end*); противоре́чие 106 *contradiction* (реч- *speak*); подставля́ть 84 *substitute* (ста- sta- *set up*); после 52 *after;* связывать 105 *connect* (вяз- *knot*).

C9. УРАВНЕ́НИЯ В ЧАСТНЫХ ПРОИЗВО́ДНЫХ *partial differential equations*

A problem in mathematical physics is said to be correctly set if the solution depends *continuously* on the boundary conditions, since otherwise the inevitable small errors in measurement of the boundary conditions may lead to large errors in the solution. How continuity is to be defined in such a context will depend on the nature of the given physical problem.

Каждая зада́ча математи́ческой физики ставится как зада́ча реше́ния некоторого уравне́ния при некоторых преде́льных (нача́льных или грани́чных) усло́виях, кото́рые не могут быть изме́рены точно. Всегда́ име́ется некоторая малая оши́бка в этих усло́виях, кото́рая будет сказываться и на реше́нии, и не всегда́ оши́бка в реше́нии ока́жется малой.

Можно указа́ть просты́е приме́ры зада́ч, где малая оши́бка в данных может вызыва́ть большу́ю оши́бку в результа́те. Иссле́дуя уравне́ния математи́ческой физики, всегда́ необходи́мо рассма́тривать вопро́с о зави́симости реше́ния от преде́льных усло́вий. Значит, необходи́мо подходя́щим образом определи́ть поня́тие рассто́яния между реше́ниями и аналоги́чно рассто́яния между преде́льными усло́виями и иссле́довать, как рассто́яние между реше́ниями зада́чи зави́сит от рассто́яния между преде́льными усло́виями.

Предполо́жим, что наша зада́ча математи́ческой физики сводится к отыска́нию некоторой функции $u(x, y, z, t)$ четырёх переме́нных в области Ω измене́ния этих переме́нных, удовлетворя́ющих в этой области уравне́нию

$$F(u,\frac{\partial u}{\partial x}, \ldots , \frac{\partial^m u}{\partial t^m}) = 0$$

и дополни́тельными чсло́виям вида

$$\overline{\Psi}_j \, (u, \frac{\partial u}{\partial x}, \ldots , \frac{\partial^r u}{\partial t^r})|_{S_i} = \phi_j(S_i)$$

$$i=1,2,\ldots,\ell; \quad j=1,2,\ldots,p,$$

где S_i — некоторое многообра́зие в простра́нстве x,y,z,t, число́ измере́ний кото́рого меньше четырёх, а $\phi_j(S_i)$ заданная функция, определённая на многообра́зии S_i.

Тепе́рь мы определи́м поня́тие непреры́вной зави́симости реше́ния u от преде́льных усло́вий. Через Φ обозна́чим класс систе́м функций $\{\phi_j(S_i)\}$ таки́х, что функции $\phi_j(S_i)$ и их частные произво́дные до некоторого поря́дка k включи́тельно облада́ют интегри́руемыми на S_i квадра́тами; и через U — класс функций $u(x, y, z, t)$ таки́х, что эти функции u и их частные произво́дные до некоторого поря́дка p включи́тельно облада́ют интегри́руемыми по области Ω квадра́тами.

Квадра́т расстоя́ния ρ_Φ между двумя́ систе́мами функций $\{\phi_j(S_i)\}$ и $\{\phi_j^*(S_i)\}$ определи́м как сумму интегра́лов от квадра́тов функций $\tilde{\phi}_j(S_i) = \phi_j^* - \phi_j$ и всех их произво́дных до поря́дка k по многообра́зиям S_i. Квадра́т расстоя́ния ρ_U между функциями u^* и u определи́м как сумму интегра́лов по области Ω от квадра́тов функции $u^* - u$ и всех её произво́дных до поря́дка p включи́тельно.

Если реше́ние u зада́чи непреры́вно зави́сит от преде́льных усло́вий по этому определе́нию (в этой "тополо́гии"), то будем говори́ть, что <u>реше́ние зави́сит от преде́льных усло́вий непреры́вно в среднем поря́дка</u> (p, k).

В случае непреры́вной зави́симости реше́ний от преде́льных усло́вий мы будем говори́ть, что зада́ча поста́влена корре́ктно, а иначе — некорре́ктно.

Приме́р некорре́ктно поста́вленной зада́чи
Example of an incorrectly set problem

Рассма́триваем следующий приме́р, принадлежа́щий Адамару. Иссле́дуем реше́ние уравне́ния Лапласа

$$\frac{\partial^2 u}{\partial x^2} + \frac{\partial^2 u}{\partial y^2} = 0 ,$$

$$y > 0; \quad -\pi/2 \le x \le \pi/2 ,$$

удовлетворя́ющее усло́виям

$$u\Big|_{x=-\pi/2} = u\Big|_{x=\pi/2} = u\Big|_{y=0} = 0 ; \quad \frac{\partial u}{\partial y}\Big|_{y=0} = e^{-\sqrt{n}} \cos nx ,$$

где n нечётное число́.

Легко́ видеть, что еди́нственное реше́ние будет име́ть вид

$$u = \frac{1}{n} e^{-\sqrt{n}} \cos nx \cdot \operatorname{sh} ny ,$$

и что, когда́ $n \to \infty$, функция $e^{-\sqrt{n}} \cos nx \to 0$ равноме́рно, и прито́м и все её произво́дные. Одна́ко реше́ние при любо́м y , отли́чном от нуля́, име́ет вид косинусо́йды с большо́й амплиту́дой, так что интегра́л

$$\int_0^y \int_{-\pi/2}^{\pi/2} \left(\frac{1}{n} e^{-\sqrt{n}} \cos nx \cdot \operatorname{sh} ny\right)^2 dx\, dy \to \infty$$

при $n \to \infty$, $y > 0$.

Ита́к, рассмо́тренная зада́ча для уравне́ния Лапла́са поста́влена некорре́ктно.

частный 107 *partial* (част- *part*); нача́льный 107 *initial* (ча- *begin*); грани́чный 105 *boundary* (adj.) (гран- *border*); изме́рить 99 *measure* (мер-); оши́бка 107 *error;* сказываться 98 *express itself;* оказа́ться 98 *turn out* (каз- *show*); вызыва́ть 97 *evoke, cause* (зыв- voc- *call*); иссле́довать 102 *investigate* (след- *follow*); зави́симость 94 *dependence* (вис- pend- *hang*); четы́ре 47 *four;* многообра́зие 89 101 *manifold;* измере́ние 99 *dimension* (мер- *measure*); включи́тельно 105 *inclusive* (ключ- *close*); зави́сеть 94 *depend on* (вис- pend- *hang*); непреры́вно в среднем *continuously in the mean.*

C10. ПРОСТРА́НСТВО ГИЛЬБЕРТА *Hilbert space*

The differential problem

$$y''(x) + \lambda y(x) = 0, \quad \text{i.e.} \quad -D^2y = \lambda y, \quad y(0) = y(\pi) = 0,$$

which arises in the theory of the vibrating string, has nontrivial solutions only for $\lambda = 1^2, 2^2, 3^2, \ldots$ (which are therefore called the *eigenvalues* of the operator $-D^2$) and the corresponding nontrivial *eigensolutions*, $y = \sin x$, $y = \sin 2x$, $y = \sin 3x, \ldots$ (called *eigenfunctions* of the operator $-D^2$) owe their importance to the fact that they are sufficiently numerous (and behave sufficiently like n mutually orthogonal coordinate vectors in an n-dimensional Euclidean space) that almost all functions of practical importance can be expanded in a Fourier series like $f(x) = b_1 \sin x + b_2 \sin 2x + \ldots$, in the same way as an n-dimensional vector can be written as the sum of its components along the coordinate axes.

Mathematical physics gives rise to more general eigenvalue problems $Ay = \lambda y$, where the operator A is such that many important functions can be expanded in a (generalized) Fourier series of the eigenfunctions of A. In order to consider these problems from a unified point of view Hilbert introduced a space whose elements are not n-dimensional vectors, as in finite-dimensional Euclidean space, but are functions with infinitely many components (namely, the coefficients of the Fourier series in their eigenfunctions) so that Hilbert space is inifinite-dimensional.

But then the question arises: exactly which problems can be handled in this way? In other words, which operators provide eigenfunctions suitable for Fourier expansions? The question is discussed here for certain operators of great importance in mathematical physics, namely those that are *self-adjoint* and *completely continuous*.

Определе́ние. Компле́ксным гильбертовым простра́нством называ́ется множество H элеме́нтов, удовлетворя́ющее следующим аксио́мам.

Аксио́ма A . Элеме́нты H можно умно́жить на компле́ксные числа и складывать, т.е. если x и y суть элеме́нты H и a — компле́ксное число́, то ax и $x+y$ суть также определённые элеме́нты H . Ука́занные опера́ции удовлетворя́ют следующим зако́нам:

1. $x + y = y + x$; 2. $x(y + z) = (x + y) + z$;
3. $a(x + y) = ax + ay$; 4. $(a + b)x = ax + bx$;
5. $a(bx) = (ab)x$; 6. $1 \cdot x = x$;
7. если $x + y = x + z$, то $y = z$.

Аксио́ма B . Для любо́го целого положи́тельного n существу́ет n лине́йно незави́симых элеме́нтов.

Аксио́ма C . Каждой паре элеме́нтов x и y из H сопоставля́ется определённое компле́ксное число́, кото́рое называ́ется скаля́рным произведе́нием x на y . Оно́ обознача́ется символом (x,y). Это скаля́рное произведе́ние удовлетворя́ет следующими зако́нам:

$$8.\ (y,x) = \overline{(x,y)}\ ; \qquad 9.\ (x,x) > 0\ ,\ \text{если } x \neq 0;$$

$$10.\ (x_1 + x_2 y) = (x_1,y) + (x_2,y)\ ; \quad 11.\ (ax,y) = a(x,y)\ .$$

Выраже́ние $(x,y)^{1/2}$ называ́ется нормой элеме́нта x и обознача́ется через $||x||$.

Выраже́ние $||y-x||$ называ́ется рассто́янием между элеме́нтами x и y и обознача́ется через $\rho(x,y)$. Если $(x,y) = 0$, элеме́нты x и y называ́ются взаимно ортогона́льными. Элеме́нт x называ́ют преде́лом $(x_n \Longrightarrow x)$ после́довательности элеме́нтов $\{x_n\}$, если для любо́го заданного положи́тельного ε существу́ет тако́е N , что $||x-x_n|| \leq \varepsilon$ при $n>N$.

Определе́ние. После́довательность элеме́нтов x_n называ́ют фундамента́льной, если для любо́го заданного положи́тельного ε существу́ет тако́е N , что $||x_m - x_n|| \leq \varepsilon$ при $m, n > N$.

Аксио́ма D . Если после́довательность $\{x_n\}$ — фундамента́льная то существу́ет тако́й элеме́нт x из H , что $x_n \Longrightarrow x$.

Эта аксио́ма называ́ется обы́чно аксио́мой полноты́ простра́нства H

Определе́ние. Мы говори́м, что после́довательность элеме́нтов

$$x_1,\ x_2,\ \dots\ ,\ x_n,\ \dots$$

образу́ет ортогона́льную, нормиро́ванную систе́му, если

$$(x_p,x_q) = \begin{cases} 0 & \text{при } p \neq q\ , \\ 1 & \text{при } p = q\ . \end{cases}$$

Систе́ма $x_1,\ x_2,\ \dots\ ,\ x_n,\ \dots$ называ́ется замкнутой, если для любо́го элеме́нта x из H име́ет место равенство

$$\sum_{k=1}^{\infty} |a_k|^2 = ||x||^2\ , \qquad a_k = (x,x_k)\ .$$

Числа $a_k = (x,x_k)$ называ́ются коэффицие́нтами Фурье элеме́нта x относи́тельно систе́мы $x_1,\ x_2,\ \dots\ ,$ а ряд $a_1x_1 + a_2x_2 + \dots$ — рядом Фурье элеме́нта x .

В связи́ с тео́рией рядо́в Фурье есте́ственно вста́вить вопро́с, существу́ет ли в H замкнутая ортогона́льная и нормиро́ванная систе́ма, состоя́щая из счётного числа́ элеме́нтов. Реши́ть этот вопро́с с помощью аксио́м A—D нельзя́; он связан с некоторым други́м свойством — сепара́бельностью; простра́нство H называ́ется сепара́бельным, если име́ется счётное множество элеме́нтов M, всюду плотное в H.

Аксио́ма E. Простра́нство H сепара́бельно.

Легко́ доказа́ть, что если H сепара́бельно, то всякая ортогона́льная, нормиро́ванная систе́ма соде́ржит коне́чное или счётное число́ элеме́нтов.

Лине́йные опера́торы *linear operators*

Опера́тором в H называ́ется всякий определённый зако́н, по кото́рому любо́му элеме́нту x из H сопоставля́ется определённый элемент из H.

Дистрибути́вность опера́тора определя́ется формулой

$$A(c_1x_1 + c_2x_2) = c_1Ax_1 + c_2Ax_2$$

и ограни́ченность — формулой

$$||Ax|| \leq N||x|| ,$$

где N — некоторое положи́тельное число́.

Дистрибути́вный и ограничённый опера́тор называ́ется лине́йным опера́тором. Тако́й опера́тор обяза́тельно непреры́вен, т.е. если $x_n \Rightarrow x$, то $Ax_n \Rightarrow Ax$. Для дистрибути́вного опера́тора его ограничённость эквивале́нтна его непреры́вности. Мы рассма́триваем здесь только таки́е опера́торы.

Собственные значе́ния и собственные функции
Eigenvalues and eigenfunctions

Фундамента́льной зада́чей в приложе́ниях тео́рии опера́торов к математи́ческому ана́лизу явля́ется реше́ние одноро́дного и неодноро́дного уравне́ний

$$(A - \lambda E)x = 0 , \quad (A - \lambda E)x = y ,$$

где x — иско́мый элеме́нт, y — заданный элеме́нт, λ — численный пара́метр и E — опера́тор тожде́ственного преобразова́ния Ex = x. Число́ λ называ́ется собственным значе́нием опера́тора A, если одноро́дное уравне́ние име́ет реше́ния, отли́чные от нулево́го элеме́нта; эти реше́ния называ́ются собственными функциями опера́тора A, соотве́тствующими ука́занному собственному значе́нию. Множество собственных функций, соотве́тствующих данному собственному значе́нию λ образу́ет (вместе с нулевы́м элеме́нтом) подпростра́нство, разме́рность кото́рого называ́ют кратностью собственного значе́ния λ.

Определе́ние. Опера́тор A называ́ется самосопряжённым, если

$$(Ax, y) = (x, Ay) , \quad x,y \in H .$$

Теоре́ма. Собственные значе́ния самосопряжённого опера́тора действи́тельны и собственные функции, соотве́тствующие разли́чным собственным значе́ниям взаи́мно ортогона́льны.

Резольве́нта и спектр *resolvent and spectrum*

Определе́ния. Точка λ плоскости компле́ксного переме́нного называ́ется регуля́рной точкой опера́тора A , если опера́тор $A - \lambda E$ име́ет ограни́ченный обра́тный опера́тор $(A-\lambda E)^{-1}$. Спектром опера́тора A называ́ется множество точек λ , не явля́ющихся его́ регуля́рными точками.

Ясно, что всякое собственное значе́ние опера́тора A принадлежи́т его́ спектру, но нас интересу́ет следующий вопро́с: каки́е самосопряжённые опера́торы облада́ют свойством, что систе́ма $x_1, x_2, \ldots , x_n, \ldots$ их (ортогонализи́рованных и нормиро́ванных) собственных функций замкнута в простра́нстве H , так что мы можем говори́ть о ряда́х Фурье.

Рассма́триваем этот вопро́с для так называ́емых вполне́ непреры́вных опера́торов A .

Определе́ние. Говоря́т, что ограни́ченная после́довательность элеме́нтов x_n слабо сходится ($x_n \to x$) к элеме́нту x , если при любо́м выборе элеме́нта y

$$\lim_{n\to\infty} (x_n, y) = (x,y) .$$

Определе́ние. Лине́йный опера́тор A вполне́ непреры́вен, если из $x_n \to x$ следует $Ax_n \Rightarrow Ax$.

Теоре́ма. Вполне́ непреры́вный самосопряжённый опера́тор A име́ет по меньшей мере одно́ собственное значе́ние, отли́чно от нуля́; собственные значе́ния, отли́чные от нуля́, суть коне́чной кратности и не име́ют преде́льных точек, отли́чных от нуля́; элеме́нт A_y при любо́м y из H разлага́ется в ряд Фурье по ортогона́льной, нормиро́ванной систе́ме собственных функций, соотве́тствующих собственным значе́ниям, отли́чным от нуля́.

Интегра́льные уравне́ния *integral equations*

В приложе́ниях к математи́ческой физике эта теоре́ма обы́чно применя́ется к так называ́емым интегра́льным опера́торам

$$Ay(x) = \int_a^b K(x,z)\, y(z)\, dz ,$$

где элéментом гильбертова прострáнства H являéтся функция y(x) от одногó или любóго числá n перемéнных, и K(x,z) есть функция от 2n перемéнных. При решéнии предéльных задáч математúческой физики нахóдятся уравнéния следующего вида (интегрáльные уравнéния Фредгольма вторóго рода)

$$y(x) = \int_a^b K(x,z)\, y(z)\, dz + f(x) ,$$

где y(x) — искóмая функция, а f(x) и K(x,z) — заданные функции, и функция K(x,z) такáя, что оперáтор A — вполнé непрерывен.

складывать 82 *to add* (клад- *lay*); полнотá 87 *completeness* (пол- ple- *full*); связь 105 *connection* (вяз- *knot*); счётный 104 *countable* (чит- *count*); решúть 100 *solve* (рез- *cut*); помощь 100 *help* (моч- *be able*); нельзя́ 105 *impossible* (льз- *ease*); обязáтельно 105 *obligatorily,necessarily* (вяз- lig- *knot*); приложéние 82 *application* (лаг- *lay*); однорóдный 89, 106 *homogeneous* (один- homo- *one;* род- gen- *birth*); неоднорóдный 89, 106 *inhomogeneous;* тождéственный 51 *identical;* размéрность 99 *dimensionality* (мер- *measure*); кратность 107 *multiplicity;* сопряжённый 106 *adjoint* (пряг- *harness*); самосопряжённый 106 *self-adjoint;* слабо 107 *weakly.*

C11. ДИФФЕРЕНЦИÁЛЬНАЯ ГЕОМÉТРИЯ *differential geometry*

Теóрия кривизны́ прострáнственных кривы́х
Theory of curvature of space curves

If a sheet of newspaper, with a picture consisting of curved lines through a given point, is blowing in a high wind, the lengths of the curves will remain constant but there will be a rapid change in their curvatures, in particular, in the maximum and the minimum of the curvatures of those curves that are formed on the surface by planes through its normal at the point. However, by the theorem that Gauss called his *theorema egregium,* his *extraordinary* theorem, the product of the two principal curvatures (the so-called *total* or *Gaussian* curvature) will remain constant.

Пусть нам заданá некоторая вектор-функция одногó аргумéнта t

$$r = r(t) = x(t)i + y(t)j + z(t)k, \quad t_0 < t < t_1 .$$

Фиксúруем в прострáнстве некоторую точку O и будем при всех значéниях t откладывать вектор r(t) из этой точки. При каждом значéнии t мы получáем определённый вектор $\overline{OM} = r(t)$, начáло котóрого в точке O , а конéц M завúсит от выбора значéния t . При t , меня́ющемся от t_0 до t_1, точка M опúсывает в прострáнстве некоторое геометрúческое место точек,котóрое мы будем назывáть параметрúчески заданной кривóй.

Каса́тельную в данной точке криво́й $M(t)$ мы можем рассма́тривать как пряму́ю, проходя́щую через эту́ точку по направле́нию вектора

$$r'(t) = x'(t)i + y'(t)j + z'(t)k \quad .$$

Плоскость, проходя́щая через точку каса́ния перпендикуля́рно к каса́тельной, называ́ется норма́льной плоскостью.

Плоскость в точке M , постро́ена как преде́льное положе́ние плоскости, проходя́щей через три точки M_1, M_2, M_3 на криво́й, когда́ эти точки приближа́ются к M называ́ется соприкаса́ющейся плоскостью данной криво́й; это будет плоскость, проходя́щая через точку M и через отло́женные из M векторы r' , r'' ; будет плоскость, проходя́щая через точку M с наивы́сшим поря́дком каса́ния с криво́й в точке M .

Норма́ль в данной точке, лежа́щую в соприкаса́ющейся плоскости, мы будем называ́ть главной норма́лью, а норма́ль, перпендикуля́рную к соприкаса́ющейся плоскости — бинорма́лью.

Каса́тельная, главная норма́ль и бинорма́ль, выходя́щие из одно́й и той же точки криво́й образу́ют между собо́й прямы́е углы́. Составля́ют, как говоря́т, переме́нный трие́др, связанный с криво́й.

Вдоль простра́нственной криво́й

$$r = r(s)$$

в каждой точке определя́ется едини́чный каса́тельный вектор

$$t = r(s)$$

как функция от переме́нной s . Скорость враще́ния этого вектора t в данной точке криво́й по отноше́нию к длине́ s , проходи́мой по криво́й, мы называ́ем кривизно́й k криво́й в данной точке, а обра́тная величина́ $R=1/k$ — радиусом кривизны́: други́ми слова́ми

$$k = \lim_{\Delta s \to 0} \left| \frac{\Delta\phi}{\Delta s} \right| \quad ,$$

где Δs — элеме́нт проходи́мый по криво́й исхо́дя из данной точке, а $\Delta\phi$ — угол соотве́тствующего поворо́та каса́тельной t .

Име́ем

$$k = |\dot{t}| \quad |\ddot{r}| \; .$$

Теоре́ма. Для того́, чтобы линия была́ прямо́й, необходи́мо и доста́точно, чтобы её кривизна́ во всех точках была́ равна́ нулю́.

Криволине́йные координа́ты на пове́рхности
Curvilinear coordinates on a surface

Пусть нам дана́ вектор-функция двух скаля́рных аргуме́нтов u, v

$$r = r(u,v) = x(u,v)i + y(u,v)j + z(u,v)k \; .$$

Бу́дем откла́дывать $r(u,v)$ из нача́ла координа́т O . Когда́ u,v изменя́ются, точка M с координа́тами $x(u,v)$, $y(u,v)$, $z(u,v)$, или, что то же, с радиус-вектором $r(u,v)$, опи́сывает некоторое геометри́ческое место точек, кото́рое мы будем называ́ть пове́рхностью в параметри́ческом представле́нием.

Криви́е на пове́рхности. Каса́тельная плоскость
Curves on a surface the tangent plane

Рассмо́трим на пове́рхности некоторую криву́ю, т.е. геометри́ческое место точек, криволине́йные координа́ты кото́рых определя́ются уравне́ниями

$$u = u(t), \quad v = v(t),$$

где t — незави́симое переме́нное.

Пользуясь её представле́нием в простра́нстве

$$r = r[u(t), v(t)] ,$$

нахо́дим дифференциа́л радиус-вектора

$$dr = r_u(u,v)du + r_v(u,v)dv .$$

Мы видим, что в каждой точке криво́й вектор dr (напра́влен по каса́тельной к криво́й) разлага́ется по векторам $r_u(u,v)$, $r_v(u,v)$, и следовательно, он компланáрен с ними.

Отсю́да следует, что если через данную точку пове́рхности $M(u,v)$ прово́дим по пове́рхности все возмо́жные криви́е, то каса́тельные к ним в этой точке располо́жатся все в одно́й плоскости (в плоскости векторов r_u, r_v), кото́рая называ́ется каса́тельной плоскостью.

Первая фундамента́льная квадрати́чная форма; внутреняя геометрия на пове́рхности
First fundamental quadratic form; intrinsic geometry on a surface

Легко́ вычислить и дифференциа́л ds нашей криво́й. Действи́тельно,

$$|ds| = |dr| = |r_u du + r_v dv|$$

или

$$ds^2 = dr^2 = (r_u du + r_v dv)^2 ,$$

т.е.

$$ds^2 = r_u^2 du^2 + 2r_u r_v du\, dv + r_v^2 dv^2 .$$

С обозначе́ниями

$$r_u r_u = E(u,v) ,$$
$$r_u r_v = F(u,v) ,$$
$$r_v r_v = G(u,v) ,$$

име́ем

$$ds^2 = E(u,v)du^2 + 2F(u,v)du\, dv + G(u,v)dv^2 .$$

Выраже́ние в правой части называ́ется первой фундамента́льной квадра́тичной формой на пове́рхности. Из определе́ния ясно, что эта форма — положи́тельная.

Интегри́руя дифференциа́л ds в преде́лах $t_0 \leq t \leq t_1$, полу́чим длину́ соотве́тствующего отре́зка криво́й от точки $M(t_0)$ до точки $M(t_1)$.

Зная первую квадрати́чную форму на пове́рхности, можно измеря́ть не только длины́, но и углы́ между кривы́ми, и площади областе́й на пове́рхности.

Те геометри́ческие свойства пове́рхности, кото́рые можно установи́ть, исхо́дя из зада́ния только первой квадра́тичной формы (т.е. без знания положе́ния криво́й в простра́нстве) образу́ют так называ́емую внутренную геоме́трию пове́рхности.

Риманова геоме́трия *Riemannian geometry*

Риманова геоме́трия — многоме́рное обобще́ние геоме́трии на пове́рхности. В каждой точке n-мерного риманового простра́нства R задана́ фундамента́льная (положи́тельная квадра́тичная) форма

$$\sum_{i,k} g_{ik}\, dx^i\, dx^k$$

(в двухме́рном случае $g_{11}=E$, $g_{12}=g_{21}=F$, $g_{22}=G$, $x^1=u$, $x^2=v$) и длина́ криво́й определена́ как интегра́л от $(\Sigma_{ik}\, g_{ik}\, dx^i\, dx^k)^{1/2}$ вдоль этой криво́й. Если при этом фундамента́льная форма может принима́ть и отрица́тельные значе́ния, то полу́чим обобще́ние рима́новой геоме́трии, применя́емое в общей тео́рии относи́тельности.

Норма́льные сече́ния, главные кривизны́ *theorema egregium* Гаусса
Normal sections, principal curvatures, the theorema egregium of Gauss

В трёхме́рном евкли́довом простра́нстве мы будем называ́ть норма́льным сече́нием пове́рхности в точке M криву́ю пересече́ния пове́рхности с норма́льной плоскостью в точке M, то есть с плоскостью, проходя́щей через норма́ль в точке M. Таки́х плоскостей в каждой точке M бесконе́чное множество, но всегда́ существу́ют два взаи́мно перпендикуля́рные направле́ния, для кото́рых радиусы кривизны́ R норма́льного сече́ния име́ет соотве́тственно максимум R_1 и минимум R_2. Эти радиусы называ́ются главными радиусами кривизны́ норма́льных сече́ний в рассматрива́емой точке; те два направле́ния в каса́тельной плоскости, кото́рым они́ соотве́тствуют, называ́ются главными направле́ниями; и выраже́ние

$$K = \frac{1}{R_1 R_2}$$

называ́ется полной (или гауссовой) кривизно́й пове́рхности в заданной точке.

Гаусс показа́л, что можно выразить K только через E,F,G и их произво́дные по u,v, отку́да следует, что гауссова кривизна́ K(u,v) пове́рхности не меня́ется при таки́х деформа́циях пове́рхности, при кото́рых не меня́ется её первая квадрати́чная форма, т.е. не меня́ются длины́ кривы́х (*theorema egregium* Гаусса).

Таки́м образом, при таки́х деформа́циях пове́рхность меня́ет свою́ форму, вследствие чего́ главные кривизны́ меня́ют свой значе́ния, но их произведе́ние — полная кривизна́ K — остаётся постоя́нным.

кривизна́ 107 *curvature;* простра́нственный 107 *space* (adj.); откла́дывать 81 *lay out* (клад- *lay*); меня́ть 98 *change* (мен- *change*); каса́тельный 105 *tangent* (кас- *touch*); каса́ние 105 *contact, tangency* (кас-); соприкаса́ться 105 *osculate* (кас-); выходи́ть 76 77 *issue, go out from* (ход- *go*); наивы́сший 49 *highest;* главный 107 *principal;* враще́ние 92 *rotation* (верт- *turn*); пове́рхность 105 *surface* (верх- *top*); представле́ние 85 *representation* (ста- *stand*); находи́ть 76, 77 *come upon, find* (ход- *go, come*); внутрений 46 *interior, intrinsic;* измеря́ть 99 *measure* (мер- *measure*); знание 96 *knowledge* (зна- *know*); многоме́рный 99 *multidimensional,* n-*dimensional* (мног- mult- *many;* мер- *measure*); относи́тельность 75 *relativity* (нос- lat- *carry*); выразить 101 *express* (рез- *cut*).

C12. ТОПОЛО́ГИЯ *topology*

The *paving theorem* of Lebesgue states that in a metric space a set of points is of dimension n if for every covering by small closed sets at least one point is covered (n + 1) times but there exists a covering by such sets in which no point is covered (n + 2) times. For example, an ordinary map of the United States is of dimension two because, no matter how we may shift state-boundaries, there will always be points common to three states, but by adding to Utah a thin slice of Arizona, we can obtain a map in which no four states come together.

Определе́ние. Топологи́ческим простра́нством называ́ется множество R, состоя́щее из элеме́нтов (точек), в кото́ром определены́ некоторые подмно́жества $A \subseteq R$, называ́емые замкнутыми множествами топологи́ческого простра́нства R; при этом предполага́ются выполненными следующие усло́вия, называ́емые аксио́мами топологи́ческого простра́нства:

1. пересече́ние любо́го числа́ и соедине́ние любо́го коне́чного числа́ замкнутых множеств есть замкнутое множество.
2. Всё множество R и пусто́е множество суть замкнутые множества.

Множества, дополни́тельные к замкнутым в R, то есть множества вида $R \setminus A$, где A замкнуто, называ́ются откры́тыми множествами.

Определе́ние. Пересече́ние всех замкнутых множеств, содержа́щих данное множество M, называ́ется замыка́нием множества M и обознача́ется через $\overline{M}$.

Определе́ние. Окре́стностью данной точки p называ́ется всякое откры́тое множество, содержа́щее точку p.

Метри́ческие и метризу́емые простра́нства
Metric and metrizable spaces

Определе́ние. Метри́ческим простра́нством называ́ется множество элеме́нтов, в кото́ром каждым двум элеме́нтам x и y поста́влено в соотве́тствие неотрица́тельное число́ $\rho(x,y)$, называ́емое расстоя́нием между x и y, так что выполня́ются следующие усло́вия.

1. Тогда́ и только тогда́ $\rho(x,y) = 0$, когда́ точки x и y тожде́ственны между собо́й (аксио́ма тождества).
2. $\rho(x,y) = \rho(y,x)$ (аксио́ма симме́трии).
3. Для любы́х трёх точек x, y, z, метри́ческого простра́нства име́ет место нера́венство $\rho(x,y) + \rho(y,z) \geq \rho(x,z)$ (аксио́ма треуго́льника).

Неотрица́тельная функция $\rho(x,y)$ двух переме́нных точек x,y простра́нства R, удовлетворя́ющая ука́занным усло́виям, называ́ется метрикой данной метри́ческого простра́нства.

Метрика данного метри́ческого простра́нства определя́ет в нём тополо́гию следующим образом. Называ́ется расстоя́нием между точкой p и множеством M, лежа́щим в данном метри́ческом простра́нстве R, нижняя грань неотрица́тельных чисел $\rho(p,x)$, $x \in M$. Называ́ется замыка́нием множества M в метри́ческом простра́нстве R множество всех точек p, для кото́рых $\rho(p,M) = 0$. Называ́ется, наконе́ц, множество M замкнутым, если оно́ совпада́ет со свои́м замыка́нием. Легко́ прове́рить, что эта тополо́гия удовлетворя́ет аксио́мам топологи́ческого простра́нства.

<u>Определе́ние</u>. Верхняя грань $d \leq \infty$ чисел $\rho(x,y)$, $x, y \in R$, называ́ется диа́метром метри́ческого простра́нства R.

<u>Определе́ние</u>. Отображе́ние C топологи́ческого простра́нства X в топологи́ческое простра́нство Y называ́ется непреры́вным, если прообраз $C^{-1}(B)$ каждого замкнутого в Y множества B замкнут в X.

Пусть непреры́вное отображе́ние C топологи́ческого простра́нства X на топологи́ческое простра́нство Y взаи́мно однозна́чно. Если отображе́ние C^{-1} простра́нства Y на X, обра́тное к взаи́мно однозна́чному отображе́нию C, непреры́вно, то отображе́ние C называ́ется топологи́ческим отображе́нием (или гомеоморфи́змом) X на Y. Два топологи́ческих простра́нства называ́ются гомеомо́рфными между собо́й, если одно́ из них может быть топологи́чески отображено́ на друго́е.

Топологи́ческое простра́нство, гомеомо́рфное метри́ческому, называ́ется метризу́емым простра́нством.

Систе́ма подмно́жеств данного множества R называ́ется покры́тием множества R, если соедине́ние множеств, входя́щих в эту систе́му есть всё множество R. Покры́тие метри́ческого простра́нства называ́ется ε-покры́тием, если все элеме́нты этого покры́тия по диа́метру меньше ε. Кратностью данной коне́чной систе́мы множеств, в частности данного покры́тия, называ́ется наибо́льшее из таки́х целых чисел n, что в данной систе́ме множеств име́ется n элеме́нтов с непусты́м пересече́нием.

<u>Определе́ния</u>. Топологи́ческое простра́нство называ́ется хаусдорфовым простра́нством, если для любы́х двух разли́чных его́ точек существу́ют две непересека́ющиеся их окре́стности.

Топологи́ческое простра́нство R называ́ется бикомпа́ктным если из всякого покры́тия простра́нства R откры́тыми множествами можно выделить коне́чное число́ элеме́нтов, также образу́ющих покры́тие простра́нства R.

Хаусдорфово бикомпа́ктное простра́нство называ́ется бикомпа́ктном. Метризу́емое бикомпа́ктное простра́нство называ́ется компактном.

Разме́рность компа́кта Φ есть наиме́ньшее из тех целых чисел n , для кото́рых при каждом $\varepsilon>0$ существу́ет замкнутое ε-покры́тие компа́кта Φ кратности $\leq n+1$.

При $n=2$, это определе́ние означа́ет, что всякая двухме́рная площадь (компа́кт) может покры́ться малыми замкнутыми множествами так, что примыка́ют не более чем по три, а не так, чтобы были только примыка́ния по два.

Но при заполне́нии некоторого трёхме́рного объёма доста́точно малыми замкнутыми множествами необходи́мо име́ются примыка́ния по четы́ре (Лебег).

прове́рить 92 *verify* (вер- *believe*); покры́тие 98 *covering* (кры-); примыка́ть 98 *adjoin, touch* (мык- *close*); примыка́ние 106 *contiguity* заполне́ние 87 *filling, packing* (пол- *full*).

Glossary

∿ is used to connect the two verbs of an aspect pair, e.g. писа́ть ∿ написа́ть *write*, the imperfective being written first. The perfective is given in its alphabetical position, with a reference to the imperfective, e.g. написа́ть *pf. of* писа́ть , except when it would immediately precede or follow the corresponding aspect pair; e.g. описа́ть is omitted immediately before опи́сывать ∿ описа́ть *describe*.

* denotes an obsolete form, cf. p. 80; no accent is given for these obsolete forms.

† (after an imperfective verb) means that the corresponding perfective form exists but is not given in this book, cf. p. 74; the words *no pf.* mean that the corresponding perfective does not exist or is irrelevant for mathematical purposes.

\- at the end of a form means that the form is not a complete word (though occasionally it may look like one). Usually it is a root (e.g. вод- *duc-lead*), but sometimes a prefix (e.g. воз- (вз-) *out, up*).

masc. after a noun means that the noun is masculine. The gender of the other nouns in this glossary is clear from their form; see p. 37.

The non-mathematical words in the chapter on pronunciation are not included here.

а 50 and, but A4

аналоги́чно 49 analogously

аналоги́чный 45 49 analogous

асимпто́та 37 asymptote

ассоциати́вность 37 associativity

без 52 without B11

бер- (бр-, бор-) 72 73 78-80 take

бесконе́чный 105 infinite A19

би- 104 beat, strike

близ- 71 91 near

близиться ∿ прибли́зиться 70 90 approach (близ-)

близкий 90 near (близ-)

близость 90 nearness (близ-)

более 49 more

больше 49 bigger, greater B18

большинство́ 44 majority C3

большо́й 44 49 big, large, great

брать ∿ взять 72 78 79 take (бер-, я- take) C3 A3

буд- 71 awaken

будем 57 we shall A2

будет 57 it will A10

буди́ть ∿ пробуди́ть 71 awaken (буд- awaken)

будут 57 they will

бы 51 54 58 would

быва́ть *no pf.* 72 occur often

был, была́, было 52 72 was

были 57 were

было бы ... если бы 58 it would be...if...were to... C7

было́е 72 the past

быть 56 57 58 to be A17

в (во) 41 52 53 68 70 72 in, into A2

-ва- 72 *imperfectivizing prefix*

введе́ние 74 introduction (вод- duc- lead) A17

ввиду́ 52 94 in view of (вид- see) A26

ввиду́ того́, что 94 in view of the fact that

вводи́ть 74 introduce (вод- duc- lead)

вдоль 52 along

велик- 104 big

величина́ 104 magnitude (велик-) A11

вер- 71 91 92 believe

верить ∿ пове́рить 71 92 believe (вер-)

верно 92 *short form* valid, true (вер-)

верный 45 92 true, credible, valid (вер-) A28

веро́ятный 92 probable (вер-) C7

верт- 91 92 turn

верх- 105 top

верхний 46 105 upper (верх-) A17

верши́на 105 vertex (верх-)

вес 86 94 weight

веси́ть *no pf.* 94 weigh (вес-)

весово́й 94 weight *adj.* (вес-)

весь 42 all A17

вет- 91 93 speak

*ветить 80 93 speak (вет-)

вз- = воз- 70 72 *perfectivizing prefix*

взаи́мно 79 80 mutually (back and forth) A14

взвеси́ть *pf. of* взвешивать

взвешенный 94 weighted (вес- weight)

взвешивать ∿ взвеси́ть 94 to weight (вес-)

взять *pf. of* брать

вид 37 94 form, appearance (вид- see) A7

вид- 91 94 see

видеть ∿ уви́деть 56 94 (вид-) A15

видит 56 (see видеть)

видоизменя́ть ∿ видоизмени́ть 94 modify (вид- see, мен- change)

вис- 91 94 hang

висе́ть *no pf.* 56 94 hang, depend (вис-)

вкладывать ∿ вложи́ть 80 81 82 imbed (клад-, лаг- lay)

включа́ть ∿ включи́ть 105 include (ключ- clud- close)

включе́ние 105 inclusion, insertion (ключ-) B31

включи́тельно 105 inclusive (ключ-) C9

включи́ть *pf. of* включа́ть

влага́ть ∿ вложи́ть 80 81 82 include, imbed, impose (лаг- pos- lay)

влад- 105 possess

вложе́ние 81 82 imbedding, inclusion (лаг- lay)

вложенный 82 nested (лаг-)

вложи́ть *pf. of* {вкладывать, влага́ть}

вместе 52 106 together with (мест- place) A23

вместо 52 106 instead of, in place of (мест-) A31

вне 52 outside C4

внеинтегра́льный 52 outside the integral sign C5

внима́ние 79 consideration, attention (им- take)

внима́ть ∿ внять 78 79 listen, pay attention (им-, я- take)

вноси́ть † 74 75 insert (нос- carry)

внутрений 46 interior, intrinsic C11

внутри́ 52 inside

внять *pf. of* внима́ть

во = в 52 in, into

вод- 73 74-75 lead

води́ть † 74 lead (вод-)

воз- (вз-) 52 68 69 70 out, up

возбужда́ть ∿ возбуди́ть 69 71 excite (буд- awaken)

возводи́ть † 74 raise (вод- lead)

возврати́ть *pf. of* возвраща́ть

возвра́тный 92 reciprocal (верт- turn)

возвраща́ть ∿ возврати́ть 92 turn back, return (верт-)

возмо́жно 100 possible, as ... as possible (мог- be able) C7

возмо́жность 100 possibility (мог-) C7

возмо́жность того́, что... possibility of the fact that...

возмо́жный 100 possible (мог- be able)

возраста́ние 106 growth, increase (раст- grow)

возраста́ть ∿ возрасти́ 106 grow, increase (раст-) C3

вол- 91 94 wish

*волить 80 94 wish (вол-)

вопрóс 106 question (прос- ask) A18

вос- = воз- 69 out, up

воспóльзоваться *pf. of* пользоваться

восставля́ть ∿ восстáвить 83 set up, erect (ста- stand)

восстанáвливать ∿ восстанови́ть 84 restore (ста-)

восходи́ть † 76 ascend (ход- go)

вписывать ∿ вписáть 66 68 71 inscribe (пис- scrib- write)

вполнé 87 fully, completely (полн- ple- full) C6

вправля́ть ∿ вправить 88 adjust (прав- right)

вправо 88 to the right (прав-)

*вратить 80 92 turn (верт- turn)

вращéние 92 rotation (верт-) C11

временем, времени (see время)

время 92 time (верт- turn) C5

вровень 86 on a level with (рав- equal)

все, всё (see весь) 42

всегдá 50 always A18

всегó, всей, всем, всём, всеми, всемý, всех (see весь) 42

вследствие 52 103 as a consequence of (след- seq- follow) A33

вспомогáтельный 100 auxiliary (мог- be able)

вставля́ть ∿ вставить 69 83 set into, insert (ста- stand)

всю 42 (see весь)

всюду 50 everywhere, into every place C8

вся 42 (see весь)

всякий 44 62 every A9

вторóй 44 47 second A28

входить † 74 76 77 enter (ход- go) C6

входнóй 76 input *adj.* (ход-)

вы- 52 68 70 out, up

выбирáть ∿ выбрать 78 79 select (бер- lect- take) C3

выбор 78 79 selection, choice (бер-) C3

выборка 78 sample (бер- take)

выбрать *pf. of* выбирáть

вывод 74 deduction (вод- duc- lead) C8

выводить † 74 deduce (вод-) C8

выделя́ть ∿ выделить 69 71 95 distinguish, separate out, extract (дел- divide) A24

вызывáть ∿ вызвать 97 call up, evoke, give rise to, cause (зыв- call) C9

выкладка 81 simplification (клад- lay)

выклáдывать ∿ выложи́ть 81 remove brackets, simplify (клад-, лаг- lay)

вымéнивать ∿ выменять 98 to exchange (мен- change)

выноси́ть † 75 carry out, export (нос- port- carry)

выноска 75 marginal note (нос- carry)

выполнéние 85 fulfilment (полн- full) B19

выполни́мость 87 fulfillability, performability, realizability (полн-) B26

выполня́ть ∿ выполнить 87 complete, perform, fulfil (полн- ple- full) A26

вырáвнивать ∿ выровнять 86 straighten out (рав- equal)

выражáть ∿ выразить 101 formulate, sketch out, express (рез- cut) A32 C11 выраже́ние 101 expression (рез-) A31

выразить *pf. of* выража́ть

вырезать *pf. of* выре́зывать

вырезка 101 engraving (рез- cut)

выре́зывать ∿ вырезать 101 cut out (рез- cut)

выровнять *pf. of* выра́внивать

высечь *pf. of* сечь

высказать *pf. of* выска́зывать

выска́зывание 97 assertion, statement (каз- show) C8

выска́зывать ∿ высказать 97 speak out, assert, state (каз-)

выставлять ∿ выставить 83 set forth, adduce, present (ста- stand)

выучить *pf. of* учи́ть

выходи́ть † 76 77 turn out, issue, go out from (ход- go) C11

выходно́й 76 output *adj.* (ход-)

вычесть *pf. of* вычита́ть

вычет 104 residue (чит- consider) B15

вычисля́ть ∿ вычислить 103 compute (чит- consider) A31

вычита́ние 104 subtraction (чит-) B23

вычита́ть ∿ вычесть 103 subtract (чит- consider) A7

вычита́я 103 subtracting (чит-)

выявля́ть ∿ выявить 91 display, reveal (яв- evident) C8

выясня́ть ∿ выяснить 90 ascertain, clear up (яс- evident) C7

вяз- 105 knot

вяза́ть ∿ связа́ть 105 connect (вяз-) B17

где 45 50 where A1

геоме́трия 45 geometry

Гильберт 40 Hilbert

главный 45 107 principal C11

говори́ть ∿ сказа́ть 72 98 say (каз- show) A17

готов- 71 ready

гото́вить ∿ подгото́вить 70 prepare (готов-)

гран- 105 face, border

грани́ца 105 boundary, bound (гран-) A19

грани́чный 105 boundary *adj.* (гран-) C9

грех- 105 mistake

да- 91 95 give

дава́ть ∿ дать 72 95 give (да-) B23 A2

дан 60 *short form* given (да-)

данный 51 60 given (да-) C3

дать *pf. of* дава́ть

два 47 two A10

двухме́рный 99 two-dimensional (мер- measure)

действи́тельно 107 actually, for a fact, in fact

действи́тельный 45 107 real A17

дел- 71 91 95 divide

дел- 105 do

делать ∿ сделать 70 71 105 do, make (дел- do) C4

деле́ние 37 95 division (дел- divide) A2

делённый 60 having been divided (дел- divide)

дели́вший 59 having divided (дел- divide)

дели́л, дели́ла, дели́ло 57 it divided

дели́ли 57 they divided

делим 55 60 we divide

дели́мый 60 being divided, divisible

делит 56 it divides

дели́тель 95 divisor (дел- divide) B11

дели́ть ∿ раздели́ть 37 55-60 70 71 95 divide (дел- divide) A2 A11

делится 56 it is being divided

дело 105 deed (дел- do)

деля́ 60 dividing (дел- divide)

делят 56 59 60 they divide (дел- divide)

делящий 59 dividing (дел- divide)

держ- 71 105 hold

держа́ть *no pf.* 56 71 hold (держ-)

держит 56 it holds (держ-)

директри́са 37 directrix

дифференциа́л 37 differential

дифференци́ровать ∿ продифференци́ровать 66 70 differentiate

длина́ 107 length A6

для 42 52 for A10

до 52 53 68 70 72 to, up to, before B25

доб- 105 suitable

довери́тельный 92 confidence *adj.* (вер- fid- believe)

доверя́ть ∿ дове́рить 71 92 confide, entrust to (вер- fid- believe)

дово́льно 94 enough (вол- wish)

доказа́тельство 37 98 proof (каз- show) A9

дока́зывать ∿ доказа́ть 98 prove (каз- show)

докла́д 81 report (клад- port- lay)

докла́дывать ∿ доложи́ть 81 put before, report (клад-, лаг- port- lay)

долг- 91 long

долгий 90 long (долг-)

доложи́ть *pf. of* докла́дывать

дополни́тельный 87 supplementary (полн- ple- full) A11

дополня́ть ∿ дополни́ть 87 to supplement, complement (полн- ple- full)

достава́ть ∿ доста́ть 84 get to, obtain (ста- stand)

доставля́ть ∿ доста́вить 83 set before, deliver, give, cause (ста- stand)

доста́точность 84 sufficiency (ста-)

доста́точный 45 85 sufficient (ста-) A14

доста́ть *pf. of* достава́ть

дробный 107 fractional A21

дробь 107 fraction B25

друг за другом 107 one after another C8

друго́й 107 other A23

евкли́дов 45 Euclidean C4

его́ 41 (see он) A12

един- (один-) one

едини́ца 89 90 unity (один- uni- one) A21

едини́чный 89 unit *adj.* (один-) C2

еди́нственность 89 uniqueness (один-)

еди́нственный 45 89 90 unique (один-) B7

её, ей, ему́ 41 (see он, она́, оно́)

если 50 if A3

если же 51 but if A25

есте́ственный 72 natural A18

есть 43 56 57 72 is A6

же 51 in fact, the same, but

за 52 53 68 70 72 after, in the capacity of, in exchange for, as, beyond B20

зави́сеть *no pf.* 67 94 depend on, be dependent (вис- pend- hang) C9

зави́симость 94 dependence (вис-) C9

зави́симый 94 dependent (вис-) A25

зави́сящий 94 depending on (вис-)

задава́ть ∿ зада́ть 95 prescribe, assign (да- give) A2

заданный 95 prescribed (да- give) C5

зада́ть *pf. of* задава́ть

зада́ча 95 problem (да-) A30

заде́рживать ∿ задержа́ть 69 71 detain (держ- hold)

заключа́ть ∿ заключи́ть 105 conclude, enclose (ключ- clud- close)

заключе́ние 105 enclosure, conclusion (ключ-) C8

заключи́ть *pf. of* заключа́ть

зако́н 105 law C8

закрути́ть *pf. of* крути́ть

закрыва́ть ∿ закры́ть 60 to close (кры- cover)

закры́т 60 *short form* closed (кры-)

закры́тый 60 closed (кры-)

закры́ть *pf. of* закрыва́ть

заме́на 98 change (мен- change) A31

замени́ть *pf. of* заменя́ть

заменя́ть ∿ замени́ть 98 99 replace, substitute (for) (мен- change)

замкнутый 106 closed (мык- close) A24

замкну́ть *pf. of* замыка́ть

замыка́ние 106 closure (мык- close) C4

замыка́ть ∿ замкну́ть 106 close (мык-)

занима́ть ∿ заня́ть 79 occupy, busy (им-, я- take)

занима́ться 79 busy oneself with (им-)

заноси́ть † 75 enter (in a list) (нос- carry)

занумерова́ть *pf. of* нумерова́ть

заня́ть *pf. of* занима́ть

запи́сывать ∿ записа́ть 68 rescribe, write over again, write in a different way (пис- scrib- write) C5

запись 68 notation, manner of writing (пис- write) C4

заполне́ние 87 filling, completing, packing (полн- ple- full) C12

зара́внивать ∿ заровня́ть 86 level up (рав- equal)

зарегистри́ровать *pf. of* регистри́ровать

заре́зать *pf. of* резать

заровня́ть *pf. of* зара́внивать

заставля́ть ∿ заста́вить 83 put to doing, compel (ста- stand)

звать ∿ позва́ть 97 call (зыв- call)

здесь 50 here A33

зна- 92 96 know

знава́ть *no pf.* 96 know (зна-)

знак 37 96 sign, symbol (зна-) A9

знамена́тель 37 96 denominator (зна-) C7

знание 96 knowledge (зна-) C11

знать *no pf.* 96 know (зна-) A7

значе́ние 96 meaning, value (зна-)

значить *no pf.* 96 to mean (зна-) A23

зыв- 92 97 call

и 50 51 and, even, in fact A1

и ... и 50 both ... and

-ива 69 98 *imperfectivizing suffix*

идеа́л 37 ideal

из (изо) 52 53 68 69 70 out, from A7

избира́тельный 78 electoral (бер- lect- take)

избира́ть ∿ избра́ть 78 elect (бер-)

издава́ть ∿ изда́ть 95 publish (да- give)

изда́тельство 95 publishing house (да-)

изда́ть *pf. of* издава́ть

излага́ть ∿ изложи́ть 81 82 lay out, set forth, explain, expose, give an exposition on (лаг- pos- lay) A17

изложе́ние 73 81 exposition (лаг-

изложи́ть *pf. of* излага́ть

измене́ние 99 variation (мен- var- change) A21

изменя́ть ∿ измени́ть 99 alter, vary (мен- var- change) A16

изменя́ющийся 99 varying (мен-)

измере́ние 99 dimension (мер- measure) C9

измеря́ть ∿ изме́рить 99 to measure (мер- measure) C11 C9

изо = из 52

изобража́ть ∿ изобрази́ть 101 represent, illustrate (рез- cut) A13

изображе́ние 101 representation, transform (рез-)

изобрази́ть *pf. of* изобража́ть

изуча́ть ∿ изучи́ть 107 study (ук- become accustomed to) C8 A33

изы́скивать ∿ изыска́ть 69 71 examine (иск- seek)

или 50 or A6

им, ими 41 by it, to them, etc. (see он)

им- 78 79 take

*имать 78 80 take (им-)

име́ть *no pf.* 55 78 79 to have (им-) A1

ина́че 50 otherwise A31

инду́кция 37 induction

иногда́ 50 sometimes A18

интегри́ровать ∿ проинтегри́ровать 56 integrate

интегри́руем 56 we integrate

интегри́рует 56 it integrates

интегри́руют 56 they integrate

ис- = из-

иск- 71 92 97 seek

иска́ть *no pf.* 67 71 97 seek (иск- ask, seek) A2

исключа́ть ∿ исключи́ть 105 exclude (ключ- clud- close) C7

иско́мый 97 sought-for (иск- seek)

испо́льзовать *its own pf.* 105 utilize (лег- ease)

испро́бовать *pf. of* пробовать

иссле́довать *its own pf.* 102 investigate (след- follow) C9

исходи́ть † 76 77 come out, start from (ход- go) A25

исхо́дный 76 77 initial (ход-) B28

исчисле́ние 104 calculus (чит- consider) A30

ита́к 50 and so C4

их 41 (see он) A9

к 41 42 52 53 to A8

каждый 45 each A10

каз- 92 97-98 show

*казать 80 97 show (каз-)

каза́ться ∿ показа́ться 97 show itself, appear to be (каз-)

как 50 how, as A7

как ... так 59 both ... and

како́й 45 of what kind B31

кас- 105 touch

каса́ние 105 tangency (кас- tang- touch) C11

каса́тельная 105 tangent *n.* (кас-) A26

каса́тельный 105 tangent *adj.* (кас-) C11

квадра́т 47 square

клад- 80 lay

класс 37 class

класть ∿ положи́ть 80 lay (клад-, лаг- lay)

клон- 71 105 bend, incline

клони́ть *no pf.* 105 bend, incline *trans.* (клон-)

клони́ться *no pf.* 105 bend, incline *intrans.* (клон-)

ключ- 105 to close

книга 38 book книги books

когда́ 50 where A14

кольцо́ 107 ring B8

коммутати́вность 36 37 38 39 commutativity

кон- 105 end

коне́ц 35 105 end (кон-) A13

коне́чность 105 finitcness (кон-)

коне́чный 105 finite (кон-) A19

констру́кция 37 construction

конча́ть ∿ кончить 105 to end (кон- end)

координа́та 37 coordinate

корень *masc.* 107 root B26

коро́ткий 44 short

кото́рый 45 *rel. pro.* which A3

коэффицие́нт 37 coefficient

кратность 107 multiplicity C10

крива́я 107 curve A26

кривизна́ 107 curvature C11

кроме 52 beyond, except B24

кроме того́ beyond that, also C3

круг 105 circle, disk C2

крут- 105 twist

крути́ть ∿ закрути́ть 105 twist (крут-)

круче́ние 105 torsion (крут-) C6

кры- 71 92 98 cover

*крыть ∿ покрыть 71 80 98 to cover (кры-)

куда́ 50 whither

лаг- 73 80 81-83 pos- lay

лег- (льз-) 80 105 ease

лёгкий 105 ease (лег- ease)

легко́ 105 easily (лег-) A31

леж- = лаг- 80 lay

лежа́ть *no pf.* 81-83 to lie (лаг-) A7

ли 51 whether A18

либо ... либо 50 either ... or A18

лик- 105 face

лине́йный linear C4

лог- = лаг- = лож- 80 lay

*ложи́ть ∿ положи́ть 80 84 to lay (лаг- lay) A32

луч- 72 admit, receive

лучше 49 better (or best)

лучший 49 best

льз- = лег- 105 ease

любо́й 107 arbitrary A3

мало 107 little, by a small amount C7

малый 49 107 small C7

математи́чески 49 mathematically

математи́ческий 49 mathematical

между 52 53 between A1

мен- 92 98-99 var- change

менее 49 less

меньше 49 less A17

меньший 49 least

меня́ть ∿ {обменя́ть, поменя́ть} 55 98 to change (мен- change) C11

мер- 92 99 measure

мера 99 measure (мер-) B3

мерить ∿ поме́рить 99 to measure (мер-)

мес- 106 mix

мест- 106 place

место 35 37-39 45 106 place locus (мест-) B17

мног- 71 86 88-89 mult- many

много 88 many (мног-)

многозна́чность 89 many-valuedness (много- many, зна- know)

многоме́рный 99 n-dimensional (мног- many, мер- measure) C11

многообра́зие 88 89 101 multiformity, manifold (мног- mult- many) C9

многочле́н 89 polynomial (мног-) A21

множество 52 88 89 set, aggregate, multiplicity (мног- mult- many) A17

множитель 88 89 multiplier, factor (мног-)

множить ∿ умно́жить 70 88 multiply (мног-)

мог- 92 100 be able

могут, можем, может 56 (see мочь) (мог-)

можно 100 possible (мог- be able) A9

мочь ∿ смочь 55 56 100 102 be able, can (мог-) A17

мощность 100 power (мог-) B4

мы 40 we A7

мык- 106 close

на 52 53 68 70 on, onto, over A4

набо́р 79 collection, set (бер- lect- take) C8

над (надо) 52 53 68 70 over, on A13

надпи́сывать ∿ надписа́ть 71 superscribe (пис- scrib- write)

назва́ние 97 name (зыв- call) A21

называ́ть ∿ назва́ть 59 97 call (by the name) (зыв- call) A3

наибо́льший 49 the very largest A17

наивы́сший 49 the very highest C11

наиме́ньший 49 the very least A17

наинове́йший 49 the very newest

накла́дывать ∿ наложи́ть 81 superpose (клад-, лаг- pos- lay)

накло́н 105 inclination (клон- incline)

наклоня́ть ∿ наклони́ть 105 to incline (клон- incline)

наконе́ц 105 finally (кон- fin- end) A23

налага́ть ∿ наложи́ть 81 impose, lay on (лаг- pos- lay)

наложи́мый 81 applicable (лаг-)

наложи́ть *pf. of* {накла́дывать, налага́ть}

нам, нами 40 (see мы)

наноси́ть † 75 carry onto (e.g. onto paper), plot (нос- carry)

написа́ние 37 writing (пис- write) C8

написа́ть *pf. of* писа́ть

напра́вить *pf. of* направля́ть

направле́ние 99 direction (прав- rect- right) A7

напра́вленный 88 directed (прав-)

направля́ть ∿ напра́вить 69 71 88 to direct (прав-) A 12

наприме́р 50 99 for example (мер- measure) A19

наравне́ 86 on a level with (рав- equal)

нас 40 (see мы) A19

наука 107 science (ук- become accustomed to) C8

научи́ть *pf. of* учи́ть

находи́ть † 76 77 come upon, find (ход- go) A22 C11

находи́ться 76 be found, find itself, be (ход-) A18

нахожде́ние 77 finding, discovery (ход-) C3

нача́ло 107 beginning, origin (ча- begin) A3

нача́льный 107 initial (ча-) C9

начина́ть ∿ нача́ть 107 begin (ча- begin)

наш 45 our B29

не 51 57 not A6

небольшо́й 44 not big C7

неве́рный 92 untrue (вер- believe)

невозмо́жно 100 impossible (мог- be able)

него́ 41 (see он)

недостава́ть ∿ надоста́ть 84 be insufficient (ста- stand)

недоста́ток 84 shortcoming (ста-)

недоста́ть *pf. of* недостава́ть

незави́симый 94 independent (вис- pend- hang) A23

неизве́стный 107 unknown

ней 41 (see он)

некоторый 45 46 some A9

нельзя́ 92 105 impossible, it is impossible (лег- ease) C10

нём, нему́ 41 (see он)

необходи́мый 45 76 77 necessary, unavoidable (ход- go) A10

неограни́ченно 105 unboundedly (гран- border) A26

неограни́ченный 105 unbounded (гран-) C7

неодноро́дный 89 106 inhomogeneous (один- homo- one) C10

неопределённый 95 indefinite (дел- divide)

непло́тный 45 non-dense

непостоя́нная 85 non-constant (ста- sta- stand)

непреры́вно 106 continuously (рыв- break) C2

непреры́вность 106 continuity (рыв- break) A18

непреры́вный 106 continuous (рыв-) A23

неприводи́мый 74 75 irreducible (вод- duc- lead) C7

непусто́й 44 non-empty B8

нера́венство 86 87 inequality (рав- equal) C7

нера́вный 86 unequal (рав-)

неразложи́м 60 *short form* non-factorable (лаг- *lay*)

неразложи́мый 60 non-factorable (лаг-)

несоизмери́мость 99 incommensurability (мер- measure)

несчётный 104 uncountable (чит- consider)

нет (= не есть) 57 there is not A17

неудо́бный 105 unsuitable (доб- suitable)

нея́вный 91 implicit (яв- evident)

нея́сен 90 *short form* unclear (яс- clear) C7

нея́сный 90 unclear (яс-) C7

ни 42 (see ничто)

ни ... ни 50 neither ... nor A17

нигде́ непло́тный 45 nowhere dense (плот- thick)

нижний 46 lower A17

никако́й 45 of any kind at all; ни в како́м поле not in any kind of field C2

них 41 (see он)

ничто́, ничего́, ... 42 nothing

но 50 but A12

нов- 106 new

нове́йший 49 newest (нов-)

новый 45 106 new (нов-) A4

нос- 73 75-76 carry

носи́тель *masc.* 75 76 carrier (нос-) C4

носи́ть † 74 75 carry (нос-) C4

нумерова́ть ∿ занумерова́ть enumerate C1

о (об, обо) 35 41 42 52 67 68 69 70 about A20

обвлада́ть (see облада́ть)

облада́ть *no pf.* 105 possess (влад- possess) B5

область 105 domain (влад-) A18

обменя́ть *pf. of* меня́ть

обновля́ть ∿ обнови́ть 106 renew (нов- new)

обо = об 52

обо- 69

обобща́ть ∿ обобщи́ть 90 generalize A28

обобще́ние 90 generalization C6

обобщённый 62 generalized C3

обобщи́ть *pf. of* обобща́ть

обознача́ть ∿ обозна́чить 96 denote, designate (зна- know) A4

обозначе́ние 96 designation (зна-) A25

обозна́чить *pf. of* обознача́ть

образ 101 image, form, fashion, manner таки́м образом in such a manner (рез- cut) A2

*образить 80 101 to form (рез-)

образо́вывать ∿ образова́ть 101 form, generate (рез- cut) A26

обра́зующая 101 generator (рез-)

обрати́мость 92 invertibility (верт- vert- turn) B12

обрати́мый 92 invertible (верт-)

обрати́ть *pf. of* обраща́ть

обра́тно 92 conversely (верт- vers- turn)

обра́тный 92 inverse (верт-) A21

обраща́ть ∿ обрати́ть 92 invert, convert (верт- vert- turn) A14

обре́зывать ∿ обре́зать 101 cut around, sculpt (рез- cut)

обучи́ть *pf. of* учи́ть

обходи́ть † 76 go around, avoid (ход- go)

общ- 107 general

общий 46 90 107 general (общ-) A9

объедине́ние 89 90 union, join (один- uni- one) B1

объединя́ть ∿ объедини́ть 89 unite (один- uni- one)

объём 79 80 volume

объясня́ть ∿ объясни́ть 91 clarify (яс- clear) B26

обыкнове́нный 107 ordinary (ук- become accustomed to)

обы́чно 107 usually (ук-) C3

обы́чный 107 usual, ordinary (ук-) B19

обяза́тельно 105 obligatorily (вяз- lig- knot) C10

обя́зывать ∿ обяза́ть 105 bind, oblige, require (вяз- lig- knot) B24

ограниче́ние 105 restriction (гран- face)

ограни́ченность 105 boundedness (гран-) C7

ограни́чивать ∿ ограни́чить 105 to bound (гран-) A19

оди́н 43 86 89 one A17

одина́ковый 45 89 90 identical, equal, uniform, the same (один- uni- one) A12

одна́ 43 (see оди́н)

одна́ко 50 nevertheless (один-) B11

одно́, одного́ 43 (see оди́н)

однозна́чность 89 96 one-valuedness (один- one, зна- know)

однозна́чный 89 90 96 one-valued (один-, зна-) B3

одноро́дный 89 106 uniform, homogeneous (один- uni- homo- one; род- generation) C10

означа́ть ∿ озна́чить 96 signify (зна- know) C8

ока́зываться ∿ оказа́ться 98 turn out, show itself (каз- show) A18 C9

оконча́тельный 105 definitive (кон- fin- end)

окре́стность 107 neighbourhood A27

окружа́ть ∿ окружи́ть 105 encircle (круг- circle)

окру́жность 105 circumference (круг- circle) C2

он, она́, оно́ 39 40 41 it; они́ 41 they A7

опера́ция 37 operation

опи́сывать ∿ описа́ть 67 69 71 describe (пис- scrib- write) C5

определе́ние 95 definition (дел- divide) A12

определя́ть ∿ определи́ть 95 delimit, determine, define (дел- divide) A3

остава́ться ∿ оста́ться 84 85 be over, remain (ста- stand)

остально́й 85 remaining, residual (ста- stand) C4

остана́вливать ∿ останови́ть 84 to stop *trans.* (ста-)

оста́ток 84 85 remainder (ста- stand) B23

оста́ться *pf. of* остава́ться

осуществля́ть ∿ осуществи́ть 72 realize C7

ось 107 axis A3

от (ото) 52 53 68 69 70 72 out of, from, of A8

отбира́ть ∿ отобра́ть 78 choose (бер- take)

отбо́р 78 choice (бер-)

отобра́ть *pf. of* отбира́ть

отвеча́ть ∿ отве́тить 93 answer, correspond (вет- speak) A23

отдели́ть *pf. of* отделя́ть

отде́льность 95 separation (дел- divide) C2

отделя́ть ∿ отдели́ть 69 71 72 select (дел-)

отка́зываться ∿ отказа́ться 98 deny oneself, give up, relinquish (каз- show)

откла́дывать ∿ отложи́ть 81 82 lay aside, lay out from (клад-, лаг- lay) C11

отклоня́ть ∿ отклони́ть 105 deviate (клон- incline)

открыва́ть ∿ откры́ть 98 uncover, open (кры- cover)

откры́тый 98 open (кры-) A22

откры́ть *pf. of* открыва́ть

отку́да 50 whence A8

отлага́ть ∿ отложи́ть 81 82 postpone (лаг- pon- lay)

отлича́ть ∿ отличи́ть 105 distinguish (лик- face) C7

отли́чие 105 distinction (лик-) C2

отличи́ть *pf. of* отлича́ть

отли́чный 105 distinct (лик- face) A21

отло́женный 82 laid out *adj.* (лаг- lay)

отло́жим 81 we shall postpone (лаг- pon- lay)

отложи́ть *pf. of* {откла́дывать, отлага́ть}

относи́тельно 52 75 76 relatively to, with respect to (нос- lat- carry) A4

относи́тельность 75 76 relativity (нос-) C11

относи́тельный 75 relative (нос-)

относи́ть 37 72 75 refer, relate (нос- fer- lat- carry)

отноше́ние 37 75 76 relation, ratio (нос- lat, carry) A2

ото = от 52 69

отобража́ть ∿ отобрази́ть 101 to map (рез- cut)

отображе́ние 101 mapping (рез-) B3

отража́ть ∿ отрази́ть 101 reflect (рез- cut)

отраже́ние 101 reflection (рез-)

отрази́ть *pf. of* отража́ть

отредакти́ровать *pf. of* редакти́ровать

отре́зать *pf. of* отре́зывать

отре́зок 35 101 segment (рез- seg- cut) A2

отре́зывать ∿ отре́зать 101 cut off, intersect (рез- cut)

отрица́тельность 106 negativity (рез-) B17

отсека́ть ∿ отсе́чь 102 cut off (сек- cut) A11

отставля́ть ∿ отста́вить 84 set aside, put aside, postpone (ста- pon- stand)

отсу́тствие 72 absence B16

отсу́тствовать *no pf.* 72 be absent B31

отсю́да 50 hence A4

отту́да 50 thence

отходи́ть † 76 go away, digress (ход- go)

отыска́ние 97 search (иск- seek) A30

оты́скивать ∿ отыска́ть 97 search out (иск- seek)

охарактеризовать *pf. of* характери́зовать

очеви́дный 94 obvious (вид- see)

оши́бка 107 error C9

пад- 72 106 fall

падать ∿ упа́сть 106 to fall (пад-) C5

первый 45 47 first A9

пере- (пре-) 52 68 70 trans- across, through

перево́д 74 translation (вод- lead)

переводи́ть † 74 translate (вод-)

перед (передо) 52 53 68 70 in front of, before A30

передава́ть ∿ переда́ть 95 transmit (да- give)

переда́ча 95 transmission (да- give)

передо = перед 52

перемени́ть *pf. of* переменя́ть

переме́нная 99 a variable (мен- var- change) A21

переменя́ть ∿ перемени́ть 98 99 vary (мен-)

перемеща́ть ∿ перемести́ть 106 transpose, commute (мес- mix) перемножáть ∿ перемнóжить 88 multiply out (мног- mult- many)

перенóс 75 76 transfer, transference, translation (нос- fer- lat- carry) A4

переноси́ть 75 76 to transfer, carry across (нос- fer- carry) B19

перепи́сывать ∿ переписáть 68 71 transcribe (пис- scrib- write)

перепу́тать *pf. of* путать

пересекáть ∿ пересéчь 102 intersect (сек- sec- cut) A6

пересечéние 102 intersection (сек-) A11

пересéчь *pf. of* пересекáть

переставáть ∿ перестáть 84 cease, stop (ста- stand)

переставáя 84 stopping

переставля́ть ∿ перестáвить 84 set differently, permute, transpose (ста- pos- stand)

перестáть *pf. of* переставáть

перестрáивать ∿ перестрóить 69 reconstruct (стро- struct- construct)

перехóд 76 77 transition (ход- go) A23

переходи́ть † 76 77 go across, go over, transit (ход-) A8

перечи́слимый 104 enumerable (чит- consider)

перечисля́ть ∿ перечи́слить 104 count through, enumerate (чит- consider) A21

пис- 71 scrib- write

писáть ∿ написáть 66 67 69-71 write (пис- write)

плоск- 106 flat

плоский 106 flat, planar (плоск-)

плоскость 106 plane (плоск-) A15

плот- 106 thick

плотный 45 106 dense (плот-) B18

площадь 106 area (плоск- flat) A33

по 52 53 68 70 according to A7

по меньшей мере 99 at least B3

поведéние 74 75 conduct, behaviour (вод- duc- lead) A33

повéрить *pf. of* верить

повéрхность 105 surface (верх- top) C11

поворóт 92 rotation (верт- turn) A5

погрешáть ∿ погреши́ть 105 make a mistake (грех- mistake)

погрéшность 105 error (грех-)

под (подо) 52 53 69 70 72 under; *as prefix* sub- A17

подбирáть ∿ подобрáть 79 choose, pick out, select from among (бер- lect- take) C7

подготóвить *pf. of* готóвить

подкольцó 107 subring

подлежáть *no pf.* lie under, be subject to (лаг- lay)

подмнóжество 89 subset (мног- many) A17

подо = под 52 69

подóбие 105 similarity (доб- suitable) B6

подóбный 105 similar (доб-) B6

подобрáть *pf. of* подбирáть

подпи́сывать ∿ подписáть 68 71 subscribe to (пис- scrib- write)

подпóле 107 subfield B15

подпространство 107 subspace

подразделя́ть ∿ подраздели́ть 72 subdivide (дел- divide)

подставля́ть ∿ подстáвить 84 85 set in place of, substitute (ста- sti- stand) C8

подставля́я 84 substituting (ста-)

подстано́вка 85 substitution (ста-) C6

подходи́ть † 76 77 go up to, approach, be suitable for (ход- go)

подходя́щий 76 suitable, going up close to, converging to, a convergent (ход-) C7

позва́ть *pf. of* звать

позволя́ть ∿ позво́лить 94 allow, enable (вол- wish) C6

показа́тельный 98 exponential *adj.* (каз- show)

пока́зывать ∿ показа́ть 98 expound, show (каз- show) B29

покрыва́ть ∿ покры́ть 71 98 to cover (кры- cover) A24

покры́тие 98 covering (кры-) C12

покры́ть *pf. of* {покрыва́ть, *крыть}

полага́ть ∿ положи́ть 81 lay, set (лаг- lay) C3 A32

полага́я 81 setting (лаг-)

поле 36-39 45 107 field B12

поле́зный 105 useful (лег- ease)

полн- 86 87 plen- full

*полнить 80 87 fill (полн- full)

полнота́ 87 completeness (полн- ple- full) C10

полный 86 full (полн- full)

положе́ние 73 82 position (лаг- pos- lay) A3

положи́тельность 82 positivity (лаг-) B17

положи́тельный 45 82 positive (лаг-) A21

положи́ть *pf. of* {класть, полага́ть}

получа́ть ∿ получи́ть 65 66 68 72 obtain (луч- admit) A7

польз- 71 useful (по-, льз- = лег- ease)

пользоваться ∿ воспо́льзоваться 70 105 use, make use of, exploit (лег- ease)

поля́рный 45 polar

поменя́ть *pf. of* меня́ть

поме́рить *pf. of* мерить

помога́ть ∿ помо́чь 100 to help (мог- be able)

помощь 100 help (мог- be able) C10

пона́добиться *pf. no impf.* 67 105 be necessary

понима́ние 79 understanding, conception (им- cept- take)

понима́ть ∿ поня́ть 78 79 understand, get (им-, я- take)

поня́тие 54 79 80 concept (я- cept- take) C3

поня́ть *pf. of* понима́ть

попроси́ть *pf. of* проси́ть

поравня́ть *pf. of* равня́ть

порази́ть *pf. of* рази́ть

порожда́ть ∿ породи́ть 106 generate (род- generation)

поря́док 106 order (ряд- row) C3

после 52 after C8

после́дний 46 103 latter, last (след- follow)

после́довательно 103 successively (след- follow) B25

после́довательность 103 sequence (след- seq- follow) A23

после́довательный 103 successive (след- follow)

после́довать *pf. of* следовать

посмотре́ть *pf. of* смотре́ть

поста́вить *pf. of* ставить

постоя́нная 85 a constant (ста- sta- stand) A21

построе́ние 106 construction (стро- struct- construct) A13

построе́нный 106 constructed (стро-) C4

построи́ть *pf. of* строить

потому́ что 50 because B29

потре́бовать *pf. of* требовать

поэ́тому 50 therefore A1

прав- 86 88 rect- right, correct

правило 88 rule (прав- right) A21

править *no pf.* 71 rectify (прав- rect- right)

правый 88 right (прав- right)

пре- = пере- 70 trans- across, through

превосходи́ть † 76 77 78 exceed (ход- go)

превраща́ть ∿ преврати́ть 92 convert, transform (верт- turn)

превраще́ние 92 transform *n.* (верт- turn)

пред- 52 68 70 before

преде́л 95 limit (дел- divide) A22

преде́льный 95 limiting, limit (дел-) A22

предлага́ть ∿ предложи́ть 81 propose (лаг- pos- lay)

предложе́ние 73 81 proposition (лаг-)

предложи́ть *pf. of* предлага́ть

предпи́сывать ∿ предписа́ть 71 prescribe (пис- scrib- write)

предполага́ть ∿ предположи́ть 81 82 83 assume, presume, propose, suppose, conjecture (лаг- pos- lay) C7 A6

предположе́ние 73 81 82 assumption, supposition, hypothesis (лаг-)

предположи́ть *pf. of* пред-подлага́ть

представи́тельный 84 representative (ста- stand)

предста́вить *pf. of* представля́ть

представле́ние 85 representation (ста- stand) C11

представля́ет собо́й 57 it represents by means of itself, it is

представля́ть ∿ предста́вить 84 85 set before, represent (ста- stand) A9 A19

преобразова́ние 101 transformation (рез- cut) A4

преобразо́вывать ∿ преобразова́ть 101 to transform (рез- cut) A31

при 52 53 70 to, at, in the presence of A4

при этом 50 moreover

приближа́ться ∿ прибли́зиться 90 91 approach, approximate (близ- prox- near) A26

приближе́ние 90 91 approximation (близ-) C7

прибли́зиться *pf. of* {близиться / приближа́ться}

приводи́ть † 74 75 reduce to (вод- duc- lead) C3

придава́ть ∿ прида́ть 95 attach, add, give to (да- give) A23

признава́ть ∿ призна́ть 96 recognize (зна- know)

признак 96 criterion (зна-) A15

призна́ть *pf. of* признава́ть

прикладно́й 81 applied (клад- lay)

прикла́дывать ∿ приложи́ть 81 apply, attach, juxtapose (клад-, лаг- pos- lay) A13

прилага́ть ∿ приложи́ть 81 apply (клад-, лаг- lay) A13

приложе́ние 82 83 application, apposition (лаг- pos- lay) C10

приложи́ть *pf. of* {прикла́дывать / прилага́ть}

примене́ние 99 application (мен- change)

применя́ть ∿ примени́ть 99 adapt, apply (мен- change) C8

приме́р 50 99 example (мер- measure) C4

примеря́ть ∿ приме́рить 99 try on, fit (мер- measure)

примкну́ть *pf. of* примыка́ть

примыка́ние 106 contiguity (мык- close) C12

примыка́ть ∿ примкну́ть 106 adjoin, be close to, touch (мык-) C12

принадлежа́ть *no pf.* 59 81 82 83 appertain to, belong to (лаг- lay) A17

принадлежи́т 81 belongs to

принима́ть ∿ приня́ть 79 80 take, accept (им-, я- cept- take) A9

припи́сывать ∿ приписа́ть 68 71 ascribe, assign to (пис- scrib- write)

прира́внивать ∿ приравня́ть 86 equate (рав- equal)

прираста́ть ∿ прирасти́ 106 grow onto, adhere to (раст- grow)

прираще́ние 89 90 increment (раст-) A23

присоедине́ние 89 90 adjunction (один- one) C8

присоединя́ть ∿ присоедини́ть 89 unite with, adjoin to (один- uni- one)

прито́м 50 moreover B10

приходи́ть † 77 arrive (ход- go) A33

приходи́ться † 77 be necessary (ход-)

причём 50 where A23

про 52 53 68 70 72 about, through

пробовать ∿ испро́бовать 70 test, probe

пробуди́ть *pf. of* буди́ть

проверя́ть ∿ прове́рить 92 verify (вер- ver- believe) C12

проводи́ть † 74 carry out, produce, reduce (вод- duc- lead) A32

проде́лывать ∿ проде́лать 69 71 perform (дел- do)

продифференци́ровать *pf. of* дифференци́ровать

продолжа́ть ∿ продо́лжить 90 lengthen, extend (долг- long)

продолже́ние 90 91 prolongation, extension, continuation (долг- long)

продо́лжить *pf. of* продолжа́ть

прое́кция 37 projection

произведе́ние 37 74 product (вод- duc- lead) A14

производи́ть † 37 72 74 75 produce, generate, perform, carry through (вод- lead) A17

произво́дная 44 74 75 derivative (вод- lead) A25

произво́льно 94 at will, arbitrarily (вол- wish)

произво́льный 43 94 arbitrary (вол-) A8

проинтегри́ровать *pf. of* интегри́ровать

промежу́ток 52 interval (между inter- between) A22

прообраз 101 preimage (рез- cut)

пропорциона́льный 45 proportional

прос- 106 ask

проси́ть ∿ попроси́ть 106 to request (прос-)

прост 44 *short form* simple

прост- 106 simple

просте́йший 49 simplest (прост-) C8

просто 44 simply (прост-)

просто́й 44 49 106 simple, prime (прост-) B15

простра́нственный 107 space *adj.* C11

простра́нство 107 space *n.* A15

просуществова́ть *pf. of* существова́ть

против 52 against

противороло́жен 82 *short form* opposite

противополо́жный 82 opposite A9

противоре́чие 106 contradiction C8

противоре́чить *no pf.* 106 contradict

проходи́ть † 77 78 go through (ход- go) A7

проходя́щий 77 passing through (ход-)

прохожде́ние 77 78 transit, passage, traversal (ход-) C5

прочита́в, прочита́вший 60 having read

прочита́ть *pf. of* чита́ть

проще 49 simpler (прост- simple)

проявля́ть ∿ прояви́ть 91 display (яв- evident) C8

пряг- 106 harness

прям- 106 straight

пряма́я 106 straight line (прям-) A3

пусто́й 44 empty

пусть 51 let, let it be the case that, suppose that A1

пут- 71 path

путать ∿ перепу́тать 70 entangle (пут-)

путём 52 by means of (*lit.* by the path of) A31

пять 47 five

рав- 86 87 equal

равен, равна́, равно́, равны́ 44 *short form* equal (рав-)

равенство 62 86 87 equality (рав-) A7

равне́ние 86 equalization (рав- equal)

равни́на 86 plain *n.* (рав-)

равнове́сие 86 equilibrium (рав-)

равноде́йствующая 86 resultant (рав- equal)

равноде́нствие 86 equinox (рав-)

равноме́рно 87 uniformly (рав- equal) C4

равноме́рный 86 uniform (рав-)

равнопра́вие 86 equal rights (рав- equal; прав- right)

равноси́льный 86 equivalent (рав- equal)

равносторонний 86 equilateral (рав-)

равносходи́мость 86 equiconvergence (рав-)

равноуго́льный 86 equiangular (рав-)

равноудалённый 86 equidistant (рав-)

равный 44 45 86 87 equal (рав- equal) A2

равня́ть <u>no pf.</u> 86 make level, set equal (рав- equal)

равня́ться 86 87 be equal to (рав-) C3

раз 101 a time

раз- 52 68 69 70 72 86 apart

разбива́ть ∿ разби́ть 104 decompose, partition (рез- cut)

разбие́ние 104 decomposition (рез-) A17

разбира́ть ∿ разобра́ть 79 take apart, analyze (бер- take)

разби́ть *pf. of* разбива́ть

разделённый 60 having been divided (дел- divide)

раздели́в, раздели́вши 60 having divided (дел-)

разделить *pf. of* делить

разить ∿ поразить 101 cut down, strike (рез-)

разлагать ∿ разложить 81 82 83 expand, decompose, factor (лаг- pos- lay) B24

различие 105 difference (лик- face) C8

различный 105 different, various (лик-) A25

разложение 73 81 expansion, decomposition (лаг- pos- lay)

разложим 60 factorable (лаг- lay)

разложимость 82 decomposability, separability, factorability (лаг- pos- lay)

разложимый 82 decomposable, separable, factorable (лаг-)

разложить *pf. of* разлагать

разменивать ∿ разменять 98 disperse (мен- change)

размерность 99 dimensionality (мер- measure) C10

размножать ∿ размножить 88 reproduce, multiply (мног- mult- many)

разность difference A28

разобрать *pf. of* разбирать

разравнивать ∿ разровнять 86 level off (рав- equal)

разрез 101 slit (рез- cut)

разрезывать ∿ разрезать 101 to slit (рез- cut)

разровнять *pf. of* разравнивать

разрыв 106 discontinuity, break (рыв- break) A18

разрывный 106 discontinuous (рыв- break) C1

разыскание 97 search (иск- seek) C5

разыскивать ∿ разыскать 97 search in all directions, investigate (иск- seek)

рас- = раз- 69 apart

располагать ∿ расположить 82 83 dispose, arrange in order, place (лаг- pos- lay) B17

расположён 82 *short form* situated (лаг- lay)

расположенный 83 situated, ordered (лаг-)

расположить *pf. of* располагать

рассматривать ∿ рассмотреть 39 69 71 106 discuss, consider, examine (смотр- look) A16 A31

расставлять ∿ расставить 84 set at intervals, arrange (ста- stand)

расстановка 84 arrangement (ста-)

расстояние 85 86 distance (ста- sta- stand) A1

рассчитывать ∿ рассчитать 103 104 calculate (чит- consider) C5

раст- 106 grow

расходиться † 77 diverge (ход- go) C3

расходящийся 77 78 divergent (ход-) C3

расширение 90 extension (шир- wide) B25

расширять ∿ расширить 90 widen, extend (шир- wide) B25

рвать *no pf.* 106 to tear (рыв- break)

регистрировать ∿ зарегистрировать 67 70 to register

редактировать ∿ отредактировать 67 70 edit

рез- 92 100-102 cut, cut around

резать ∿ зарезать 100 to cut (рез- cut)

резец 100 chisel (рез-)

Реферативный Журнал — Математика 47 Russian counterpart of Mathematical Reviews

реч- 106 speak

реша́ть ∿ реши́ть 100 decide, solve (рез- cut) C10

реше́ние 100 decision, solution (рез-) A10

реши́ть *pf. of* реша́ть

рису́нок 107 diagram A1

рове́сник 86 contemporary (i.e. person of the same age) (рав- equal)

ровно 86 precisely (рав-)

ровность 86 level surface (рав-)

ровный 86 flat (рав-)

ровня 86 one's equal (рав-)

ровня́ть ∿ сровня́ть 86 align, make level (рав-)

род 106 genus, kind B29

род- 106 birth, generation

рост 106 growth C3

рыв- 106 break

ряд 106 row, series B25

ряд- 106 row, series

с (со) 41 42 52 53 68 69 70 72 with, from A3

сад- 80 to put in a sitting position

самосопряжённый 106 self-adjoint (пряг- harness) C10

самый 49 most, very

сборник 79 collection

сверху 105 above, from above (верх- top) A19

своди́мость 74 reducibility (вод- duc- lead)

своди́ть † 74 75 reduce (вод-) A23

свой 45 one's own

свойство 45 property B2

связа́ть *pf. of* {вяза́ть / свя́зывать}

связка 105 connective (вяз- knot) C8

связывать ∿ связа́ть 105 connect (вяз-) C8 B17

связь 105 connection (вяз-) C10

сделанный 105 done, made (дел- do) C4

сделать *pf. of* делать

себя́ 40 41 56 ourselves, itself, themselves A9

сек- 92 102 cut

секу́щая 102 secant, cutting (see сечь) (сек- sec- cut) A26

сече́ние 54 102 cut, section (сек-) A17

сечь ∿ высечь 102 to cut (сек- cut)

симметри́чный 45 symmetric

систе́ма 37 system

сказа́ть *pf. of* {говори́ть / сказывать}

сказывать ∿ сказа́ть 72 98 say, state, express C9 A17

складывать ∿ сложи́ть 82 add, put together (клад-, лаг- lay) C10

складывая 82 adding (клад- lay)

скобка 107 bracket C8

скорость 107 speed C5

скрыва́ть ∿ скрыть 69 71 conceal (кры- cover)

слабо 107 weakly C10

слабый 107 weak

слага́емое 82 83 addend (лаг- lay) A28

слага́ть ∿ сложи́ть 82 add, put together (лаг-)

след 102 trace

след- 92 102-103 slide, leave a footprint, trace, follow

следи́ть *no pf.* 102 follow, keep watch on (след-)

следовал бы 58 would follow C7

следовательно 103 consequently (след- seq- follow) A9

следовать ∿ после́довать 56 102 103 follow (след- follow) A14

следствие 103 consequence, corollary (след- seq- follow) A14

следует 56 it follows (see следовать)

следующий 102 the following (след- follow)

слово 107 word B7

сложе́ние 36 37 38 39 82 addition (лаг- lay) B8

сложи́ть *pf. of* {складывать, слага́ть}

сложный 73 82 83 composite, complicated (лаг- pos- lay) A29

случай 72 event, instance (луч- admit) A15

смешанный 106 mixed (мес- mix) C6

смешивать ∿ смеша́ть 106 to mix (мес- mix)

смотр- 71 106 look

смотре́ть ∿ посмотре́ть 56 71 106 look at (смотр-) C4

смочь *pf. of* мочь

снима́ть ∿ снять 79 take (им-, я- take)

сноси́ть † 75 carry down, remove (нос- carry)

сноска 75 footnote (нос- carry)

снять *pf. of* снима́ть

со = с 52 69 72 with

собира́ть ∿ собра́ть 79 collect (бер- lect- take)

собо́й 57 by means of itself, themselves, etc. A9

собра́ть *pf. of* собира́ть

собственный 45 one's own, proper, eigen- etc. B15

соверша́ть ∿ соверши́ть 105 top off, complete (верх- top)

соверше́нно 105 completely (верх-)

соверши́ть *pf. of* соверша́ть

сове́т 93 Soviet

совме́стный 106 consistent with (мест- place)

совпада́ть ∿ совпасть 72 106 coincide (пад- cid- fall) A3

содержа́ние 105 content *n.* (держ- ten- hold)

содержа́ть *no pf.* contain (держ-) B20

соединя́ть ∿ соедини́ть 89 combine, unite, connect (один- uni- one)

сомно́житель 88 89 multiplier, factor, cofactor (мног- mult- many) A28

соотве́тственно 93 correspondingly, respectively (вет- speak)

соотве́тствие 93 correspondence (вет-) A21

соотве́тствовать *no pf.* 93 correspond (вет-) A29

соотноше́ние 75 76 relationship (нос- lat- carry) A23

сопоставля́ть ∿ сопоста́вить 84 85 put together, associate, set in correspondence (ста- stand) B21

соприкаса́ться ∿ соприкосну́ться 105 osculate (кас- touch) C11

сопряга́ть ∿ сопря́чь 106 join (пряг- harness)

сопряжённый 106 adjoint (пряг-) C10

сопря́чь *pf. of* сопряга́ть

сосе́дний 80 adjacent (сад- put in a sitting position) C7

соста́вить *pf. of* составля́ть

соста́вленный 84 composed (ста- pos- stand)

составля́ть ∿ соста́вить 84 85 set together, compose, constitute (ста-) A10 составно́й 85 composite (ста-) B24

состоя́ть *no pf.* consist of (ста- stand) B9

сотвори́ть *pf. of* твори́ть

справедли́вость 88 correctness (прав- rect- right)

справедли́вый 88 correct (прав-) A31

спрямля́ть ∿ спрями́ть 106 rectify (прям- straight)

сравне́ние 86 congruence (рав- equal)

сравнивать ∿
- сравни́ть } 86 87 compare
- сравня́ть }
- сровня́ть 86 87 make level

(рав-)

сравни́тельно 86 87 comparatively (рав-) C7

сравни́ть *pf. of* сравнивать

сравня́ть *pf. of* сравнивать

среди́ 52 among A18

средний 46 average, mean C3

сровня́ть *pf. of* {ровня́ть / сравнивать}

ста- stand, set, put 73 76-78 80 83-86

ставить ∿ поста́вить 83 set up, set (ста-) A18 A33

*становить 80 84 85 put, place (ста- stand)

станови́ться ∿ стать 83 84 set about doing, begin, start (ста-)

старее 49 older

старший 49 oldest

старый 49 107 old A4

стать *pf. of* станови́ться

степень 107 degree, step A9

стои́т 56 it stands (see стоя́ть)

стоя́ть *no pf.* 56 83 85 stand (ста- stand)

стро- 106 construct

строе́ние 106 structure (стро- struct- construct) C8

строить ∿ постро́ить 70 106 construct (стро-) B25

сумма 35-39 41 45 sum

сумми́рование 37 summation C3

сумми́ровать *no pf.* 37 to sum

сумми́руемость 37 summability C3

суть 56 72 are A28

суще́ственно 72 essentially C2

существова́ние 72 existence

существова́ть ∿ просуществова́ть 72 exist A18

сущий 72 essential

сходи́мость 77 78 convergence (ход- go) C4

сходи́ться † 77 78 converge, go together (ход-) A23

сходя́щийся 77 convergent (ход-)

счесть *pf. of* счита́ть

счётный 104 countable (чит- consider) C10

счита́ть ∿ счесть 59 103 consider, reckon as (чит- consider) A5

сюда́ 50 hither

т.е. (то есть) 43 that is, i.e. A10

та 42

так 50 thus, so так ... как both ... and A2

так же 51 in the same way C4

так как 50 since, because A7

также 51 also A19

таки́м образом 101 in such a manner, thus C2

тако́й 45 of such a kind, such A11

умноже́ние 88 multiplication (мног-) B8

умно́жить *pf. of* { множить / умножа́ть }

упа́сть *pf. of* падать

уплотня́ть ∿ уплотни́ть 106 condense (плот- thick)

уплоща́ть ∿ уплощи́ть 106 flatten (плоск- flat)

упоря́дочивать ∿ упоря́дочить 106 to order, i.e. put in order (ряд- row) B5

употребля́ть ∿ употреби́ть 106 to use (треб- demand) A25

упра́вить *pf. of* управля́ть

управле́ние 88 control (прав- right)

управля́ть ∿ упра́вить 88 to control (прав-)

упроща́ть ∿ упрости́ть 106 simplify (прост- simple)

уравне́ние 86 87 equation (рав- equal) A6

ура́внивать ∿
- уравня́ть 86 equalize
- уровня́ть 86 make smooth

(рав-)

уравнове́сить *pf. of* уравнове́шивать

уравнове́шивание 86 equilibration (рав- equal)

уравнове́шивать ∿ уравнове́сить 86 to counterbalance (рав-)

уравня́ть *pf. of* ура́внивать

уровень 86 level *n.* (рав- equal)

уровня́ть *pf. of* ура́внивать

усло́вие 107 condition, hypothesis по усло́вию by hypothesis A7

устана́вливать ∿ чстанови́ть 84 85 86 establish (ста- sta- stand) A11 A27

усто́йчивость 85 stability (ста- sta- stand)

уточня́ть ∿ уточни́ть 107 sharpen, make more precise (тык- pierce)

уча́ствовать *no pf.* 107 participate (част- part)

уча́сток 107 section (част-)

учёт 104 account (чит- consider)

учи́ть ∿
- выучи́ть 67 70 learn, teach
- научи́ть } 67 70 teach
- обучи́ть } 67 70 teach

(ук- become accustomed to)

факт 35-39 41 44 45 fact

фактор 38 factor

фокус 37 focus

фундамента́льный 45 fundamental

функция 36-39 44 45 function

характери́зовать ∿ охарактери́зовать 67 69 70 characterize

ход- 73 76-78 go

ходи́ть † 74 76 go (ход-)

хоро́ший 49 good

целостность 107 wholeness, integrity B11

целый 107 integral, whole, entire A21

цепно́й 107 chain-like, continued C7

цепь 107 chain

ча- 107 begin

част- 107 part

частность 107 particularity, detail в частности in particular (част-) B13

частный 107 partial (част-) C9

часть 107 part A32

чего́ 41 (see что)

чем 50 53 than B20

чем, чём, чему́ 41 (see что)

через 52 53 through, by means of A4

четы́ре, четырёх 47 four C9

числи́тель *masc.* 36-39 45 103 numerator (чит- consider)

число́ 38 103 number (чит-) A2

числово́й 103 numerical (чит-) B15

чит- 92 103-104 consider

чита́вший 59 reading

чита́л, чита́ла, чита́ло; чита́ли 57 (чит-)

чита́емый 60 being read (чит-)

читанный 60 having been read (чит-)

чита́тель *masc.* 103 reader (чит-)

чита́ть ∿ прочита́ть 55-57 59-60 65 103 to read (чит-)

чита́ющий 59 reading (чит-)

чита́я 60 reading (чит-)

что 40 41 50 what, that A6

чтобы 50 58 in order that A2

шар 107 sphere, ball C2

шир- 91 wide

широ́кий 49 90 wide (шир-)

широча́йший 49 widest (шир-)

-ыва- (-ива-) 69 98 *imperfectivizing suffix*

эквивале́нтный 45 equivalent

элеме́нт 37 element

элемента́рный 45 elementary

этот 40 42 this A5

я- 72 73 78-80 take

яв- 91 evident

явля́ться ∿ яви́ться 59 90 91 show oneself as, be (яв- evident) A14

явный 90 evident (яв-)

яс- 91 clear

ясный 90 91 clear (яс-) A6

Name and Subject Index